부활의 신비와 그 영광

부활의 신비와 그 영광

김준식 지음

RESURRECTION

아침향기

머리말

　[부활의 신비와 그 영광]을 출판한 동기는 우리 주님 예수 그리스도께서 재림하실 때가 너무나 가까웠으나 성도들이 깨닫지 못하고 또한 준비하지 못하고 있는 것이 안타까웠기 때문입니다. 우리 기독교는 부활의 생명 종교입니다. 그런데 성도들이 부활에 대해 전혀 모르고 있습니다. 그것은 교회의 책임입니다. 성도들이 부활에 대한 설교를 들을 수 있는 기회는 1년에 부활절 전후 몇 번으로 끝납니다.

　부활에 대해 상세히 이해하고 부활신앙으로 단장하여 곧 오실 신랑 되시는 주님을 맞이 하길 진심으로 소망합니다.

　이 책은 제가 평소에 부활에 관한 말씀들을 설교한 내용을 모은 것입니다. 어떤 제목의 글은 설교체 그대로 실었습니다. 왜냐하면 주일 예배 때에 성도들을 바라보면서 흥분과 감동으로 전했던 그 분위기를 독자들도 함께 느끼면서 읽도록 하기 위해서 입니다. 설교자와 함께 부활의 감격과 환희와 승리의 기쁨을 만끽하기 위해서 입니다. 부활에 관해 수없이 많이 설교 했기에 각 설교에 중복되는 내용들이 많습니다. 그런 것들을 많이 제거하기는 했지만 일부 남겨 놓은 것은 부활의 중요한 요소들을 이해하고 기억하게 하기 위해서 입니다.

　성도들이 부활에 관한 설명은 어렵다고 합니다. 어려워서 어려운 것이 아니라 몰라서 어렵게 여겨집니다. 그러나 부활에 대해 자주 들으면 쉬워집니다. 한번 읽고 이해가 되지 않으면 다시 읽고 또 읽어 이해할 때까지 읽으시기 바랍니다. 이 책은 소설이나 수필집이 아닙니다. 그런 책은 한두 번 읽으면 되지만 부활에 대한 지식은 너무나 중요하기에 필독하고 숙독하고 계속 읽어야 할 것입니다. 부활이란 어려운 진리를 쉽게 이해하기 위한 의도의 책입니다.

이 책은 부활장인 고린도전서 15장의 강해 내용을 중심으로 부활이 일어날 때의 전후에 일어날 사건들을 기록했습니다. 제일 처음 내용이 예수님은 어제나 오늘이나 영원토록 몸을 가지신다 입니다. 신 구약 성경의 주체도 예수님이시요 인류역사의 중심도 예수님이시요, 우리의 구원도 예수님, 우리 부활도 예수님의 부활을 통해서 이루어지는데 신 구약 성경이 보여 주는 예수 그리스도의 실체를 잘 모르는 성도들이 너무나 많습니다. 그리고 무화과나무의 비유의 비밀은 그 비유 속에 예수님의 재림의 때를 알려주는 놀라운 비밀을 말씀하셨는데 교회가 그것을 간과해 왔습니다.

성도들이 죽어 천국에 가서 부활하기까지 어떤 상태로 어떤 활동을 하는가를 설명하고, 주님이 재림하기 전에 7년 환난이 오는데 그 때에 등장하는 적그리스도와 거짓 선지자의 정체를 밝혔습니다. 그리고 주님의 공중강림과 지상재림의 차이를 설명했습니다. 열 처녀 비유에서 성도들이 주님 맞을 준비를 어떻게 해야 할 것이며 마지막으로 교회와 목회자들이 성도들에게 주님을 맞이할 준비를 어떻게 시켜야 할 것을 예수님은 마태복음 24장의 결론에서 주의 종들에게 당부하고 있습니다.

이 책 출판을 재정적으로 도운 플러튼 아가페 교회 제이슨 전 목사님께 감사드립니다. 고종 형제들 은애, 은혁, 은숙, 은경, 은영 형제 자매들에게 감사를 보냅니다. 또한 우리 형제들에게 깊이 감사하고 싶습니다. 먼저 광운 형이 재정적으로 많이 도우셨습니다. 캐나다의 누나 김정희 권사님께 감사드립니다. 첫 번째 책 [요한계시록의 증언] 출판 때에 많은 재정적 도움을 주셨고 저의 40년 목회사역 때도 언제든지 도움이 필요할 때마다 도우셨습니다. 그리고 한국의 동생 김준호 부부에게 큰 감사를 보냅니다. 동생 준호는 택사스 엘파소의 약한 교회를 목회할 때에 매달 마다 $1000씩 10여 년 동안 보내주어 어려운 목회생활을 도와 주었습니다. 그 가정에 주님의 은총으로 올해 (2019년 10월 16일) 그렇게 고대하던 손녀, 귀여운 공주 김 하임이 태어났습니다. 처갓집의 김선애 권사님께 감사드립니다. 이원대, 이성애 목사님 내외분께와 김창옥 장로부부께도 감사드립니다.

책을 출판할 때마다 제게는 거금이 투자되는데 들어오는 수입은 푼돈입니다. 그래도 졸저를 구하고자 하는 독자들과 해외 선교사님들과 한국과 미국의 지방 교회 목사님들과 성도님들이 있습니다. 독자가 한정되어 있을 뿐만 아니라 인기 없는 종말에 관한 책이기에 출판은 하지만 널리 읽혀 지리라는 기대는 하지 않습니다. 단지 하나님의 뜻에 순종 할 뿐입니다. 앞으로 출판할 책들이 준비되었는데 이 책들을 어떻게 출판할 수 있을까 생각하는 중에 우연히 〈같이 펀딩, Funding Together〉을 보면서 아이디어를 얻었습니다. 이 프로그램은 MBC TV에서 방영되는 교양 프로그램인데 작으나 좋은 아이디어 (가치)에 "다 함께 투자"해서 더 큰 가치를 창출한다는 개념입니다. 이 프로그램처럼 저도 "같이 펀딩" 회원을 모아 앞으로 나올 책들을 출판했으면 좋겠다고 생각했습니다.

문서선교 동역자들을 모집해 출판할 책들의 Opinion Reader로 모시는 것입니다. [오피니언 리데]란 의미는 책을 읽고 그 책의 맞춤법뿐만 아니라 책에 대한 소감과 비평을 하는 독자들을 말합니다. 오피니언 리더가 되셔서 함께 책의 완성도를 이루어 갈 때 저자로서 더 없는 영감을 가지게 될 것이며 더 좋은 책으로 보답하게 될 것입니다.

이번에 출판할 새 책은 [부활의 신비와 그 영광] 외에 [창세기 원역사의 비밀] 책을 교정, 증보한 책입니다. 지난 번에 [창세기 원역사의 비밀] 초판은 미국에 다 가져왔기에 한국에는 보급하지 못했습니다. 인터넷 주 예수사랑 교회 웹사이트에 들어온 많은 분들이 [창세기 원역사의 비밀]과 [요한계시록의 증언] 책들을 찾고 있습니다. 주님의 크신 은혜입니다. 요한계시록의 증언은 수년 전에 매진되었기에 시급히 재판해야 할 상황입니다.

앞으로 출판할 책은 [예수님이 지고가신 십자가의 길]인데 순서적으로 예수님의 행적이 기록된 누가복음을 중심으로 사복음을 아우르는 것입니다. 누가복음 9:28에서 예수님이 변화산에서 엘리야와 모세와 함께 십자가에 죽으심을 논의 하신 후에 51절에서 승천할 기약이 가까우매 예루살렘으로 가시기로 결심하셨다고 했습니다. 이 때가 예수님이 죽으시기 6개월 전입니다. 가버나움에서 그 장정이 시작되어 지나시는 각 동네 마다 예수님의 행적과 Preaching, Teaching, Healing이 순서적으로 기록되었습니다. 그리고 예루살렘에서 죽으시고 부활해서 하나님 보좌 우편에 계시는 내용입니다.

또 [다니엘서 강해] 책인데 굉장한 내용들이 수록되었습니다. 이 책들의 내용들을 우리 교회 웹사이트 www.loveofjesuschurch.com에서 볼 수 있습니다. 지금은 이사야서를 중심으로 한 책 [이사야서와 소선지서에서 보여 주는 천년 왕국의 실재]를 준비하고 있습니다. 그리고 앞으로 출애굽기에서 시작해서 민수기, 신명기, 여호수아서에 이르는 이스라엘 백성들의 가나안 입성에 관한 책도 준비할 예정입니다. 웹사이트에 올려진 설교들 중에는 2 만 이상의 구독자가 검색된 설교도 많이 있습니다.

이상의 여러 책들을 계속 출판하려면 많은 비용이 필요합니다. 더욱이 책은 원하지만 구입이 어려운 해외 선교지에 보내는 경우는 책 값을 능가하는 비싼 우편 요금도 지불해야 했습니다. 앞으로 독자 그룹들을 형성해서 [가치 펀딩]에 '다 같이 donation funding' 하는 모임을 가지려는 구상을 합니다. 오병이어와 십시일반의 원리로 작은 정성이 모여서 문서선교

사역이 진행되고 확장되길 주님의 허락하심과 도우심을 간절히 기도합니다. 이 책들의 영문판 출판도 구상 중에 있습니다.

　'같이 펀딩 Together Funding'에 Donation Funding으로 동참한 독자님들에게는 제가 출판한 책들을 몇 권이든지 무료로 제공할 것입니다.

　Opinion Reader 여러분, 예수님의 복음과 재림을 알리는 성스러운 가치를 가진 이 문서 선교의 [가치 펀딩, Value Funding]에 'Donation funding'으로 참여하지 않으시겠습니까?

　이 책들은 현 세대의 성도들에게 꼭 필요한 책입니다. 오피니언 리더들께서 하나님께서 기뻐하시는 이 선한 사업에 동참하시면 하나님께서 크게 기뻐하실 것입니다.

연락 주소 : 17700 S Avalon Blvd. Space 85, Carson, CA 90746 USA
전화번호 : 213-434-3129
E-mail : joonsikk@yahoo.com
웹사이트 : www.loveofjesuschurch.com(주 예수 사랑교회, 김준식 목사)

김준식 목사 올림
2019. 11. 28(추수 감사절에)

차례

1. 예수님은 어제나 오늘이나 영원토록 몸을 가지신다 ······ 13
2. 무화과나무 비유의 비밀 ······ 27
3. 인자의 때는 노아 홍수 때와 소돔 고모라의 때와 같다는 말씀의 비밀 ······ 51
4. 죽음 후 성도의 천국에서의 영혼상태 및 활동 ······ 71
5. 천사와 성도와의 관계 ······ 87
6. 공중강림과 지상재림 ······ 96
7. 부활의 기작 ······ 108
8. 부활의 메커니즘 ······ 122
9. 예수 그리스도 부활의 확실성 ······ 133
10. 성도 부활의 확실성 ······ 142
11. 부활이 일어나는 순서 ······ 152
12. 부활의 몸 상태 ······ 163
13. 죽음에 대한 승리의 개가 ······ 172
14. 자연 속에 비친 부활의 신비 ······ 179
15. 열 처녀 비유 ······ 193
16. 충성되고 지혜 있는 종 ······ 203

부록
1. 적그리스도와 그의 인공지능 ······ 213
2. 적그리스도의 정체 ······ 229
3. 거짓 선지자의 정체 ······ 251

Resurrection

예수님은 어제나 오늘이나
영원토록 몸을 가지신다

창세기1:26-28

'26하나님이 이르시되 우리의 형상을 따라 우리의 모양대로 우리가 사람을 만들고 그들로 바다의 물고기와 하늘의 새와 가축과 온 땅과 땅에 기는 모든 것을 다스리게 하자 하시고27하나님이 자기 형상 곧 하나님의 형상대로 사람을 창조하시되 남자와 여자를 창조하시고 28하나님이 그들에게 복을 주시며 하나님이 그들에게 이르시되 생육하고 번성하여 땅에 충만하라, 땅을 정복하라, 바다의 물고기와 하늘의 새와 땅에 움직이는 모든 생물을 다스리라 하시니라.'

신구약 성경을 읽으면서 예수님이 영원부터 영원토록 몸을 가지신 하나님이라는 사실을 확실히 깨닫게 된 것이 얼마나 놀랍고 은혜스러운지 모릅니다. 인간이 감히 하나님을 닮다니! 천사들은 처음부터 만들 때에 부리는 종으로 창조되었지만 사람은 창조될 때에 하나님의 아들로 창조되었다는 사실입니다. 하나님께서 사람을 창조하겠다는 생각을 가지실 때부터 사람은 하나님의 자녀였습니다. 자식은 부모를 닮듯이 하나님은 사람을 자신과 닮게 만드셨습니다. 사람은 존귀하게 지어졌으나 이런 사실을 모르는 자는 멸망하는 짐승과 같다고 시편 49:20에 말씀하셨습니다.

지금까지 주석이나 창세기에 대한 책들이나 목사님들의 설교에 의하면 창세기 1:26의 우리 모양, 우리의 형상대로 사람을 만들자라는 말씀에서 형상과 모양을 하나님의 내적 성품을 닮은 것이라 합니다. 사람들은 창세기 1:26의 말씀을 액면 그대로 사람을 하나님의 형상과 모양을 닮게 만들었다고 명쾌하게 말하지 않습니다.

이제부터 우리는 우리의 모양과 형상이 하나님을 닮았다는 사실이 정말인가, 우리가 하나님을 닮으려면 하나님이 창세기에서부터 형상을 가지셔야 하는데 정말 하나님은 형상을 가지고 있으신가? 먼저 하나님이 몸을 가지고 사람에게 나타나신 경우를 살펴보는 것입니다. 이 문제를 풀기 위해 예수님이 하나님의 본체라는 말씀의 의미부터 깨달아야 하겠습니다.

첫째로 예수님은 하나님의 본체이시다

1. 하나님의 본체의 의미

성경에는 '예수님이 하나님의 본체' 라는 말이 상당히 많이 나옵니다. 본체라는 말은 근본적인 몸이라는 뜻입니다. 하나님의 몸이라는 뜻입니다. 우리가 알기로는 하나님은 몸이 없는 것으로 착각합니다. 사탄이 우리를 속인 것입니다. 성경말씀에 하나님은 몸이 있다고 하십니다. 그러나 삼위 하나님이 모두 몸을 가졌다는 말이 아니라 예수님만 몸을 가졌다는 말입니다. 예수님은 영원 전부터 우리 사람과 같이 형체, 즉 몸을 가지고 있다는 사실입니다. 하나님은 삼위일체이십니다. 이 말은 삼위께서 한 몸을 가지고 계신다는 말입니다. 성부 하나님은 영이십니다. 성령 하나님도 영이십니다. 몸이 없다는 말입니다. 그러나 성자 하나님은 몸을 가지고 있습니다. 이 몸은 성부 하나님의 몸도 되고 성령 하나님의 몸도 되고 물론 성자 하나님의 몸도 됩니다. 성자 하나님의 몸을 삼위께서 공유하십니다. 성부 하나님을 본다는 것은 성자 하나님의 몸을 보는 것입니다.

> 요한복음 14:6-7, '예수님께서 말씀하시기를 '내가 곧 길이요 진리요 생명이니 나로 말미암지 않고는 아버지께로 올자가 없느니라. 너희가 나를 알았다면 내 아버지도 알았으리라. 이제부터는 너희가 그를 알았고, 또 보았느니라.'

이 구절은 너무나 중요합니다. 7절에서 '이제부터 너희가 그를 알았고 보았느니라' 하신 말씀은 예수님을 알고 예수님을 보는 것이 하나님 아버지를 알고 보는 것이라는 말씀입니다. 예수님께서 바리새인들과의 대화 가운데 요한복음 8:18-19에 '내가 나를 위하여 증언하는 자가 되고 나를 보내신 아버지도 나를 위하여 증언하시느니라' 했습니다.

그랬더니 바리새인들이 묻기를 19절에, '....네 아버지가 어디 있느냐 예수께서 대답하시되 너희는 나를 알지 못하고 내 아버지도 알지 못하느니라. 나를 알았다면 내 아버지도 알았으리로다.' 라고 말씀하셨습니다.

그 당시 바리새인들뿐만 아니라 예수님의 제자들도 예수님에 대해서 잘 몰랐습니다. 요한복음 14:8에, 빌립이 예수님께 묻기를, '주여 아버지를 우리에게 보여 주옵소서. 그리하면 족하겠나이다' 했습니다. 예수님이 대답하시기를 '빌립아, 내가 이렇게 오래 너희와 함께 있으되 네가 나를 알지 못하느냐 **나를 본 자는 아버지를 보았거늘** 어찌하여 아버지를 보이라 하느냐' 했습니다. 삼위께서 한 몸을 공유하신다는 말과 예수님이 하나님의 본체라는 말을 이해하지 못하면 이 말이 무슨 말인지 도무지 알 수 없습니다.

예수님을 보는 것이 하나님 아버지를 보는 것입니다. 하나님 아버지를 본다는 것은 예수님을 보는 것입니다. 하나님 아버지의 모습이 예수님의 모습이요, 성령님의 모습이 예수님의 모습입니다. **'하나님은 한 분' 이시 다라**(요10:30)는 말은 삼위이시지만 몸은 한 몸이시다' 라고 말할 수 있습니다. 그 몸은 예수님의 몸입니다. 삼위께서 한 몸을 서로 공유하시기 때문입니다. 'I and The Father is One.' 삼위께서 한 몸을 가지고 계신다는 말씀입니다.

2. 하나님의 본체 성경구절들

성경에서 '예수님은 하나님의 본체' 라고 표현한 구절들을 찾아 보기로 하겠습니다.

1. 고린도후서 4:4, '그리스도는 하나님의 형상이시라' 했습니다. 성부와 성령은 형상이 없지만 그리스도는 형상을 가지시며 하나님의 형상이시라는 말입니다.

2. 빌립보서 2:6, '그는 근본 하나님의 본체시나 하나님과 동등됨을 취할 것으로 여기지 아니하시고'

3. 골로새서 1:15, '그는 보이지 아니하는 하나님의 형상이요 ...' 했습니다. 여기에서 하나님 아버지와 성령 하나님은 보이지 않지만 예수님은 보이는 형상을 가지신 하나님이시란 뜻입니다.

4. 히브리서 1:3, '이는 하나님의 영광의 광채시요 그 본체의 형상이시라.'에서 예수님은 형상으로 존재하시는 분이시란 뜻입니다.

5. 창세기 1:26, 27, '하나님이 가라사대 우리의 형상을 따라 우리의 모양대로 우리가 사람을 만들고...' 했습니다.

여기서 우리의 형상이라고 하시는데 성부 하나님과 성령 하나님은 형상이 없으신데 어떻게 '우리'라고 말씀하십니까? 삼위일체 하나님은 성자 하나님의 몸을 공유하신다는 말씀입니다. 삼위일체이신 하나님의 형상과 하나님의 모양이 성자 하나님, 예수님의 모양, 예수님의 형상을 말합니다. 예수님은 보이지 아니하는 하나님의 형상이요 하나님의 본체이십니다.

27절에서는, '하나님이 자기 형상 곧 하나님의 형상대로 사람을 창조하시되 남자와 여자를 창조하시고' 했습니다. 26절의 복수대명사 '우리'라고 했는데, 27절에서는 단수대명사로 바뀌었습니다. '우리' 대신 '자기 혹은 하나님의 형상'으로 표현되었습니다. 27절의 '자기의 형상' 혹은 '하나님의 형상'은 예수님의 형상을 말합니다. 보이지 아니하는 하나님의 형상을 가지시기를 영원 전부터 그리고 영원토록 동일하신 분으로서 같은 형상을 가지고 계십니다.

둘째로 성육신 전의 예수님

성육신 하기 전의 예수 그리스도는 어떤 형상, 모양을 가지고 있었겠습니까? 구약성경에서 '여호와 하나님'으로서 사람과 관계하시고, 사람에게 나타나시고, 사람을 구원하시는 하나님은 대부분 성자 하나님이십니다. 그분은 우리 사람에게 나타나 보이실 때에 보좌에 앉아 계시기도 하시고 그룹이나 천사들과 함께 거동도 하시고, 어떤 때는 수수한 남자 모습으로 나타나시고 어떤 때는 하나님의 영광 가운데 광채 나는 엄위로우신 분으로 보이시기도 하십니다.

창세기 1:26,27, '하나님이 이르시되 우리의 형상을 따라 우리의 모양대로 우리가 사람을 만들고 그들로 바다의 물고기와 하늘의 새와 가축과 온 땅과 땅에 기는 모든 것을 다스리게 하자 하시고 27하나님이 자기 형상 곧 하나님의 형상대로 사람을 창조하시되 남자와 여자를 창조하시고'

이렇게 창조하신 하나님은 아담과 하와와 에덴동산을 거니셨습니다.

창세기 3:8-9, '그들이 그 날 바람이 불 때 동산에 거니시는 여호와 하나님의 소리를 듣고 아담과 그의 아내가 여호와 하나님의 낯을 피하여 동산 나무 사이에 숨은지라 9여호와 하나님이 아담을 부르시며 그에게 이르시되 네가 어디 있느냐,'

여기에서 '하나님의 소리를 들었다.' 아담과 하와가 '여호와 하나님의 낯'을 피했다고 했고 여호와 하나님이 아담을 불렀다고 했습니다. 아담과 하와는 에덴동산에서 형상을 가지신 성자 하나님과 자주 산책을 하셨던 모습을 보여 줍니다.

창세기 12:7, '여호와께서 아브람에게 **나타나** 이르시되 내가 이 땅을 네 자손에게 주리라 하신지라 자기에게 나타나신 여호와께 그가 그 곳에서 제단을 쌓고'

에서 실제로 형상으로 나타났다는 말입니다.

창세기 15:1, '이 후에 여호와의 말씀이 **환상 중**에 아브람에게 임하여 이르시되 아브람아 두려워하지 말라 나는 네 방패요 너의 지극히 큰 상급이니라'

형상으로 나타나실 때는 그냥 나타났다고 하시고 다른 방법 즉 꿈에서

나 환상으로 나타나실 때 성경은 환상 중에, 꿈에 나타나셨다고 분명히 말씀하십니다.

창세기 17:1, '아브람이 구십구 세 때에 여호와께서 아브람에게 **나타나서** 그에게 이르시되 나는 전능한 하나님이라 너는 내 앞에서 행하여 완전하라'

창세기 18: 1-2, 33 '여호와께서 마므레의 상수리나무들이 있는 곳에서 아브라함에게 **나타나시니라** 날이 뜨거울 때에 그가 장막 문에 앉아 있다가 2 눈을 들어 본즉 사람 셋이 맞은편에 **서 있는지라** 그가 그들을 보자 곧 장막 문에서 달려나가 영접하며 몸을 땅에 굽혀, …22그 사람들이 거기서 떠나 소돔으로 향하여 가고 아브라함은 여호와 앞에 그대로 섰더니…33 여호와께서 아브라함과 말씀을 **마치시고 즉시 가시니** 아브라함도 자기 곳으로 돌아갔더라

창세기 26:1-2, '아브라함 때에 첫 흉년이 들었더니 그 땅에 또 흉년이 들매 이삭이 그랄로 가서 블레셋 왕 아비멜렉에게 이르렀더니2 여호와께서 이삭에게 **나타나** 이르시되 애굽으로 내려가지 말고 내가 네게 지시하는 땅에 거주하라'

창세기 28: 12, 13, '1꿈에 본즉 사닥다리가 땅 위에 서 있는데 그 꼭대기가 하늘에 닿았고 또 본즉 하나님의 사자들이 그 위에서 오르락내리락 하고 또 본즉 **여호와께서 그 위에 서서** 이르시되 나는 여호와니 너의 조부 아브라함의 하나님이요 이삭의 하나님이라 네가 누워 있는 땅을 내가 너와 네 자손에게 주리니'

창세기 32:24-30, '야곱은 홀로 남았더니 어떤 사람이 날이 새도록 야곱과 씨름하다가 25 자기가 야곱을 이기지 못함을 보고 그가 야곱의 허벅지 관절을 치매 야곱의 허벅지 관절이 그 사람과 씨름할 때에 어긋났더라 26

그가 이르되 날이 새려하니 나로 가게 하라 야곱이 이르되 당신이 내게 축복하지 아니하면 가게 하지 아니하겠나이다 27 그 사람이 그에게 이르되 네 이름이 무엇이냐 그가 이르되 야곱이니이다 28 그가 이르되 네 이름을 다시는 야곱이라 부를 것이 아니요 이스라엘이라 부를 것이니 이는 네가 **하나님과 및 사람들과** 겨루어 이겼음 이니라. 29 야곱이 청하여 이르되 당신의 이름을 알려주소서 그 사람이 이르되 어찌하여 내 이름을 묻느냐 하고 거기서 **야곱에게 축복한지라.** 30그러므로 야곱이 그 곳 이름을 브니엘이라 하였으니 그가 이르기를 내가 **하나님과 대면하여 보았으나** 내 생명이 보전되었다 함이더라.'

천사는 사람을 축복할 수 없습니다. 이 구절에서 야곱과 씨름한 분은 하나님이십니다.

창세기 35:1, 13, '하나님이 야곱에게 이르시되 일어나 벧엘로 올라가서 거기 거주하며 네가 네 형 에서의 낯을 피하여 도망하던 때에 **네게 나타났던** 하나님께 거기서 제단을 쌓으라 하신지라…13 하나님이 그와 말씀하시던 곳에서 **그를 떠나 올라가시는지라.**'

이사야 6:1-3, '주께서 높이 들린 **보좌에 앉으셨는데** 그 **옷자락**은 성전에 가득하였고 스랍들이 모시고 섰는데 각기 여섯 날개가 있어 그 둘로는 자기의 얼굴을 가리었고 그 둘로는 자기의 발을 가리었고 그 둘로는 날며 서로 불러 이르되 거룩하다 거룩하다 거룩하다 만군의 여호와여 그 영광이 온 땅에 충만하도다.'

에스겔 1:25-28, '그 머리(그룹)위에 있는 궁창 위에서부터 음성이 나더라 그 생물이 설 때에 그 날개를 내렸더라. 26 그 머리 위에 있는 궁창 위에 보좌의 형상이 있는데 그 모양이 남보석 같고 그 보좌의 형상 위에 한 형상이 있어 **사람의 모양** 같더라. 27 내가 보니 그 허리 위의 모양은 단 쇠 같아서 그 속과 주위가 불 같고 내가 보니 그 허리 아래의 모양도 불 같아서 사방으로 광채가 나며 28 그 사방 광채의 모양은 비 오는 날 구름에 있는 무지개 같으니 이는 **여호와의 영광의 형상의 모양이라** 내가 보고 엎드려 말씀하시는 이의 **음성**을 들으니라.'

다니엘 10;5, 6, ' 그 때에 내가 눈을 들어 바라본즉 **한 사람이** 세마포 옷을 입었고 허리에는 우바스 순금 띠를 띠었더라 6 또 그의 **몸은** 황옥 같고 그의 얼굴은 번갯빛 같고 그의 눈은 횃불 같고 그의 팔과 발은 빛난 놋과 같고 그의 말소리는 무리의 소리와 같더라'

다니엘 3:25, 26. '왕이 또 말하여 이르되 내가 보니 결박되지 아니한 네 사람이 불 가운데로 다니는데 상하지도 아니하였고 그 넷째의 모양은 **신들의 아들과** 같도다 하고 26 느부갓네살이 맹렬히 타는 풀무불 아귀 가까이 가서 불러 이르되 지극히 높으신 하나님의 종 사드락, 메삭, 아벳느고야 나와서 이리로 오라 하매 사드락과 메삭과 아벳느고가 불 가운데에서 나온지라'

셋째로 성육신 하신 예수님

성육신 하기 전의 예수님은 구약시대 사람들에게 나타나실 때에 몸으로 오신 것을 확인했습니다. 성육신 전 예수님의 몸은 시간과 공간을 초월하는 몸입니다. 또 한 몸으로 동시에 여러 사람에게 나타나시는 몸입니다. 그러나 성육신 하신 때의 몸은 시간과 공간을 초월할 수가 없습니다. 성육신 하실 때의 어머니 마리아의 몸에서 태어나면서 시간과 공간을 초월할 수 없는 우리와 똑같은 몸이 되었습니다. 인간과 같은 체질을 가지게 된 것은 인간의 죄를 담당하기 위해서였습니다. 그는 철저히 사람이어야 했으며 동시에 그는 참 하나님이셔야 했습니다. 그러나 또한 신비로운 것은 주님은 마음만 먹으면 언제든지 하나님의 영광의 모습으로 변형될 수 있었습니다 (마17:2). 열두 군단의 천사들을 동원하실 수 있었습니다 (마 26:53).

예수님은 우리에게 오셔서 하나님 아버지에 대한 놀라운 사실들을 많이 알려 주셨습니다. 그런 사실 중에 하나님은 삼위일체라는 사실입니다. 그리고 하나님 아버지와 하나님 아들은 성자의 몸을 삼위가 서로 공유한다는 사실입니다. 요한복음 14장에서 예수님이 못박혀 죽을 날이 멀지 않았습니다.

> '6 예수께서 이르시되 내가 곧 길이요 진리요 생명이니 나로 말미암지 않고는 아버지께로 올 자가 없느니라. 7 너희가 나를 알았더라면 내 아버지도 알았으리로다 이제부터는 너희가 그를 알았고 또 보았느니라. 8 빌립이 이르되 주여 아버지를 우리에게 보여 주옵소서 그리하면 족하겠나이다. 9 예수께서 이르시되 빌립아 내가 이렇게 오래 너희와 함께 있으되 네가 나를 알지 못하느냐 나를 본 자는 아버지를 보았거늘 어찌하여 아버지를 보이라 하느냐' 했습니다.

나를 알았더면 내 아버지도 알았으리로다 이제부터는 그를 알았고 또 보았느니라 한 것은 예수님을 보는 것이 하나님 아버지를 보는 것이라 했습니다. 예수님을 알고 예수님을 보는 것이 하나님 아버지를 알고 하나님 아버지를 본다는 것입니다. 이 말은 삼위 하나님께서 성자 하나님의 몸을 공유하시는데 성부 하나님과 성령 하나님은 형상이 없으므로 예수님을 보는 것이 성부 하나님을 보는 것입니다.

넷째로 부활, 승천하셔서 형체로 하나님 보좌 우편에 앉아 계시는 하나님, 예수 그리스도

1. 부활하신 후 지상에 40일 동안 계시면서 사람들에게 부활체를 보여 주시고 그 몸을 만져 보게도 하시고 먹어 보이시기도 하셨습니다. 부활하신 예수님의 몸은 체질적으로 완전한 하나님의 몸의 체질이지만 십자가에 죽으시기 전의 모습과 부활한 후의 모습이 같았습니다. 만약 달랐다면 예수님의 제자들이 `부활하신 예수님을 알아 보지 못했을 것입니다. 그랬다면 제자들이 예수님의 부활을 믿지 못했을 것입니다. 예수님의 부활 전 형상과 부활 후 형상이 같았지만 부활 전의 몸의 체질과 부활 후의 체질은 완전히 달라졌습니다. 부활 전의 몸은 순수한 인간의 몸이었지만 부활 후 몸의 체질은 완전한 하나님의 몸의 체질이 되었습니다. 부활 전 몸의 체질은 시간과 공간을 초월하지 못했지만 부활 후 몸의 체질은 완전히 시간과 공간을 초월하시는 몸이었던 것입니다.

> 누가복음 24:36-43, '이 말을 할 때에 예수께서 친히 그들 가운데 서서 이르시되 너희에게 평강이 있을지어다 하시니 37 그들이 놀라고 무서워하여 그 보는 것을 영으로 생각하는지라 38 예수께서 이르시되 어찌하여 두려워하며 어찌하여 마음에 의심이 일어나느냐 39 내 손과 발을 보고 나인 줄 알라 또 나를 만져 보라 영은 살과 뼈가 없으되 너희 보는 바와 같이 나는 있느니라 40 이 말씀을 하시고 손과 발을 보이시나 41 그들이 너무 기쁘므로 아직도 믿지 못하고 놀랍게 여길 때에 이르시되 여기 무슨 먹을 것이 있느냐 하시니 42 이에 구운 생선 한 토막을 드리니 43 받으사 그 앞에서 잡수시더라.'

부활체는 살과 뼈가 있으나 시간과 공간을 초월하는 몸이요 먹고 마시기도 합니다.

2. 사도행전 1:10-11, '올라가실 때에 제자들이 자세히 하늘을 쳐다보고 있는데 **흰 옷 입은 두 사람**이 그들 곁에 서서 11이르되 갈릴리 사람들아 어찌하여 서서 하늘을 쳐다보느냐 너희 가운데서 하늘로 올려지신 이 예수는 **하늘로 가심을 본 그대로 오시리라** 하였느니라'

부활하셔서 제자들에게 보여 주셨던 그 얼굴 그 모습으로 승천하시는 장면을 성경은 우리에게 선명하게 공개하고 있습니다.

3. 사도행전 7:55-56, '스데반이 성령 충만하여 하늘을 우러러 주목하여 하나님의 영광과 및 **예수께서 하나님 우편에 서신 것**을 보고 56 말하되 보라 하늘이 열리고 **인자가 하나님 우편에 서신 것**을 보노라 한대'

스데반은 하늘 보좌 우편에 서서 계시는 분이 예수님이라고 말합니다.

4. 계시록 4장과 이사야 6장에서의 예수님의 모습. 2700년 전 이사야가 본 하늘보좌에 계신 예수님의 모습과 2,000년 전의 사도 요한이 하늘보좌를 본 예수님의 모습이 동일합니다.

계시록 4:2-3, '내가 곧 성령에 감동되었더니 보라 하늘에 보좌를 베풀었고 그 보좌 위에 앉으신 이가 있는데 앉으신 이의 모양이 벽옥과 홍보석 같고 또 무지개가 있어 보좌에 둘렸는데 그 모양이 녹보석 같더라'

몸을 가지셨기에 보좌에 앉습니다.

5. 계시록 1:13-16에서 승천하셔서서 천상에 계시는 예수님의 모습입니다. 사람의 모습입니다.

'13 촛대 사이에 **인자 같은 이**가 발에 끌리는 옷을 입고 가슴에 금띠를 띠고 14 그의 머리와 털의 희기가 흰 양털 같고 눈 같으며 그의 눈은 불꽃 같고 15 그의 발은 풀무불에 단련한 빛난 주석 같고 그의 음성은 많은 물 소리와 같으며 16 그의 오른손에 일곱 별이 있고 그의 입에서 좌우에 날선 검이 나오고 그 얼굴은 해가 힘있게 비치는 것 같더라.' (에스겔 1:27의 모습과 같음)

예수님은 구약시대나 신약시대에서도 항상 몸을 가지고 계시는 것을 성경은 보여 주고 있습니다.

6. **계시록 19:11-16**, '또 내가 하늘이 열린 것을 보니 보라 **백마와 그것을 탄 자가** 있으니 그 이름은 충신과 진실이라 그가 공의로 심판하며 싸우더라. 12 그 눈은 불꽃 같고 그 머리에는 많은 관들이 있고 또 이름 쓴 것 하나가 있으니 자기밖에 아는 자가 없고 ⋯⋯. 14 하늘에 있는 군대들이 희고 깨끗한 세마포 옷을 입고 백마를 타고 그를 따르더라 15 그의 입에서 예리한 검이 나오니 그것으로 만국을 치겠고 친히 그들을 철장으로 다스리며 또 친히 하나님 곧 전능하신 이의 맹렬한 진노의 포도주 틀을 밟겠고 16 그 **옷과 그 다리에** 이름을 쓴 것이 있으니 만왕의 왕이요 만주의 주라 하였더라.'

세상 끝날 때 가지실 주님의 몸도 똑같다고 우리에게 보여 줍니다. 이와 같이 아마겟돈 전쟁을 수행하시려 오시는 주님의 모습도 사람의 모습입니다.

7. **계시록 22:3-4**, '다시 저주가 없으며 하나님과 그 어린 양의 보좌가 그 가운데에 있으리니 그의 종들이 그를 섬기며 4 **그의 얼굴을 볼 터**이요 그의 이름도 그들의 이마에 있으리라.'

그의 얼굴을 볼 것이라는 말은 우리가 거룩한 성 새 예루살렘에서 예수님의 얼굴을 다시 보게 될 것이란 말입니다. 에덴동산에서 아담과 하와가 예수님을 얼굴로 보았듯이, 예수님의 제자들이 성육신하신 예수님의 얼굴을 서로 보았듯이, 앞으로 우리도 주님의 얼굴을 직접 보게 될 것입니다. 에덴동산에서 거니시던 예수님은 앞으로 우리가 거룩한 성 새 예루살렘에서 예수님과 함께 생명강 좌우편에 울창하게 들어찬 생명나무 숲 길을 거닐게 될 것입니다.

이와같이 예수님은 영원 전부터 형상, 몸을 가지고 계셨으며 성육신하시고 승천 하실 때와 천상에 계실 때도 형상을 가지신 모습이며 영원토록 예수 그리스도는 형상을 가지실 분 입니다. 성육신을 마감하신 후 승천하신 후에도 사람 모양의 형체를 가지신 천상의 예수님을 보았습니다. 예수님은 하나님의 본체이시며 그 본체, 형체, 형상, 모양을 영원 전부터 가지고 계셨으며 또 영원히 가지고 계십니다. 형체를 가지셨기에 구약시대에 몸으로 아브라함, 이삭, 야곱에게 나타나신 주님, 이 땅에 오실 때에 몸으로 오셨고 승천하실 때에 그 모습 그대로 오신다고 하셨습니다. 승천하신 후에 하나님 보좌 우편에 앉으신 예수님을 스데반이 보았고 또 구약시대 때도 몸으로 사람에게 나타나셨듯이 오늘날 현실 시대에도 하나님이 원하시는 사람에게 원하는 시간에 꿈으로, 환상으로, 몸으로 나타나십니다. 우리 주위에 예수님을 만났다는 이야기가 얼마나 많이 있는지 모릅니다.

할렐루야 아멘

무화과나무 비유의 비밀

마태복음 24:30-35, 누가복음 21:29-31

'30그 때에 인자의 징조가 하늘에서 보이겠고 그 때에 땅의 모든 족속들이 통곡 하며 그들이 인자가 구름을 타고 능력과 큰 영광으로 오는 것을 보리라. 31그가 큰 나팔소리와 함께 천사들을 보내리니 그들이 그의 택하신 자들을 하늘 이 끝에서 저 끝까지 사방에서 모으리라. 32무화과나무의 비유를 배우라 그 가지가 연하여지고 잎사귀를 내면 여름이 가까운 줄을 아나니 33이와 같이 너희도 이 모든 일을 보거든 인자가 가까이 곧 문 앞에 이른 줄 알라. 34 내가 진실로 너희에게 말하노니 이 세대가 지나가기 전에 이 일이 다 일어나 리라. 35천지는 없어질지언정 내 말은 없어지지 아니하리라.'

첫째로 무화과나무의 비유를 배우라고 하셨습니다

우리는 무화과나무의 비유가 예사롭지 않다는 사실을 깨달아야 합니다. 단지 무화과나무에 대한 것이 아니라는 사실입니다. 왜냐하면 예수님이 재림에 대해 말씀하시던 중에 무화과나무의 비유를 말씀 하셨기 때문입니다. 이 무화과나무의 비유는 예수님의 재림과 관계되는 비밀이 숨겨져 있습니다. 그렇기에 예수님은 무화과나무의 비유를 배우라고 하십니다. 그렇다면 예수님이 의도 하시는 무화과나무는 어떤 의미입니까?

무화과나무는 이스라엘을 상징합니다. 무화과나무는 성경에서 언제나 포도나무와 함께 이스라엘을 상징했습니다. 예레미야 8:13, 24:1-10, 호세아 9:10, 미가 7:1.

한편 예레미야 선지자는 하나님께서 보여 주신 환상에서 좋은 무화과 나무 열매와 나쁜 무화과나무 열매를 동시에 보았습니다. 바벨론에 끌려가는 백성들을 좋은 무화과나무 열매라고 하였습니다. **마태복음 24:32**에서 무화과나무라는 단어 앞에 정관사가 붙어 있습니다. '그 무화과나무의 비유를 배우라' 고 하셨습니다. 그렇다면 그 무화과나무가 어떤 특정한 나무일까요? 예수님이 말씀하신 그 특정한 무화과나무는 마태복음 21장에 나오는 그 무화과나무입니다. 예수님이 예루살렘에 입성하시고 그후에 성전 숙청을 하신 후에 그날 베다니에서 유숙 하시고 아침 일찍, 식사를 거르시고 예루살렘 성으로 들어가실 때에 시장끼를 느끼셨다고 했습니다.

길 가에 잎이 무성한 무화과나무를 보고 열매를 얻을까 하였는데 열매가 없었습니다. 그리고 그 나무를 저주하시자 뿌리째 말라 죽었습니다. 그런데 마가복음 11:11-14 구절에서 이상한 것을 발견합니다. 13절에서 무화과나무가 열매를 맺는 때가 아니라고 합니다

> '13멀리서 잎사귀 있는 한 무화과나무를 보시고 혹 그 나무에 무엇이 있을까 하여 가셨더니 가서 보신즉 잎사귀 외에 아무 것도 없더라 이는 무화과의 때가 아님이라. 14예수께서 나무에게 말씀하여 이르시되 이제부터 영원토록 사람이 네게서 열매를 따 먹지 못하리라 하시니 제자들이 이를 듣더라'

보통 무화과나무는 3월 말에 싹이 나면서 가지와 잎사귀 사이에 열매가 맺혀 나오다가 5, 6월에 열매가 굵어지고 8-10월 사이에 수확을 합니다. 그

런데 예수님이 예루살렘에 입성하신 때는 유대인들의 유월절 시기입니다. 유월절이 있는니산월은 3,4월에 해당됩니다.

예수님이 무화과나무가 열매를 맺는 때가 아닌 줄 몰랐겠습니까? 아닙니다. 알고 계셨습니다. 그런데도 불구하고 무화과나무에 접근한 것은 그 무화과나무의 잎사귀가 무성했기 때문입니다. 그렇다면 예수님께서 행하시는 이 행동에는 의미심장한 의도가 있었다는 것을 보여 줍니다. 예수님은 열매 맺는 때가 아닌 줄 알면서도 무화과나무에 열매가 없다고 그 나무를 죽게 하신 것은 우리에게 중요한 비밀을 알려 주시기 위해서 입니다. 예수님의 무화과나무 저주 사건은 하나의 상징적 행위인 것입니다. 예수님은 잎사귀만 무성하고 열매 없는 나무를 발견하시고 제자들에게 중요한 교훈을 하시기 위해 나무를 마르게 하신 것입니다.

누가복음 13:6-9의 포도원에 있는 열매 맺지 않는 무화과나무 비유에서도 무화과나무가 열매를 맺지 않으므로 찍어버리겠다고 했습니다. 여기 포도원도 이스라엘을 상징하며, 무화과나무 역시 이스라엘을 상징하는데 이 비유에서 열매 맺지 않는 무화과나무를 찍어버릴 것을 미리 보여 주고 있었습니다.

'6 이에 비유로 말씀하시되 한 사람이 포도원에 무화과나무를 심은 것이 있더니 와서 그 열매를 구하였으나 얻지 못한지라. 7 포도원지기에게 이르되 내가 삼 년 (예수님의 지상 사역 3년)을 와서 이 무화과나무에서 열매를 구하되 얻지 못하니 찍어버리라 어찌 땅만 버리게 하겠느냐 8 대답하여 이르되 주인이여 금년에도 그대로 두소서 내가 두루 파고 거름을 주리니 9 이 후에 만일 열매가 열면 좋거니와 그렇지 않으면 찍어버리소서 하였다 하시니라.'

예수님은 무화과나무 저주를 통해 이스라엘에게 임할 하나님의 심판의 급박성을 알린 것입니다.

그 뿌리째 말라 죽은 무화과나무 가지가 연하여지고 잎을 낼 것인데 그 것이 재림의 징조가 될 것이라 했습니다. 마태복음 21장에서 성전 정화와 무화과나무 저주를 나란히 놓은 것은 성전이 제 기능을 하지 못하는 것은 열매 없는 무화과나무와 같은 것으로서 이스라엘이 멸망할 것을 보여 주 신 것입니다. 이스라엘의 거의 모든 나무들은 일년 내내 그 잎을 유지합니 다. 이스라엘은 계절이 바뀌어도 나무들의 잎이 떨어지지 않습니다. 겨울 에 잎이 떨어졌다가 여름이 가까와 오면 다시 잎을 내는 유일한 나무가 바 로 무화과나무입니다. 성경시대에 이스라엘에서 가장 흔했던 무화과나무 는 이스라엘에서 가장 독특한 나무입니다. 그래서 오랫동안 무화과나무는 이스라엘을 상징합니다. 예수님께서 무화과나무의 저주와 더불어 예루살 렘의 멸망에 대해서 수 없이 예언하셨습니다. 그 예언이 AD 70년에 로마 장군 티토에 의해 실행 되었습니다.

둘째로 무화과나무 비유는 무화과나무가 다시 살아난다는 것을 예언하고 있습니다.

마태복음 24: 32에서 '가지가 연하여지고 잎사귀를 내면' 했습니다. 예 수님이 예언하시면 죽고 예수님이 살아난다고 하면 살아나는 것입니다. 그 일이 바로 1948년 5월 14일에 일어났습니다. AD 70년에 멸망한지 1878 년 만에 다시 살아난 것입니다. 122년 모자라는 2000년 만인 것입니다. 그 런데 이 때에 이스라엘만 되살아난 것이 아닙니다. 이스라엘과 함께 전 세 계의 100개 이상의 식민지 국가가 독립하게 된 것입니다. 이 사실은 역시 예수님의 예언대로 된 것입니다. **누가복음** 21:29에서 무화과나무 비유를 말씀하실 때에 무화과나무뿐만 아니라 모든 나무들이라고 했습니다.

'이에 비유로 이르시되 무화과나무와 모든 나무를 보라 싹이 나면 여름이 가까운 줄을 자연히 아나니'

이스라엘이 독립된 때가 1948년 5월 14일이라고 합니다. 아니 나라가 어떻게 하루 만에 생겨날 수 있습니까? 그것은 유엔의 결의에 의해 결정된 것입니다. 이스라엘을 독립시키자는 **유엔 총회 결의 제181호**가 찬성 33표 대 반대 13표, 기권 10표였습니다. 아랍국가들은 자신들이 이길 것이라 철통같이 믿고 있었습니다. 왜냐하면 석유자본을 무기로 하여 국가들을 협박했습니다. 이 법에 찬성하는 나라에는 석유를 팔지 않겠다고 했기 때문입니다. 아시다시피 석유가 없으면 나라는 망합니다. 그런데 결과는 과반수 절대 찬성으로 가결된 것입니다. 마태복음 24:33에서 ' 이런 일이 일어나는 것을 보거든 인자가 가까이 곧 문 앞에 이른 줄 알라' 고 했습니다. 이 말씀은 엄청난 종말 예언입니다. 이스라엘이 다시 독립한 것은 거의 2천 년 만입니다. 한국은 일본에 36년 주권을 빼앗긴 동안 한국 사람들은 영영 독립할 수 없다고 믿었습니다. 일본은 민족 말살 정책을 세워 한국인의 이름도 일본식으로 바꾸고 한국말도 쓰지 못하게 하고 일본말을 사용하게 했습니다.

한 민족이 주권도 잃고 국토도 잃고 민족이 온 세계에 흩어진 지 2천 년이 지났다면 민족도 잃고 언어도 잃어 역사에서 완전히 사라졌어야 했을 것입니다. 우리 고대역사에 고조선이 멸망한지 2천 년 됩니다. 그 고조선이 다시 회복할 것이라고 믿는 사람은 아무도 없습니다. 상상도 할 수 없는 사실입니다. 그런데 2천 년이 지난 후에 유대인들이 팔레스타인 땅은 내 것이라고 해서 그 땅을 차지한 것은 인간적으로는 불가능한 일입니다. 그런데 이런 불가능한 사건이 현실 세계에 일어났다는 사실입니다. 하나님께서 하시지 않고는 이런 일이 일어날 수 없습니다. 이들은 온 세계에 흩어졌지만 민족성과 언어를 잃거나 잊지 않고 돌아와 주권과 국토를 차지 하게 된 것은 하나님의 예언인 누가복음 21:29-31이 성취되어야 하기 때문입니다. 하나님께서 이들의 민족성과 언어와 국토를 확보하고 있었기 때문입니다. 이 땅의 주인은 하나님입니다.

인간적으로는 도저히 불가능한 이런 일이 일어나거든 예수 그리스도의 재림이 가까운 줄 알라는 것입니다. 지금 우리는 누가복음 21:29-31의 예언이 성취된 시대에 살고 있습니다. 그렇다면 예수님의 재림이 가까웠다는 사실을 깨달아야 하겠습니다. 인자가 가까이 곧 문 앞에 이른 줄을 알라고 했습니다.

이렇게 나라가 **하루 만**에 생겨났는데 이 사실도 예언대로 이루어진 것입니다. 나라가 하루 만에 성립되었습니다. 이것은 지금으로부터 약 2700년 전에 예언된 말씀의 성취였습니다.

> **이사야서 66:7-8,** ' 시온은 진통을 하기 전에 해산하며 고통을 당하기 전에 남아를 낳았으니 이러한 일을 들은 자가 누구이며 이러한 일을 본 자가 누구냐 나라가 어찌 하루에 생기겠으며 **민족이 어찌 한 순간에 태어나겠느냐** 그러나 시온은 진통하는 즉시 그 아들을 순산하였도다. 여호와께서 이르시되 내가 아이를 갖도록 하였은즉 해산하게 하지 아니하겠느냐 네 하나님이 이르시되 나는 해산하게 하는 이인즉 어찌 태를 닫겠느냐 하시니라'

이렇게 탄생된 이스라엘은 하나님께서만 하실 수 있는 놀라운 기적입니다. 시온은 진통하기 전에 해산하며 고통을 당하기 전에 남아를 낳았다고 했는데 유엔의 결의에 의해 하루 만에 탄생되었지만 주변 아랍국가들이 가만 두겠습니까? 무수한 전쟁이 일어났습니다. 해산의 고통이 엄청나게 뒤따랐습니다.

이사야서가 그 사실을 말씀해 주고 있습니다. 이렇게 해서 국토와 주권을 회복했는데 그 땅에 살게 될 국민이 너무 적습니다. 그래서 하나님께서는 2700여 년 전에 국민들을 이끌어 들이시겠다는 예언도 하셨는데 이 예언에 따라 이스라엘 백성들이 세계 전역에서 고토로 돌아오고 있습니다. 하나님께서는 이사야 선지자, 예레미야 선지자, 에스겔 선지자 등을 통해서 21세기 엑소더스를 예언했었습니다. 그런 예언들이 오늘날 이루어졌다는 사실입니다. 이스라엘 백성들이 2천 년 동안 온 세상에 흩어졌었는데 어떻게 그 민족성을 유지할 수 있었는가에 대해 알아본 후에 이스라엘 백성들의 21세기 엑소더스를 알아 보겠습니다.

2천 년 전 유대 땅에 메시야로 오신 예수 그리스도를 자기들의 메시야로 맞아들이기를 거절 하는 이스라엘 백성들의 완고함은 자기들 자손들의 피를 담보로 걸 정도로 완강한 것이었습니다. 유대인들은 예수 그리스도를 십자가에 못 박아 죽여 달라고 빌라도 앞에서 아우성을 치면서 '그 피를 우리 자손들에게 돌려 달라'고 외쳤습니다. 참으로 메시아는 선택된 민족에 의해 완악하게 배척되었습니다. 선택되었다고 심판을 피할 수는 없었습니다. 유대인들은 그들의 요구대로 그 핏값을 받아야 했습니다, 예수님께서 십자가에 달려 돌아 가신지 37년 후인 주후 70년에 하나님께서 유대 국가를 위해 보응의 잔을 쏟기 시작하였습니다. 그 해 7월 9일 로마의 장군 티토가 4개 군단 약 8만 명의 군대를 이끌고 선민 의식으로 로마의 통치에 항거하는 유대인들을 섬멸시키기 위해 예루살렘을 침공하였는데 이 때 유대인 110만 명이 기근과 불과 칼에 살육을 당하고 9만 7천 명이 포로로 또 노예로 팔려가게 되었습니다.

이 사건을 통하여 유대민족을 향하신 하나님의 진노의 불길은 번져나가기 시작했으며, 그 결과 유대인들은 세계 전역으로 흩어지게 되었습니다. 유대인들의 바벨론 포로는 70년 동안만 존속 되었고 장소도 국한되었습니다. 그러나 예루살렘 멸망에 따른 해외 추방은 거의 2000년 동안 지속되었습니다. 장소도 전 세계적이었습니다. 유대인은 그 흩어진 세계 각국에서 가는 곳마다 멸시와 천대와 박해와 추방과 살육을 당했습니다. 하나님께서는 왜 유대인들을 이렇게 멸시, 천대, 박해, 살륙, 추방을 당하게 하셨을까요? 그것은 유대인들을 보존하시기 위한 하나님의 원대한 뜻이었습니다. 하나님은 선민 유대인들이 이방민족들과 피를 섞기를 원하지 않았습니다.

구약의 이스라엘이 가나안 땅에 들어가기 전에 당부하신 말씀은 주변 민족들과 혼인관계를 맺지 말라고 하셨습니다. 그리고 음식문화를 까다롭게 하시고 규례와 율례를 주셨는데 이런 음식문화와 규례와 율례와 금식들은 주변 이방민족들과 너무나 이질적이어서 교류가 어렵게 되었습니다. 그러므로 주변사람들에게 따돌림과 미움을 당하게 했습니다. 마찬가지로 유대인들이 전 세계에 흩어져 이방 민족 사이에 섞여 살면서 이들이 믿는 유대교의 음식문화와 규례와 율례로 인해 주변 이방민족들에게 미움과 질시와 멸시와 천대와 박해와 추방을 당했습니다. 만약 이렇게 주변 사람들에게 멸시, 천대와 박해를 받지 않고 주변 사람들에게 호의적으로 대접을 받았다면 이들 유대인들은 2천 년 동안 외국 땅에서 섞여 살면서 모두 동화되고 말았을 것입니다.

유대인들의 순수 피를 찾을 수 없었을 것입니다. 현재 미국에 이민 온 한국인 자녀들은 미국민에게 멸시 천대받는 존재가 아닙니다. 그러므로 외국인과 결혼 하는데 아무 제약이 없습니다. 그러다 보니 2백 년, 3백 년이 지난 후에는 모두 동화되어 나중에는 한국인 순수 피를 가진 자들이 많지 않게 될 것입니다. 그러나 유대인들은 천대와 멸시를 받는 대상이었기에 주변 민족들이 혼인을 꺼리게 되었습니다. 주변 민족 부모들이 유대인 자녀들에게 자신들의 아들과 딸을 주려고 하지 않을 것입니다. 제가 1975년에 캐나다 토론토에 이민을 갔었는데 그 때만 해도 개와 유대인들은 공원에 들어 올 수 없다는 팻말이 붙어 있었습니다. 그러므로 유대인들은 자기 민족 내에서 결혼 할 수 밖에 없었습니다.

독일과 유럽에서는 유대인 동네인 게토를 만들어 유대인들이 게토 밖으로 나오지 못하게 하고 그 안에서만 활동하고 생활하게 가두었습니다. 그러므로 유대인들 끼리 모여 살게 되고 유대인들끼리 결혼할 수 밖에 없었는데 하나님은 그렇게 해서 유대인들을 외국 땅에서 2천 년 동안 민족의 정체성을 유지시키셨다가 때가 차매 이들을 다시 고토로 돌아오게 하셨던 것입니다. 만약 유대인들이 2천 년 동안 온 세계에 흩어져 살면서 그 민족들에 동화되었다면 유대인으로서의 정체성을 가질 수 없었을 것이요, 자신이 유대인이라 생각지 않을 것이요, 고토로 돌아올 생각도 하지 않을 것입니다. 그렇게 되면 하나님의 예언의 말씀인 나라를 하루 만에 세우리라, 내 백성을 고토로 돌아 오게 하리라, 무화과나무가 다시 살아나리라는 예언이 성립될 수 없었을 것입니다.

셋째로 이스라엘의 국민을 모으십니다

제가 이 말씀을 깨닫기 전에는 이스라엘 분열왕국 시대의 유다가 BC586년에 바벨론에 잡혀 갔었는데 이들이 포로된 지 70년 만에 다시 고토로 돌아가게 될 것에 대한 예언인 줄로 생각했습니다. 실제로 메데 파사 나라의 고레스 왕이 유다포로들을 귀환시키는 사건이 있었습니다. 그래서 이 성경구절들을 읽을 때마다 그 때 일인 줄로 생각했는데 그것이 아니고 21세기의 고토 귀환을 말하는 것인 줄을 깨닫게 되었습니다. 이렇게 찾은 국토에 국민들을 채우기 위해서, 2000년 동안 온 세상에 흩어져 살던 이스라엘 백성들을 하나님께서 불러 모으시는 일들을 성경은 말씀하고 있습니다.

첫번 구절은 이사야서 43:5-7 말씀입니다

'두려워하지 말라 내가 너와 함께 하여 네 자손을 **동쪽**에서부터 오게 하
며 **서쪽**에서부터 너를 모을 것이며 내가 **북쪽**에게 이르기를 내놓으라 **남
쪽**에게 이르기를 가두어 두지 말라 내 아들들을 먼 곳에서 이끌며 내 딸
들을 땅 끝에서 오게 하며 내 이름으로 불려지는 모든 자 곧 내가 내 영
광을 위하여 창조한 자를 오게 하라 그를 내가 지었고 그를 내가 만들었
느니라'

이 성경구절들을 정확하게 이해하고 있던 어떤 성도들이 러시아에 살
고 있는 유대인들이 이스라엘 땅으로 돌아가게 해 달라고 모스크바의 붉
은 광장에서 30년 동안 계속 기도하고 있었다고 합니다. 이 사람들은 이사
야 43:5-6말씀이 현실로 나타나기 전에 이 예언의 말씀이 성취될 것을 믿
고 기도했기 때문에 하나님께서 역사하신 것입니다. 하나님께서 이사야
선지자를 통해서 말씀하시기를 그들을 포기하라. 놓아주라 했습니다. 그
날이 벌써 이루어졌습니다. 소련이 유대인들을 그렇게 핍박하고 죽이면서
내놓지 않으므로 소련연방을(1989년) 깨어지게 하시므로 유대인들 백만
여 명이 변방 국경을 통하여 비행기로, 배로, 도보로 고토에 귀환하게 되
었던 것입니다.

이디오피아에도 유대인들이 있습니다. 그들 중에는 이스라엘 땅으로
귀환하지 못하게 된 자들이 있었습니다. 그런데 **하나님은 이사야서에서
이디오피아를 향해 말씀하시기를 남쪽에 있는 유대인들을 붙잡지 말고 풀
어주라고 말씀하십니다.** 그래서 지금 현재 아프리카의 이디오피아에서 돌
아온 수천 명의 이디오피아 유대인들이 이스라엘에서 살고 있습니다. 왜
오늘날 이런 일들이 이루어지고 있을까요? 왜냐하면 하나님의 예언의 성
취가 우리 세대에 이루어지고 있기 때문입니다.

두번째 핵심 구절은 에스겔 37:21-22 말씀에 있습니다.

'21 그들에게 이르기를 주 여호와께서 이같이 말씀하시기를 내가 이스라
엘 자손을 **잡혀 간 여러 나라에서** 인도하며 그 사방에서 모아서 그 고국
땅으로 돌아가게 하고 22 그 땅 이스라엘 모든 산에서 그들이 한 나라를
이루어서 한 임금이 모두 다스리게 하리니 그들이 다시는 두 민족이 되지
아니하며 두 나라로 나누이지 아니할지라' 했습니다.

여기 성경말씀에 '여러 나라' 들 가운데서 이스라엘 백성들을 돌아오게
할 것이라는 말씀은 오늘날을 말씀하고 있는 것입니다. 그들은 다시 본토
로 돌아가게 하리라. 더 이상 두 나라로 갈라지게 하지 않을 것이라 했습
니다. 이스라엘 역사를 보면 솔로몬 왕 이후 그의 아들 르호보암왕 시대부
터 남북 이스라엘로 나누어져 있었습니다. 그런데 더 이상 두 나라로 갈라
지지 않을 것이라 했습니다. 여러 나라에 흩어져 있던 유대인들이 모여와
한 민족, 한 나라로 회복될 것이라 했습니다.

세번째 구절은 이사야서 60:4, 8입니다.

'네 눈을 들어 사방을 보라 무리가 다 모여 네게로 오느니라 네 아들들은
먼 곳에서 오겠고 네 딸들은 안기어 올 것이라 8 저 구름 같이, 비둘기들
이 그 보금자리로 날아가는 것 같이 날아오는 자들이 누구냐'

이사야 선지자가 말하기를 '구름 같이 비둘기들이 날아오고 있는 자가
누구냐' 라고 묻고 있습니다. 성경은 여기서 비행기에 대해 예언하고 있습
니다. 이사야 선지자 시대는 비행기가 없었습니다. 하늘을 나는 것은 구름
과 새 뿐이었습니다. 그래서 구름 같이 비둘기들이 날아온다고 표현할 수
밖에 없었지만 그는 환상에서 사람들이 구름 사이로 비행기를 타고 날아

오고 있는 것을 보았던 것입니다.

40년 전에 와싱톤 주에 살고 있던 몇몇 사람들이 이사야서 60:8말씀을 읽고 하나님께서 유대인들을 이스라엘 땅으로 인도하시기 위해서 비행기를 사용하시는구나 하고서 이들이 보잉 여행사를 찾아가서 묻기를 러시아에서 이스라엘로 비행기를 대절 내는데 비용이 얼마나 되느냐고 물었습니다. 얼마라는 것을 듣고 그 액수에 해당하는 금액을 수표로 써서 주었습니다. 이 비행기는 러시아에서 이스라엘로 유대인들을 실어 나르는 첫번째 비행기였습니다. 왜 이들이 그렇게 했습니까? 왜냐하면 이사야서 60:8말씀을 읽고 그대로 믿었기 때문입니다.

그리고 난 후 몇 년 뒤에 이분들이 또 그 다음 구절(9절)의 예언대로 행동했습니다.

'9 곧 섬들이 나를 앙망하고 다시스의 배들이 먼저 이르되 먼 곳에서 **네 자손과 그들의 은금을 아울러 싣고 와서** 네 하나님 여호와의 이름에 드리려 하며 이스라엘의 거룩한 이에게 드리려 하는 자들이라 이는 내가 너를 영화롭게 하였음이라'

이 구절에서 배로 사람들을 실어 나르는 것을 보았습니다. 먼 나라에서 배로 유대인들을 실어 나르는 것을 알았습니다. 그래서 이분들은 그리스 나라로 가서 큰 배를 빌려서 유대인들을 옮기는데 사용했습니다. 그 이후로 많은 배를 전세 내어 수많은 유대인들을 이스라엘 땅으로 이동시켰습니다.

또 네번째 소개할 구절은 예레미야 31:8

'8 보라 나는 그들을 북쪽 땅에서 인도하며 땅 끝에서부터 모으리라 그들

중에는 맹인과 다리 저는 사람과 잉태한 여인과 해산하는 여인이 함께 있
으며 큰 무리를 이루어 이 곳으로 돌아오리라'

예레미야 선지자가 유대인들의 귀환에 대해 북쪽에서 사람들을 데려
오고 했는데 북쪽은 러시아입니다. 러시아에서 유대인들을 데려 오고 그
리고 여러 나라에 흩어져 있는 유대인들을 불러 오리라고 했는데 그들 중
에 맹인들과 장애인들도 있을 것이요 임신한 여인들과 곧 **임산**하는 여인
도 있을 것이라 했습니다. 성경이 왜 맹인들과 장애인들이라고 했는가 하
면 소련 공산당들이 이런 장애자들은 생산성이 없다 해서 이런 자들만 내
보낸 적이 있었기 때문입니다.

여기서 예레미야 선지자는 임신한 여인뿐만 아니라 막 아이를 낳고 있
는 여인도 있으리라 했습니다. 1991년에 이디오피아 유대인들을 귀환시
키는 솔로몬 작전에서 이디오피아 유대인들을 귀환시킬 때에 이디오피오
정부에서 시간을 제한시켰습니다. 그래서 제한된 시간에 최대한 사람들을
많이 수용하기 위해 그 큰 비행기들의 의자들을 다 뽑아내고 사람들을 차
곡차곡 채웠습니다. 그런데 비행기들이 출발할 때에 헤아린 숫자와 그 비
행기가 이스라엘에 도착했을 때에 헤아린 숫자와의 차이가 12명이었습니
다. 12명이 더 많았습니다. 왜냐하면 12명의 아이들이 비행기 안에서 탄생
했기 때문입니다. 예레미야 선지자가 이미 수천년 전에 이 사실을 눈으로
보았습니다. 이스라엘 백성들은 **125여 년 동안 170여 이상의 나라에서 조
국으로 돌아왔습니다.**

다섯째 성경구절은 이사야 49:9-21입니다

1983년 러시아에 2백 50만의 유대인들이 살고 있었습니다. 러시아는 이
유대인들이 고국으로 복귀할 수 없도록 모든 문들을 닫았습니다. 그러나

하나님은 그 백성들을 이끌기 위해 '북쪽의 땅'을 꾸짖었습니다. 이사야 43:5-6에 북방 땅을 향하여 '내가 북방에게 이르기를 놓으라' 라고 명령하셨습니다. 러시아가 유다 백성들을 내 놓지 않았습니다. 하나님께서 역사하셔서 1989년에 베르린 장벽을 무너지게 했습니다. 그 이듬해 동독이 무너져 동서독이 통일되었습니다. 소련 연방이 해체되고 그 일로 소련공산당이 무너지면서 러시아에 살던 유대인 백만 명 이상이 핀란드와 독일, 그리고 네델란드의 국경을 도보로 통과해서 나중에 배로 고국으로 돌아 오게 했습니다.

제가 1984년 쯤에 'Let my people go' 란 영어책을 읽었습니다. 이 책의 저자는 Steve Lightle인데 미국계 유대인 사업가였습니다. 이 책은 1983년까지 이 분의 활동을 기록한 책입니다. 하나님께서 이 사람을 전격적으로 준비시켜 러시아와 국경을 가진 나라들을 다니면서 러시아 유대인들이 국경을 통과해 고토로 돌아가는 길에 이들에게 신발을 신기고 잠자게 할 숙소와 먹을 것과 입힐 것을 준비하라고 하였는데 이미 하나님은 그 지역의 사람들 각 개인들에게도 준비케 했습니다. 어떤 사람은 농장을 사서 음식물을 저장하게 하시고, 어떤 사람들에게는 큰 건물을 사서 침대와 샤워시설 같은 것을 준비케 하고 또 어떤 사람들에게는 옷이나 신발들을 준비케 했습니다.

한편 러시아에 들어가서 러시아 유대인들을 만나 하나님께서 이사야, 예레미야, 에스겔 선지자 들을 통해서 예언한 바 20세기 말에 엑소더스가 있을 것이니 준비하라고 전했습니다. 그들이 믿지 않으므로 성경구절들을 펴서 읽어주었습니다. 이 책은 1983년까지의 일어난 일들을 기록 했는데 그 후 1989년에 소련연방이 해체되면서 이 예언의 말씀이 현실적으로 성취되었던 것입니다. 아래 구절은 이스라엘 사람들이 세계의 여러 나라에서 비행기로, 배로 오기도 했지만 도보로 돌아오는 자들을 묘사한 예언입니다. 이들은 주로 가난한 사람들이었습니다.

이사야 49:9-21, '내가 잡혀 있는 자에게 이르기를 나오라 하며 흑암에 있는 자에게 나타나라 하리라 그들이 길에서 먹겠고 모든 헐벗은 산에도 그들의 풀밭이 있을 것인즉 10 그들이 주리거나 목마르지 아니할 것이며 더위와 볕이 그들을 상하지 아니하리니 이는 그들을 긍휼히 여기는 이가 그들을 이끌되 샘물 근원으로 인도할 것임이라. 11 내가 나의 모든 산을 길로 삼고 나의 대로를 돋우리니 12 어떤 사람은 먼 곳에서, 어떤 사람은 북쪽(러시아)과 서쪽(미국, 유럽, 캐나다, 오스트레일리아, 남미)에서, 어떤 사람은 시님(남쪽, 에디오피아) 땅에서 오리라.. ... 15 여인이 어찌 그 젖 먹는 자식을 잊겠으며 자기 태에서 난 아들을 긍휼히 여기지 않겠느냐 그들은 혹시 잊을지라도 나는 너를 잊지 아니할 것이라.'……

18 네 눈을 들어 사방을 보라 그들이 다 모여 네게로 오느니라 나 여호와 가 이르노라 내가 나의 삶으로 맹세하노니 네가 반드시 그 모든 무리를 장식처럼 몸에 차며 그것을 띠기를 신부처럼 할 것이라. 19 이는 네 황폐 하고 적막한 곳들과 네 파멸을 당하였던 땅이 이제는 주민이 많아 좁게 될 것이며 너를 삼켰던 자들이 멀리 떠날 것이니라. 20 자식을 잃었을 때에 낳은 자녀가 후일에 네 귀에 말하기를 이곳이 내게 좁으니 넓혀서 내가 거주하게 하라 하리니 21 그 때에 네가 네 마음에 이르기를 누가 나를 위하여 이들을 낳았는고 나는 자녀를 잃고 외로워졌으며 사로잡혀 유리하였거늘 이들을 누가 양육하였는고 나는 홀로 남았거늘 이들은 어디서 생겼는고 하리라.'

유대인들은 거의 2천 년 동안에 주권도 없고 국토도 없고 백성도 없었는데 하나님께서 이들을 키우셨다가 이제 때가 차매 고토로 돌아오게 하시는 것입니다.

성경에 보면 하나님은 '북쪽'을 굉장히 강조하십니다. 왜냐하면 북쪽 즉 러시아에서 그 당시 백만 이상의 유대인들이 놓여났습니다. 고토 귀환이 북쪽에서부터 시작되기 때문입니다. 성경구절들을 찾아보기로 하겠습니다.

예레미야 23:7-8, '그러므로 여호와의 말씀이니라 보라 날이 이르리니 그들이 다시는 이스라엘 자손을 애굽 땅에서 인도하여 내신 여호와의 사심으로 맹세하지 아니하고 8 이스라엘 집 자손을 북쪽 땅, 그 모든 쫓겨났던 나라에서 인도하여 내신 여호와의 사심으로 맹세할 것이며 그들이 자기 땅에 살리라 하시니라'

예레미야 3:18, '그 때에 유다 족속이 이스라엘 족속과 동행하여 북에서부터 나와서 내가 너희 조상들에게 기업으로 준 땅에 그들이 함께 이르리라', 예레미야 3:12 '너는 가서 북을 향하여 이 말을 선포하여 이르라 여호와께서 이르시되 배역한 이스라엘아 돌아오라 나의 노한 얼굴을 너희에게로 향하지 아니하리라 나는 긍휼이 있는 자라 노를 한없이 품지 아니하느니라 여호와의 말씀이니라'

넷째로 이루어지고 있는 예언의 말씀은 이스라엘 민족들이 예루살렘을 다시 회복했다는 사실입니다

누가복음 21:20 '너희가 예루살렘이 군대들에게 에워싸이는 것을 보거든 그 멸망이 가까운 줄을 알라'

예수님이 이 말씀을 하신 때를 약 서기 33년이라고 합니다. 예수님이 이 말씀을 하신 후 37년 만에 로마군대가 예루살렘을 포위했습니다.

그런데 **24절**에. '그들이 칼날에 죽임을 당하며 모든 이방에 사로잡혀 가겠고 **예루살렘은 이방인의 때가 차기까지 이방인들에게 밟히리라'** 했습니다. 그래서 예루살렘이 서기 70년에 멸망했고 그 후로 이방인들이 예루살렘을 짓밟게 되었는데 1967년까지였습니다. 1967년에 6일 전쟁이 있었는데 그 때에 이스라엘이 부분적이기는 하지만 예루살렘을 회복했습니다. 그래서 1967년 이후의 날들은 '하나님이 종말에 대한 예언들을 오늘날 성취하신다' 는 징조들과 연결이 되어 있습니다. 1967년의 예루살렘 회복은 우리 세대에 하나님의 때가 임박하였다는 강한 예증인 것입니다.

> 마태복음 24:33, '이와 같이 너희도 이 모든 일을 보거든 인자가 가까이 곧 문 앞에 이른 줄 알라'
> **누가복음 21:28,** '이런 일이 되기를 시작하거든 일어나 머리를 들라 너희 속량이 가까웠느니라 하시더라'

여러분들은 서기 70년 예루살렘의 멸망과 1967년까지 예루살렘이 이방인들에게 짓밟힌 것을 아시고 또 1948년 이스라엘의 독립, 1967년의 6일전쟁과 예루살렘의 회복을 보셨습니까? 그렇다면 일어나 여러분의 머리를 드십시오. 우리의 구속이 가까웠기 때문입니다. **마태복음 24:31**과 **누가복음21:32** ' 내가 진실로 너희에게 말하노니 이 세대가 지나가기 전에 모든 일이 다 이루어지리라' 했습니다. 어떤 세대에 대해서 말씀하고 있습니까? 예수님은 지금 우리에 대해서 말씀하고 있습니다. 내가 믿기로는 우리의 세대가 지나가기 전에 예수님의 구속의 일이 있을 것이라 믿습니다. 우리 세대가 주님이 공중강림 하시는 그 세대가 될 줄 믿습니다. 하나님의 때가 우리 세대에게 임하여 있습니다.

그렇다면 오실 주님을 바라보며 성도들은 어떤 삶을 살아야 할 것입니까?

> **누가복음 21:34-36,** '너희는 스스로 조심하라 그렇지 않으면 방탕함과 술취함과 생활의 염려로 **마음**이 둔하여지고 **뜻**밖에 그 날이 덫과 같이 너희에게 임하리라. 35 이 날은 온 지구상에 거하는 모든 사람에게 임하리라. 36 이러므로 너희는 장차 올 이 모든 일을 능히 피하고 **인자** 앞에 서도록 항상 **기도**하며 깨어 있으라 하시니라.'

마태복음 24:30-31, '그 때에 **인자**의 **징조**가 **하늘**에서 보이겠고 그 때에 땅의 모든 족속들이 통곡하며 그들이 **인자**가 구름을 타고 **능력**과 큰 **영광**으로 오는 것을 보리라. 31 그가 큰 **나팔**소리와 함께 **천사**들을 보내리니 그들이 그의 택하신 자들을 **하늘** 이 끝에서 저 끝까지 사방에서 모으리라.'

다섯째로 이 모든 일이 일어나는 것을 보거든 인자가 가까이 곧 문 앞에 이른 줄 알라

요한계시록 22:20에 주님께서 말씀하시기를 '내가 속히 오리라' 했습니다. 그 후로 2천 년이 지났는데도 아직 오시지 않고 있습니다. 하나님의 '속히'는 2천여 년입니다. 그러나 인간에게는 2천 년이지만 하나님께는 천 년이 하루요 하루가 천 년이라 했습니다. 이 '속히'는 시간적 개념입니다. 우리가 '속히'라는 말을 사용할 때에도 시간적으로는 1년, 혹은 6개월, 3개월, 3일, 1시간 일 수 있습니다. 내가 속히 가겠다고 말했을 때에 30분 안에 혹은 1년, 혹은 6개월 혹은 1시간 안에 가겠다는 말일 수도 있습니다. 그러나 마태복음 24:33에서 주님은 '이 모든 일을 보거든 인자가 가까이 곧 문 앞에 이른 줄 알라'라고 하실 때에 '문 앞'은 공간 즉 거리적 개념입니다.

요한계시록 22:20에서 속히 오리라 하신 그 '속히'가 2천 년이 지나오면서 죽었던 무화과나무가 되살아 나고, 이스라엘 백성들이 고토로 귀환하고, 예루살렘이 다시 회복하는 사건이 일어나면서 '이 모든 일들이 일어나는 것을 보거든' 가까이 곧 문 앞에 이른 줄 알라고 하신 것입니다. 그만큼 주님의 재림이 임박한 것입니다. 이런 일이 일어난 것을 본 세대가 다 죽기 전에 주님이 재림하실 것이라는 말씀입니다.

이 글을 쓰는 제 자신은 1948년 생입니다. 생일이 언제 인줄 아십니까?

놀라지 마세요. 음력 1월 2일이고 양력으로는 2월 11일입니다. 매 12년 마다 양력과 음력의 생일이 일치합니다. 예수님이 무화과나무 비유를 말씀하실 때는 음력을 사용하실 때입니다. 성경은 음력으로 계산되고 있습니다. 그렇다면 나야 말로 이 세대에 속하는 사람들 중에 한 사람입니다.

여섯째로 이 세대가 지나 가기 전에, 왜 이 세대인가

'감람산 강화' 로 알려진 마태복음 24장에는 하나님의 심판과 종말의 사건들을 경험하게 될 특별한 세대(generation)에 대한 말씀들이 등장하고 있습니다. '감람산 강화' 는 성전을 중심으로 펼쳐질 예루살렘(이스라엘)의 운명을 묻는 제자들의 질문(1-3절)에 예수님이 주신 답변입니다. '감람산 강화' 를 통해 예수님은 7년 대환난의 기간 동안 이스라엘과 온 세상이 경험하게 될 환난과 심판에 대해서(4-31절), 또 이런 본격적인 심판이 이르기 전에 교회가 경험하게 될 휴거 사건에 대해서(36-44절) 말씀하고 있습니다. 그리고 이 두 가지 사건을 설명하는 중간에 등장하는 것이 '무화과나무의 비유' (32-35절)인데 여기서 예수님은 앞서 소개한 종말의 사건들을 경험하게 될 '특별한 세대(the generation)' 에 대해 말씀하고 있습니다.

> "무화과나무의 비유를 배우라 그 가지가 연하여지고 잎사귀를 내면 여름이 가까운 줄을 아나니 이와 같이 너희도 이 모든 일을 보거든 인자가 가까이 곧 문 앞에 이른 줄 알라 내가 진실로 너희에게 말하노니 이 세대가 지나가기 전에 이 일이 다 일어나리라 천지는 없어지겠으나 내 말은 없어지지 아니하리라."(마 24:32-35)

"이 세대가 지나가기 전에 이 일이 다 일어나리라" 하셨습니다. 여기서 '이 세대'란 앞으로 일어날 종말의 사건들(즉 죽었던 무화과나무가 살아나는 것과 전 세계로 흩어졌던 이스라엘 백성들이 고토로 돌아오는 것들)을 직접 경험하고 지켜보게 될 종말의 세대를 의미하는 것입니다. 그렇다면 구체적으로 '무화과나무의 비유'에서 설명하고 있는 '이 세대' '종말의 세대'는 어느 세대를 의미하는 것입니까? 결론부터 말하면 '이 세대'는 이스라엘의 회복을 지켜보는 세대입니다.

요한계시록에 묘사된 7년 대환난은 다니엘 9장 27절에서 예언하고 있는, 이스라엘에게 허락된 마지막 '한 이레'의 사건이 실현되는 기간으로 알려져 있습니다. 그런데, 7년 대환난의 기간 동안 이스라엘에게 주신 '한 이레'의 예언이 성취되려면 그 전에 먼저 예언 성취의 대상인 이스라엘이 역사 속에 다시 등장해야 하는 것입니다. '이스라엘의 회복'이 성경의 종말 예언들이 성취되기 위한 필요조건 (전제조건)이라는 것입니다.

"무화과나무의 가지가 연하여지고 잎사귀를 낸다"는 말씀은 이스라엘의 회복을 의미하는 말씀으로 해석해야 합니다. A.D. 70년 로마에 의해 패망한 이스라엘은 2000년 가까운 세월 동안 나라를 잃고 온 세계로 흩어져 핍박 받는 삶을 살아야 했습니다. 그러다가 2차 대전이 끝난 직후인 1948년 5월 14일에 고토로 돌아가 나라를 재건하는 기적적인 일을 경험하게 됩니다. 그야말로 죽었던 것처럼 보였던 무화과나무에 가지가 연하여지고 잎이 돋는 회복의 역사가 시작된 것입니다.

본문에서 말씀하고 있는 '이 세대'란 바로 이스라엘의 회복을 지켜본 세대인 것입니다. 그리고 "이 세대가 지나가기 전에 이 일이 다 일어나리라"(34절)는 말씀은 이스라엘이 역사 속에 다시금 등장하는 것을 바라 본 세대가 다 사라지기 전에 마태복음 24장에서 예언하고 있는 종말의 사건들이 다 이루어진다는 뜻인 것입니다. 이스라엘의 회복이 시작된 1948년 5월 14일이 바로 '이 세대(this generation)'의 출발점인 것입니다.

그렇다면 성경에서 말하는 '세대(generation)'는 몇 년을 의미하는가? 이에 대해 어떤 이들은 이스라엘에서 남자 아이가 태어나서 어른으로 인정받는 30세를 한 세대의 기준이라고 주장하고 혹자는 이스라엘 백성들이 경험했던 광야 생활 40년을 한 세대의 기준으로 주장하는 이도 있었습니다. 창세기 15장에서 한 세대를 100년으로 계산하고 있습니다. 하지만 본문에서 말씀하고 있는 '세대'는 30년 40년처럼 정해진 시간이라기 보다는 한 사람이 태어나서 죽음을 맞이하는 일반적인 시간으로 해석하는 것이 맞다고 봅니다. 시편 90편 10절에서는 "우리의 연수가 칠십이요 강건하면 팔십"이라고 기술하고 있습니다. 이처럼 한 세대란 70년이 될 수도 80년이 될 수도 있는 유연한 시간인 것입니다.

결국 오늘 본문에 소개된 "이 세대가 지나가기 전에 이 일이 다 일어나리라"는 말씀은, 1948년 이스라엘의 회복과 전 세계에 흩어졌던 이스라엘 백성들이 고토 귀환을 지켜 본 세대가 다 사라지기 전에(아마도 지금 교회의 장로, 권사님들의 세대일 것입니다) 성경에 예언된 종말의 사건들이 일어날 것이라는 말씀인 것입니다.

우리가 살고 있는 이 시대가 예수님이 지적하신 '이 세대'(이스라엘의 회복을 지켜본 종말의 세대)요, 이 세대가 다 지나갈 시간도 그리 많이 남아 있지는 않다는 것입니다.

일곱째로 세상 끝 날이 언제, 어떻게 오느냐

요한계시록에 의하면 7년 환난이 지나야 주님 재림이 있을 것이라 했습니다. 그러면 7년 환난이 언제 오느냐 하는 것입니다. 예수님의 무화과나무 비유에서 이 세대가 지나가기 전에 반드시 이루리라 하셨으므로 모세에 의하면 인간수명이 70-80이라 했습니다. 현재 인간의 과학발전으로 인해 인간수명이 120세 정도가 될 것이라 했습니다. 맞는 말입니다. 그러나 인간 보편적인 평균수명은 80-100년 일 것입니다. 문명이 발달된 곳은 100세 정도, 전 인류적으로 생각해 볼 때는 80세 정도일 것입니다. 1948년에서 생각해 보면 주님의 말씀이 2048년 이전이 될 것입니다. 그렇다면 앞으로 20-30년 이전이 될 것입니다.

그렇다면 7년 환난이 적어도 2038년 전후가 될 것입니다. 앞으로 30여 년 정도. 7년 환난은 언제든지 올 수 있습니다. 왜냐하면 7년 환난이 인간의 정치나 경제적 문제로 오는 것이 아니라 자연재해에 의해 올 것이기 때문입니다. 요한계시록의 내용이 일곱 인을 떼심과 일곱 나팔재앙과 일곱 대접재앙으로 구성되었습니다. 7년 환난은 전 삼년 반 후 삼년 반으로 구성되었습니다. 전 삼년 반은 일곱 나팔재앙이요 후 삼년 반은 일곱 대접재앙입니다. 일곱 인을 떼심은 7년 환난 전에 있으며 7년 환난의 전제 요인들인 것입니다. 지금 우리는 일곱 인의 떼심 가운데 살고 있습니다. 첫째 인떼심에서 다섯째 인까지 떼셨고 앞으로 우리에게는 여섯째 인의 떼심이 기다리고 있습니다. 여섯째 인의 떼심의 내용이 무엇입니까? (김준식 목사 저서 「요한계시록의 증언」 상권 p. 188-200 참조하세요)

요한계시록 6:12-17, '내가 보니 여섯째 인을 떼실 때에 큰 지진이 나며 해가 검은 털로 짠 상복 같이 검어지고 달은 온통 피 같이 되며 13 하늘의 별들이 무화과나무가 대풍에 흔들려 설익은 열매가 떨어지는 것 같이 땅에 떨어지며 14 하늘은 두루 마리가 말리는 것 같이 떠나가고 각 산과 섬이 제 자리에서 옮겨지매 15 땅의 임금들과 왕족들과 장군들과 부자들과 강한 자들과 모든 종과 자유인이 굴과 산들의 바위 틈에 숨어 16 산들과 바위에게 말하되 우리 위에 떨어져 보좌에 앉으신 이의 얼굴에서와 그 어린 양의 진노에서 우리를 가리라 17 그들의 진노의 큰 날이 이르렀으니 누가 능히 서리요 하더라.'

이 말씀의 내용에 의하면 하늘의 별들이 대풍에 흔들려 무화과나무의 설익은 열매가 떨어지는 것 같이 지구에 떨어질 것이라 했습니다. 이 별들은 소행성들과 혜성들을 말합니다. 현재 과학적으로 이 소행성들이 언제 지구를 덮칠지 모른다고 합니다. 만약 지름이 50km 혹은 100km의 소행성과 혜성들이 지구에 떨어지게 되면 그 충격으로 인해 온 지구 상에 지진과 화산 폭발이 일어나게 될 것입니다. 그렇지 않아도 환태평양 화산고리에서 지금도 필리핀, 인도네시아, 멕시코, 칠레, 캘리포니아의 여러 지역에서 지진이 일어나고 있습니다. 지진과 화산폭발이 일어나면 화산재가 하늘을 뒤덮을 것입니다. 이 화산재가 6개월 혹은 1년, 2년 동안 하늘을 가린다면 지구상의 모든 지역의 농산물들이 죽게 될 것입니다.

그 결과로 지구 전역에 대 기근이 일어나게 될 것이요, 기근으로 인해 굶주린 인민들이 각 지역에서 폭동을 일으키게 되고 정부들은 국가재정이 고갈되었으므로 이 폭동을 진압할 여력이 없습니다. 경찰이나 군인들도 굶주리고 있는 대상이기 때문입니다. 정부의 치안부재는 국가파탄을 불러옵니다. 이때에 적그리스도가 등장하게 되고 유엔군이 전 세계 정부들을 접수하면서 세계 단일대통령이 등장합니다. 단일 세계정부가 수립되고 전 세계 국가들은 총통체제로 재편됩니다. 그러면서 7년 환란이 시작되는 것입니다.

캘리포니아의 여러 지역에서 2019년 7월에 지진이 몇 번 있었습니다. 캘리포니아에서 지진이 일어날 때마다 라디오, 방송과 TV, 그리고 신문에서 대지진이 큰 도시에서 일어날 확률이 향후 30년 이내 99%라고 해왔습니다. 로스 엔젤레스에 사는 우리들도 그렇게 믿고 살아가고 있습니다. 이 대 지진이 언제 올지? 내일일 수도 있고 일주일 후 한달 후, 1년, 5년, 혹은 10년 후일 수도 있습니다. 이 대 지진이 여섯째 인을 떼심으로 인해 소행성과 혜성의 충돌로 이루어질 수도 있습니다. 그렇다면 캘리포니아뿐만 아니라 지구 전역에서 대 지진과 화산 폭발이 일어나게 될 것이요 그 일로 인해 화산재에 의해 하늘이 가려지고 태양이 상복 같이 검어지고 달이 피 같이 될 것입니다. 그렇게 되면 칠년 환난이 시작되는 것입니다. 여섯째 인은 하나님이 내리시는 것입니다. 예수님은 그 때를 이 세대가 지나가기 전이라 했습니다. 성도님 들이여, 주님 맞을 준비를 하며 삽시다.

> 마태복음 24: 42-44, '그러므로 깨어 있으라 어느 날에 너희 주가 임할 는지 너희가 알지 못함이니라 43너희도 아는 바니 만일 집 주인이 도둑이 어느 시각에 올 줄을 알았더라면 깨어 있어 그 집을 뚫지 못하게 하였으 리라 44이러므로 너희도 준비하고 있으라 생각하지 않은 때에 인자가 오 리라.'

Resurrection

인자의 때는 노아 홍수 때와
소돔 고모라의 때와 같다는 말씀의 비밀

누가복음 17:26-30

'26노아의 때에 된 것과 같이 인자의 때에도 그러하리라. 27노아가 방주에 들어 가던 날까지 사람들이 먹고 마시고 장가 들고 시집 가더니 홍수가 나서 그들을 다 멸망시켰으며 28또 롯의 때와 같으리니 사람들이 먹고 마시고 사고 팔고 심고 집을 짓더니 29롯이 소돔에서 나가던 날에 하늘로부터 불과 유황이 비오듯하여 그들을 멸망시켰느니라. 30인자가 나타나는 날에도 이러하리라.'

(이 글의 내용을 이해하기 위해서 먼저 www.loveofjesuschurch.com 웹사이트의 18, 19, 20의 '하나님의 아들들과 사람의 딸들' 혹은 본 저자의 책 '창세기 원역사의 비밀'을 참조하시기 바랍니다. 그리고 '일곱 가지 인을 떼심' 「요한계시록의 증언」 상권 p. 188-200을 참조하시고, 이정훈교수의 글, '프로테스탄티즘의 해체와 문화혁명'에 대한 글 236을 참조하시기 바랍니다.)

이 본문에서 말하는 세 가지 사건의 공통점은 심판입니다. 노아 때는 홍수로 심판하셨고, 소돔 고모라 때는 불로 심판하셨고 예수님이 재림하실 때도 믿는 자에게는 영광의 승리이지만 믿지 않는 자들에게는 심판이 있을 것입니다. 그런데 하나님께서 노아 홍수와 소돔 고모라 시대에 그 많은 사람들을 왜 멸절시켜야만 했을까요? 그 원인이 무엇이겠습니까? 먼저 조목 조목 그 두 사건의 원인을 살펴보겠습니다.

첫째로 노아 홍수심판의 원인

창세기 6:2-4을 살펴 봅시다.

> '하나님의 아들들이 사람의 딸들의 아름다움을 보고 자기들이 좋아하는 모든 여자를 아내로 삼는지라. …4당시에 땅에는 네피림이 있었고 그 후에도 하나님의 아들들이 사람의 딸들에게로 들어와 자식을 낳았으니 그들은 용사라 고대에 명성이 있는 사람들이었더라.'

이 구절에서 '하나님의 아들들'에 대해서 우리가 배우기로는 '창세기 5장의 경건한 셋의 후손'들이라 했으며, 사람의 딸들이란 창세기 4장의 가인의 후손들이라 배웠습니다. 이 하나님의 아들들과 사람의 딸들이 결혼해서 아들들을 낳았는데 이들이 네피림이라 했습니다. 네피림이란 뜻은 타락한 자들입니다. 그런데 이 네피림들이 노아 홍수 때에 노아 식구 8명 외에 다 죽었어야만 했습니다. 그런데 성경은 창세기 6:4에서 이 네피림들이 홍수 전에도 있었고 홍수 후에도 있었다 했습니다. 그런데 우리 한글성경 개역개정은 이렇게 번역하지 않습니다. 성도들로 하여금 알지 못하도록 슬쩍 지나치게 했습니다. 창세기 6:4에, '당시에 땅에는 네피림이 있었고 **그 후에도 하나님의 아들들이** 사람의 딸들에게로 들어와'에서 영어번역 성경들과 히브리어 성경에는 '이 네피림들이 노아 홍수 전에도 있었고 그 후에도 있었다'고 했습니다. 그런데 우리 성경은 그렇게 하지 않고 '이 네피림이 있었고 그 후에도('있어'라고 했어야 했습니다.) 하나님의 아들들이 사람의 딸들에게로 들어와 자식을 낳았으니,'이라 번역 했습니다.

그러면 이 '하나님의 아들들'의 정체가 무엇이냐 하는 것입니다. 신구약을 살펴 볼 때에 이 하나님의 아들들은 타락한 천사들입니다. 하나님의 아들들(하나님이 창조 하셨다는 의미에서)은 천사들을 말하는데 특히 이 구절에서의 하나님의 아들들이란 사탄의 졸개들인 타락한 천사들을 말합니다. 타락한 천사들이 하나님의 일을 방해하기 위해 이런 짓을 벌린 것입니다. 하나님은 인간을 창조하신 후 복을 주실 때에 창세기 1:26-28에서 하나님의 형상을 사람에게 주시고 생육하고 번성하여 땅에 충만하며 땅을 정복하고 바다의 고기와 공중의 새와 땅에 움직이는 모든 생물들을 다스리라고 했습니다. 그런데 인간에게 주어진 이 축복과 명령을 네피림들이 차지하게 된 것입니다.

이 네피림들은 비인간들입니다. 반신반인들입니다. 순수한 하나님의 창조물이 아니었습니다. 사탄의 작품들이었습니다.

창세기 6:1에 '사람이 땅 위에 번성하기 시작할 때에 그들에게서 딸들이 나니'

이 때부터 사탄의 공작이 시작된 것입니다. 이 네피림들에 대해서 창세기 6:4에서 설명하기를 '이 네피림들이 용사라 고대에 명성이 있는 사람이었더라'에서 용사, 명성이 있는 사람이란 영웅들이란 뜻입니다. 이들이 그 당시 인간세계를 지배하여 인간들을 종으로 삼았습니다. 창세기 6:2에 이들이 사람의 딸들의 아름다움을 보고 자기들이 좋아하는 모든 자로 아내를 삼는지라 했습니다. 자기들이 원하면 누구든지, 남의 아내든 아니든 막론하고 원하는 대로 자기 아내로 삼았다는 것입니다. 이 말은 하나님이 세우신 인간 세상의 윤리와 도덕과 법질서가 파괴되었다는 것입니다. 그 결과로 사람의 죄악이 세상에 충만하고 모든 생각과 계획이 항상 악했다고 했습니다. 사탄의 종자들이기에 그럴 수 밖에 없었습니다. 이런 자들이 세상을 지배하고 있었기에 이들을 멸하기 위해서는 모든 인류를 멸하지 않을 수 없었습니다.

둘째로 네피림들이 홍수 이전에도 있었고 그 후에도 있으리라 (창 6:4)

성경에서 네피림들이 홍수 후에도 있었다고 했기에 홍수 후의 네피림들을 추적하기 시작했습니다. 민수기 13:32,33에서 네피림의 존재를 발견했습니다. 홍수 후의 네피림들을 민수기,신명기, 여호수아서에서 아낙자손이라 했습니다. '

> 32 이스라엘 자손 앞에서 그 정탐한 땅을 악평하여 이르되 우리가 두루 다니며 정탐한 땅은 그 거주민을 삼키는 땅이요 거기서 본 모든 백성은 신장이 장대한 자들이며 33거기서 **네피림 후손인 아낙 자손의 거인들을** 보았나니 우리는 스스로 보기에도 메뚜기 같으니 그들이 보기에도 그와 같았을 것이니라'

이 네피림들은 거인족들입니다. 현재 지구 상에서 출토되는 거인족들의 신장이 20m에서 골리앗의 경우 4m였습니다. 여호수아 시대의 거인족들을 아낙 자손들이라 말하며 창세기, 민수기, 신명기, 여호수아서에서 각 족속들의 이름이 있습니다. 르바임, 삼숨밈, 에밈 족속, 호리 족속 등 입니다.

> 신명기 2:10-12, '(이전에는 에밈 사람이 거기 거주하였는데 아낙 족속 같이 강하고 많고 키가 크므로 11 그들을 아낙 족속과 같이 르바임이라 불

렀으나 모압 사람은 그들을 에밈이라 불렀으며 호리 사람도 세일에 거주 하였었는데 에서의 자손이 그들을 멸하고 그 땅에 거주하였으니 이스라엘이 여호와께서 주신 기업의 땅에서 행한 것과 같았느니라)'

신명기 2:20-21, '(이곳도 르바임의 땅이라 하였나니 전에 르바임이 거기 거주 하였음이요 암몬 족속은 그들을 삼숨밈이라 일컬었으며 21 그 백성은 아낙 족속과 같이 강하고 많고 키가 컸으나 여호와께서 암몬 족속 앞에서 그들을 멸하셨으므로 암몬 족속이 대신하여 그 땅에 거주 하였으니'

여호수아 12:4, '옥은 르바의 남은 족속으로서 아스다롯과 에드레이에 거 주하던 바산의 왕이라'

신명기 3:11, '(르바임 족속의 남은 자는 바산 왕 옥뿐이었으며 그의 침상 은 철 침상이라 아직도 암몬 족속의 랍바에 있지 아니하냐 그것을 사람의 보통 규빗으로 재면 그 길이가 아홉 규빗이요 너비가 네 규빗이니라)'

바산왕 옥은 르바, 르바임 족속의 남은 자로서 키기 4m정도 이었다고 했습니다.

여호수아 14:12-15, '그 날에 여호와께서 말씀하신 이 산지를 지금 내게 주소서 당신도 그 날에 들으셨거니와 그 곳에는 아낙 사람이 있고 그 성 읍들은 크고 견고 할지라도 여호와께서 나와 함께 하시면 내가 여호와께 서 말씀하신 대로 그들을 좇아내리이다 하니 13 여호수아가 여분네의 아 들 갈렙을 위하여 축복하고 헤브론을 그에게 주어 기업을 삼게 하매 14 헤브론이 그니스 사람 여분네의 아들 갈렙의 기업이 되어 오늘까지 이르 렀으니 이는 그가 이스라엘의 하나님 여호와를 온전히 좇았음이라. 15 헤 브론의 옛 이름은 기럇 아르바라 아르바는 아낙 사람 가운데에서 가장 큰 사람이었더라 그리고 그 땅에 전쟁이 그쳤더라.'

12절의 '그 날'은 민수기 13장에서 열두 정탐꾼들이 돌아와 모세와 백성들 앞에 보고할 그 때를 말합니다. 이 열두 정탐꾼들이 헤브론 성의 아낙 자손들을 본 것입니다. 이 헤브론은 기럇 아르바라 했는데 아르바는 아낙 자손들 중에서 가장 큰 자라 했습니다. 아마도 거인들 중에 가장 키가 큰 10-20m에 속하는 자들인 것 같습니다. 민수기 13:33에서 열두 정탐꾼들이 보고 할 때에 그들에 비해 자신들은 메뚜기 같았다고 했기 때문입니다.

그런데 이 거대한 거인족들을 갈렙이 정복했다는 사실입니다.

> 여호수아 15:13-14, '여호와께서 여호수아에게 명령하신 대로 여호수아가 기럇 아르바 곧 헤브론을 유다 자손 중에서 분깃으로 여분네의 아들 갈렙에게 주었으니 아르바는 아낙의 아버지였더라. 14 갈렙이 거기서 아낙의 소생 그 세 아들 곧 세새와 아히만과 달매를 쫓아내었고'

그런데 이 네피림들이 아브라함 시대인 창세기 14:5에서부터 등장하고 있습니다.'

> '제십사년에 그돌라오멜과 그와 함께 한 왕들이 나와서 아스드롯 가르나임에서 르바 족속을, 함에서 수스 족속을, 사웨 기랴다임에서 엠 족속을 치고 호리 족속을 그 산 세일에서 쳐서 광야 근방 엘바란까지 이르렀으며'

이제까지 우리가 민수기, 신명기, 여호수아서에서 살펴 봤던 아낙자손들이 이때부터 우굴우굴 했다는 사실을 깨닫게 됩니다. 르바 족속, 수스 족속, 엠 족속, 호리 족속들입니다.

하나님께서 이스라엘 사람들을 출애굽시켜서 가나안 땅을 정복하신 일은 가나안 땅의 이 네피림 족속들을 진멸하시기 위해서였습니다. 이들을 정복할 때에 하나님께서 여호수아에게 명령하시기를 유아와 젖먹이까지 진멸하라고 하신 것은 바로 이 비인간인 네피림들을 진멸하라는 것이었습니다.

여호수아 11:21-22 '그 때에 여호수아가 가서 산지와 헤브론과 드빌과 아납과 유다 온 산지와 이스라엘의 온 산지에서 아낙 사람들을 멸절하고 그가 또 그들의 성읍들을 진멸하여 바쳤으므로 22 이스라엘 자손의 땅에는 아낙 사람들이 하나도 남지 아니 하였고 가사와 가드와 아스돗에만 남았더라.'

여기 가사, 가드, 아스돗은 블레셋 땅입니다. 이 때로부터 500년 후인 사무엘 상에서의 다윗과 그 부하들에게 죽은 골리앗과 그 형제들이 네피림의 후손으로서 이들이 죽은 후에는 성경에서 네피림에 대한 언급이 없습니다.

셋째로 소돔과 고모라성 심판의 원인

하나님께서 소돔과 고모라를 진멸하신 원인을 동성애자들 때문이라 생각합니다. 맞습니다. 사회적, 성적 문란죄였습니다. 그런데 이 보다 더 큰 원인은 네피림을 진멸하는 것이었습니다. 우리가 창세기 14장에서 보았듯이 아브라함, 롯 시대인 창세기 14장은 창세기 19장의 소돔과 고모라 시대입니다.

창세기 10:15-19, '가나안은 장자 시돈과 헷을 낳고 16 또 **여부스 족속과 아모리 족속과 기르가스 족속**과 17 히위 족속과 알가 족속과 신 족속과 18 아르왓 족속과 스말 족속과 하맛 족속을 낳았더니 이 후로 가나안 자손의 족속이 흩어져 나아갔더라 19 가나안의 경계는 시돈에서부터 그랄을 지나 가사까지와 소돔과 고모라와 아드마와 스보임을 지나 라사까지었더라.'

'가나안의 경계는 시돈에서부터 그랄을 지나 가사까지와 소돔과 고모라와 아드마와 스보임을 지나 라사까지였더라.' 여기 족보는 함의 맏아들 가나안의 후손들을 열거합니다.

출애굽기 34:11, '너는 내가 오늘 네게 명령하는 것을 삼가 지키라 보라 내가 네 앞에서 아모리 사람과 **가나안 사람과 헷 사람과 브리스 사람과 히 위 사람과 여부스 사람을 쫓아내리니**'

이 두 성경구절들을 비교하면 하나님께서 모세에게 명하시기를 가나안 땅에 들어가서 진멸할 족속들을 열거하셨는데 창세기 10장과 출애굽기 34장에서의 명단이 똑 같습니다. 소돔과 고모라와 아드마와 스보임(신명 기 29:29)은 창세기 19장에서 유황불 심판 받은 도시들입니다.

창세기 19:4-9, '그들이 눕기 전에 그 성 사람 곧 소돔 백성들이 노소 를 막론 하고 원근에서 다 모여 그 집을 에워싸고 5롯을 부르고 그에게 이르되 오늘 밤에 네게 온 사람들이 어디 있느냐 이끌어 내라 우리가 그들을 상관하리라…. 9 그들이 이르되 너는 물러나라 또 이르되 이 자 가 들어와서 거류 하면서 우리의 법관이 되려 하는도다 이제 우리가 그 들보다 너를 더 해하리라 하고 롯을 밀치며 가까이 가서 그 문을 부수 려고 하는지라.'

소돔과 고모라에서 롯의 가족들을 구원하기 위해 갔던 천사들을 남색 (sodomy) 하겠다고 모였던 자들이 호모섹스 자들일뿐만 아니라 네피림들 입니다.

'그 성 사람 곧 소돔 백성들이 노소를 막론하고 원근에서 다 모여 그 집 을 에워싸고 롯을 부르고 그에게 이르되 오늘 밤에 네게 온 사람들이 어 디 있느냐 이끌어 내라 우리가 그들을 상관하리라.'

이 구절을 보면 소돔백성들이 노소를 막론하고 원근에서 다 모였다고 합니다. 그리고 이들의 비행을 질책하는 사람은 아무도 없습니다. 소돔과 고모라성의 이 밤은 이들 남색하는 자들의 소동 외에는 고요합니다. 이들이 소돔과 고모라성을 완전히 장악하고 있는 상태를 보여 줍니다. 이들의 문란한 성생활과 비도덕적인 행위를 질타할 자는 그 성에 아무도 없었습니다.

창세기 18장에서 하나님께서 소돔과 고모라를 멸하실 것이라 했을 때에 아브라함이 자신의 조카 롯 가족을 살리기 위해서 하나님께 기도합니다. 그 성에 의인 50이 있는데도 그 악인들 때문에 이 의인 50도 죽어야 합니까 하면서 하나님께 간구합니다. 나중에 의인 10인까지 내려갑니다만 소돔 고모라에 의인 10인이 없었습니다. 비인간들인 네피림들이 설치면서 비도덕, 비윤리, 성 문란한 퇴폐적 사회인 상태를 보여 줍니다.

그러나 종종 롯이 몇 마디 했다는 것을 그들의 대화 속에서 알 수 있습니다. 이들 네피림 때문에 소돔과 고모라, 아드마, 스보임 도시들이 완전히 퇴폐적이었습니다. 왜 소돔과 고모라가 이렇게 성적으로 퇴패했는가 하면 네피림들은 비인간이기 때문입니다. 사탄의 종자들입니다. 하나님의 법을 따르지 않습니다. 인간세계에서 하나님의 뜻을 모독하기 위한 자들이기에 인간윤리와 도덕을 의도적으로 파괴 하려는 자들인 것입니다. 그러므로 하나님께서 이 네피림들을 용납할 수 없었던 것입니다. 비인간이 인간들을 지배하는 세상은 하나님의 뜻이 아닙니다. 하나님은 인간이 땅에 충만하고 다스리라고 했는데 사탄의 종자들인 네피림, 아낙 자손들인 비인간이 인간을 지배하는 세상이 소돔과 고모라였습니다.

넷째로 인자가 오실 때에 무슨 일이 일어나나

'인자가 나타나는 날에도 이와 같으리라.' 하셨는데 이와 같다는 말은 비인간이 인간을 지배하고 진리가 비진리로 되고 도덕과 윤리가 파괴되는 세상이 될 것이라는 것입니다. 계시록 13장은 7년 환란 기간 동안에 일어날 일들을 보여 줍니다. 여기에 컴퓨터와 666수와 그리고 로봇 혹은 인간 복제가 등장합니다. 이곳에서 비인간이 인간을 지배하는 광경이 나타납니다. 오늘날 갑자기 동성애자들이 온 세상을 접수한 기분이 듭니다. 오늘날의 세계 정치, 경제, 교육분야를 접수한 것 같습니다. 먼저 요한계시록의 배경부터 알아 보기로 하겠습니다.

> 계시록 13:1-8, '내가 보니 바다에서 한 짐승이 나오는데 뿔이 열이요 머리가 일곱이라 그 뿔에는 열 왕관이 있고 그 머리들에는 신성 모독 하는 이름들이 있더라 2 내가 본 짐승은 표범과 비슷하고 그 발은 곰의 발 같고 그 입은 사자의 입 같은데 용이 자기의 능력과 보좌와 큰 권세를 그에게 주었더라 3 그의 머리 하나가 상하여 죽게 된 것 같더니 그 죽게 되었던 상처가 나으매 온 땅이 놀랍게 여겨 짐승을 따르고 4 용이 짐승에게 권세를 주므로 용에게 경배하며 짐승에게 경배하여 이르되 누가 이 짐승과 같으냐 누가 능히 이와 더불어 싸우리요 하더라 5 또 짐승이 과장되고 신성 모독을 말하는 입을 받고 또 마흔두 달 동안 일할 권세를 받으니라 6 짐승이 입을 벌려 하나님을 향하여 비방하되 그의 이름과 그의 장막 곧 하늘에 사는 자들을 비방하더라 7 또 권세를 받아 성도들과 싸워 이기게 되고 각 족속과 백성과 방언과 나라를 다스리는 권세를 받으니 8 죽임을 당한 어린 양의 생명책에 창세 이후로 이름이 기록되지 못하고 이 땅에 사는 자들은 다 그 짐승에게 경배하리라.'

　계시록 12장에서 하늘에 전쟁이 있었는데 미가엘 군대가 사탄과 그의 군대와 더불어 하늘에서 싸웠습니다. 이 전쟁에서 사탄과 그 군대가 밀려나 공중권세를 빼앗기고 지구로 쫓겨 내려 왔습니다. 이 때가 지구에서는 후 3년 반의 일곱 대접재앙의 때가 시작되는 때입니다. 사탄이 땅으로 쫓겨나 영적 전쟁의 최후 보루가 이 땅이 되었습니다. 사탄의 최후 발악의 수단이 짐승 즉 적그리스도에게 자신의 권세와 보좌와 능력을 부여한다고 했습니다. 인간인 적그리스도가 슈퍼맨이 된 것입니다. 인간이 신의 경지에 이르렀습니다. 그렇기에 인류 역사상 수많은 영웅 호걸들이 세상을 통일하여 지배하려 했지만 실패했으나 이 적그리스도만은 그 일을 해냈습니다.

그렇게하여 이 적그리스도가 세상을 지배하도록(마흔두 달 동안-후 3년 반, 일곱 대접재앙) 합니다. 7절에 '권세를 받아 성도들과 싸워 이기게 되고 각 족속과 백성과 방언과 나라를 다스리는 권세를 받는다' 했습니다. 이 적그리스도가 하나님과 맞대결을 펼치려 했던 것입니다. 온 세상의 단일 대통령으로서 최악의 철권 통치를 하다가 암살을 당합니다. 그런데 죽었던 이 적 그리스도가 다시 살아나게 됩니다. 그러면서 자신을 신성화하고 사람들로 자신을 경배하게 합니다. 경배하지 않으면 죽입니다.

암살당했던 적그리스도가 살아나면서 거짓 선지자가 적그리스도의 우상을 만듭니다. 그 우상에게 생기를 넣어 걸어 다니게도 하고 말도 하면서 이 우상에게 사람들로 하여금 경배하게 합니다. 이 우상에게 경배하지 않는 자는 잡아 죽인다고 했습니다.

계시록 13:14-18, '짐승 앞에서 받은 바 이적을 행함으로 땅에 거하는 자들을 미혹하며 땅에 거하는 자들에게 이르기를 칼에 상하였다가 살아난 짐승을 위하여 우상을 만들라 하더라 15 그가 권세를 받아 그 짐승의 우상에게 생기를 주어 그 짐승의 우상으로 말하게 하고 또 짐승의 우상에게 경배하지 아니하는 자는 몇이든지 다 죽이게 하더라 16 그가 모든 자 곧 작은 자나 큰 자나 부자나 가난한 자나 자유인이나 종들에게 그 오른손에나 이마에 표를 받게 하고 17 누구든지 이 표를 가진 자 외에는 매매를 못하게 하니 이 표는 곧 짐승의 이름이나 그 이름의 수라 18 지혜가 여기 있으니 총명한 자는 그 짐승의 수를 세어 보라 그것은 사람의 수니 그의 수는 육백육십육이니라.'

여기 적그리스도의 우상이란 21세기 문명기기인 로봇이나 인간복제를 1세기식 언어와 문화적으로 표현한 것입니다. 우상이란 어떤 인물이나 동물이나 사물을 형상화해서 경배의 대상으로 만든 것입니다. 우상은 석상, 목상, 동상이나 금장색이나 은장색 등이 있습니다. 이들은 듣거나 말하거나 움직이지 못합니다. 그러나 이 적그리스도의 우상은 말도 하고 걸어 다니기도합니다. 이 우상에게 경배하지 않는 자는 몇이든지 죽인다고 한 것은 그 로봇의 몸에 카메라 장치와 스캐너 기능이 있어 상대방의 신분을 파악하는 기능을 가졌음을 알 수 있습니다. 이 로봇 혹은 클로닝(인간복제)은 비인간입니다. 이 비인간이 인간의 경배를 받고 있다는 것은 경배의 대상이 되었다는 것입니다.

그렇다면 왜 거짓 선지자가 죽었다가 살아난 적그리스도를 위해 우상 즉 로봇이나 인간복제를 만들었을까요? 두 가지 이유가 있습니다. 첫째는 적그리스도와 꼭 닮았으므로 누가 본인이고 로봇인지 분별할 수 없게 해서 암살 저격을 피하기 위해서 입니다. 영화 MATRIX에서 꼭 같은 인간복제 혹은 로봇이 수십 수백개가 나타나면 누가 누군지 분별할 수 없습니다. 두번째 이유는 세계 단일 대통령의 한 사람이 전 세계를 통치하기 위한 정치수단으로 사용하는 것입니다. 자기 분신을 각 민족, 백성, 언어들에 파송하여 총통으로 삼는 것입니다. 그래서 각 나라 민족 백성들이 이 자신의 분신인 자신들의 통치자에게 경배하게 한 것입니다. 비인간이 인간을 지배하는 세상이 될 것을 계시록 13장에서 예언한 것입니다. 세상 끝 날에는 노아 홍수 때의 비인간이었던 네피림이 전 세계의 백성 언어 민족들의 지배자가 되어 죄와 악으로 세상을 파멸하려 했던 것과 마찬가지로 주님 재림 때도 그와 같을 것이라 하신 것입니다. 적그리스도는 자신의 분신인 로봇 혹은 인간복제들에게 직접 뇌에 이식한 칩으로 양방향 의사소통을 하여 세상을 지배하게 됩니다.

다섯째로 적그리스도 우상의 정체

　사탄은 노아 홍수 때와 소돔 고모라 때에는 사탄의 종자들을 풀어 인간의 딸들과 교합해서 네피림을 생산하였습니다. 이 세상을 성문란과 사회파괴로 세상을 교란시켜 하나님의 인류구속사역을 훼방 하려 했다가 실패했습니다. 홍수 후 다시 네피림의 후손인 아낙자손을 통해 성문란, 동성애 등으로 가나안 지역을 장악해 소돔과 고모라를 지배했습니다. 그러나 하나님의 개입으로 실패했다가 이제 과학발달로 21세기 네피림을 통해서 이 세상을 지배하여 성적 문란, 사회파괴를 시도하고 있습니다. 그러므로 사탄의 무기는 성문란과 비인간의 인간지배인 것입니다. 그런 일들이 이 세상에 보편화 되고 있습니다. 요즘 들어 동성애자들이 온 세상에 활개 치고 있습니다. 동성애자들이 온 세계의 정치계, 경제계와 교육계를 장악했습니다.

　울산대 법대 이정훈 교수의 서울대학교 TRUTH FORUM 에서 강연한 내용을 글로 옮긴 '프로테스탄티즘의 해체와 문화혁명'의 글에서 '동성애' 가 좌파 철학에서 '젠더 이데올로기' 정치 투쟁의 전략적 수단이 되었다는 것입니다. 그의 말의 한 소절을 인용합니다.

　　'청교도의 영성이 감소되고 타락하는 천박한 자본주의는 이들의 먹잇감이 되었다. 중국의 마오이즘과 문화혁명으로 4500만을 학살한 인류 역사에서 가장 악랄한 이데올로기가 출현한다. 음란한 세대가 이것을 복음으로 받아들여 68 혁명이라는 최악의 문화혁명을 유럽을 중심으로 전개한다. 이것이 결국 GM(성 주류화)이라는 전략으로 체계화되어 UN을 점령하기에 이르렀다. 체제를 전복시키고 소비에트를 세우는 방식이 아니라 청년들의 양심과 도덕을 해체시켜 죄의 본성을 향해 돌진하는 죽음의 길을 '인권'으로 포장하고, '인간의 존엄성'에서 추론한 거룩한 하나님이 주신 법을 폐기하고 스스로 개와 돼지 만도 못한 존재로 인간을 나락에 빠뜨린 것을 인간 스스로 자축하고 있다. 전 인류를 파멸로 몰고 갈 가장 강력한 무기가 개발 된 것이다. 이 '젠더 이데올로기' 는 기존의 좌파 이데 올로기 중 가장 진화한 것으로 종교개혁의 전통이 살아있던 유럽의 교회들을 획기적으로 파괴하는 데 성공했다.'

요한계시록의 일곱 인을 떼심에서 둘째 인을 떼심의 붉은 말은 공산혁 명인 사상전쟁을 일으킨 사상혁명이었습니다. 이 공산주의가 온 세계를 점령하려 했습니다. 전 세계의 삼분의 일을 점령했다가 셋째 인의 떼심인 검은 말(경제전쟁)의 등장으로 인해 1989년에 베를린 장벽이 무너지면서 동서독이 통일되고 소련연방이 해체되면서 사상전쟁이 주춤해졌습니다. 그러나 아직도 세계 곳곳에서 그 세력이 존재하고 있습니다. 이 일곱 인을 떼심은 세계를 지배 하려는 사탄의 시도들입니다. 이제 사탄은 성(SEX) 혁 명을 개발하여 세상을 뒤집으려고 합니다. 요즘 사립학교 개정법과 공무 원들은 정치중립을 지키라는 국가 공무원 법과 종교편향 방지법과 차별 금지법과 교권을 붕괴시키고 학생들을 패륜아로 만들고 있는 '학생인권 조례' 는 좌파들이 68 학생선언을 한국에서 실현하고자 하는 것입니다. 사 탄의 졸개들인 좌파들이 유럽의 교회를 성혁명으로 초토화시켰고, 한국 의 좌파들은 세월호 사건으로 촛불혁명을 일으켜 한국정부를 집어삼킨 후 에 이제 성(SEX)문화로 법을 만들어 한국 교회를 박살내려고 합니다. 한국 교회는 바람 앞의 등불입니다

첫째로 성 소수자 인권옹호라는 명목으로 성소수자 인권옹호법이 국가 헌법 위에 있습니다. 미국의 대기업들이 성소수자를 우대하는 정책을 펴 고 있습니다. 지금 미국 초등학교, 중학교, 고등학교에서 성교육을 의무화 했는데 이 성교육의 내용이 어떻게 동성애를 하는가, 항문섹스를 어떻게 하는가, 어떤 기구를 사용하며, 어디에서 구입할 수 있는가 하는 동성애 성교육을 집중적으로 강력하게 가르치고 있습니다. 전적으로 호모섹스에

대한 교육인 것입니다. 어릴 때부터 동성애 교육을 시켜 사람들을 동성애 자로 만들겠다는 의도입니다.

> 다니엘서 7:25, '그가 장차 지극히 높으신 이를 말로 대적하며 또 지극히 높으신 이의 성도를 괴롭게 할 것이며 그가 또 **때와 법을 고치고자 할 것이며** 성도들은 그의 손에 붙인 바 되어 한 때와 두 때와 반 때를 지내리라.'

이 구절은 계시록 13:6-7 말씀과 똑 같습니다.

> '짐승이 입을 벌려 하나님을 향하여 비방하되 그의 이름과 그의 장막 곧 하늘에 사는 자들을 비방하더라 7 또 권세를 받아 성도들과 싸워 이기게 되고 각 족속과 백성과 방언과 나라를 다스리는 권세를 받으니'

다니엘 7:23 에서 적그리스도가 때와 법을 고친다고 했습니다. 오늘날의 미국이 그렇습니다. 전에는 불법인 마약을 법을 고쳐 이제 마약을 섭취해도 괜찮다, 성경에서 동성애는 악이요 죄라고 했는데 요즘 법은 아니다, 그것이 더 좋다고 말하는 세상이 되었고 동성애에 대해 나쁘게 말하는 사람들이나 목사나 교회는 법에서 제재를 받는 세상이 되고 말았습니다.

둘째로 비인간의 인간지배 세상으로 만들고 있습니다. 최근 들어 인공지능이 세상의 뉴스를 뜨겁게 달구고 있습니다. 로봇이 인간의 일을 대신하고 있으며 인공 지능과 인간의 지능이 서로 다투고 있습니다. 그에 대한 소설이나 영화가 판을 치고 있습니다. 소설이나 영화의 내용대로 세상이 움직이고 있습니다. 앞으로는 유전자 조작한 인간이 특권계급이 될 것이라 합니다. 노아 홍수 이전시대와 같아집니다. 몇 가지 예를 들겠습니다.

내 뇌파를 다른 사람에게 보내 손가락을 움직이게 하는 실험이 성공했다. (2013-08-28 17:42)

사이언스 데일리는 미국 워싱턴 주립대 연구진이 인터넷으로 사람의 뇌파를 다른 사람에게 보내고 손을 움직이게 하는 실험에 성공했다고 전했습니다. 쥐와 쥐, 쥐와 사람 사이에 뇌파 교류 연구가 성공한 적은 있지만 인터넷으로 사람과 사람의 뇌를 연결한 것은 이번이 처음입니다.

라제시 라오 교수와 안드레아 스토코 교수는 서로 다른 실험실에 앉아 있습니다. 두 교수는 뇌파 기록장치(EEG)와 연결된 전극 부착 모자를 썼습니다. 이 모자는 인터넷으로 연결됐습니다. 라오 교수는 머릿속에 간단한 비디오 게임을 하는 상황을 설정하고 목표물을 맞히기 위해 손가락을 움직여 버튼을 누르는 상상을 합니다. 이와 동시에 스토코 교수는 자신의 의지와 상관없이 오른쪽 검지를 움직여 키보드 버튼을 누릅니다. 스토코 교수는 자신도 모르게 움찔하는 '신경성 경련' 같은 느낌으로 표현했습니다.

라오 교수는 "내가 생각한 행동이 다른 사람의 뇌로가 행동으로 옮겨지는 것을 보면 기분이 묘하다"며 "이번 실험은 한 방향의 일방적인 정보 흐름이지만 다음 단계는 쌍방향 교류가 될 것"이라고 말했습니다. 연구진은 이 기술은 뇌의 단순한 신호를 파악하는 것으로 사람의 생각을 읽는 것은 아니라고 설명했습니다. 이런 기술이 발전하면 조종사가 비행기를 조종할 수 없는 위급 상황에서 승무원이나 승객이 대신 비행기를 착륙시키도록 지원할 수 있다고 덧붙였습니다. 서로 다른 언어를 사용하는 사람 간에도 의사소통의 길을 열 것으로 내다봤습니다. 이 기술이 발전하여 앞으로 적그리스도가 전 세계에 배치된 자신의 분신인 총통들인 로봇이나 인간복제들과 교통하는 수단이 될 것입니다.

김창경 한양대 과학기술정책과 교수는 2019년 7월 19일 "앞으로 유전자 조작을 한 인간이 '특권계급'이 될 것"이라고 주장했습니다. 김창경 교수는 이날 제주 신라호텔에서 열린 대한상의 제주포럼에서 "유전자 조작

기술 발전으로 경천동지할 변화들이 나타날 것"이라며 이 같이 말했습니다. 김 교수는 "기존에는 유전자 편집에 수만 달러의 비용이 들었지만, 크리스퍼 유전자 편집기술(CRISPR-Cas9)의 등장으로 앞으로는 같은 작업을 하면 30달러 밖에 들지 않는다"고 말했습니다. 그러면서 "유전자 편집기술로 직접 유전자를 조작하려는 시도가 이미 이뤄지고 있다"며 "2028년이면 중국에서 태어나는 모든 아기들이 유전자 조작으로 높은 지능으로 태어날 것"이라고 했습니다.

김 교수는 "유전자를 활용한 보건산업은 3조 달러, 페이스북 15개, 구글 15개 정도가 탄생 할 수 있는 규모인데, 현재 광고시장 규모만 2000억 달러에 달한다"며 "제2의 빌 게이츠, 마크 저커버그는 유전자 관련 분야에서 나올 것"이라고 내다봤습니다. 김 교수는 "현재 국내에서는 인간의 유전자 편집을 법적으로 금지하고 있다"면서도 "우리 기업들이 대비한다는 미래는 외국에서는 이미 현재의 이야기다. 시간적 여유가 없다는 점을 알아야 한다"고 강조했습니다.

예전에 유전자 조작으로 태어난 우수한 인간들 사이에서 치열한 경쟁을 벌이는 일반인 (자연인?)에 관한 이야기를 그린 영화 '가타카'가 곧 현실화 될 수 있다는 생각이 듭니다. 전세계적인 동성애의 확산을 통해 이미 롯의 때를 실현한 이 세대가, 또 다시 인간의 유전자를 조작하여 '특권계급(슈퍼맨, 네피림?)'을 만들어야 한다는 주장까지 펼치고 있는 것을 보니, 지금이 바로 예수님이 경고하신 롯의 때요, 노아의 때가 맞는 것 같습니다.

테슬라의 창업자 일론 머스크가 뇌에 칩을 이식, 컴퓨터나 스마트폰과 연결하는 기술을 개발 했다고 발표했습니다. 2017년 머스크가 1억달러(약 1180억원) 사재를 털어 설립한 바이오 스타트업 뉴럴링크(Neuralink)를 통해서입니다. 머스크가 뉴럴링크에 투자한 뒤 개발한 기술을 구체적으로 밝힌 것은 이번이 처음입니다. 2019년 8월 16일(현지시간) 뉴욕 타임즈

(NYT)에 따르면 머스크는 이날 기자 간담회를 열고 "인간과 컴퓨터 간의 의사소통, 대량의 정보전달이 가능한 기술을 개발 중"이라며 "2020년 내에 첫 번째 환자(지원자)에게 이 기술을 탑재할 것"이라고 밝혔습니다. 그는 "이 기술이 적용되면 뇌졸중, 암, 선척적인 병 등 심각한 뇌 손상을 입은 환자들에게 도움이 될 것으로 보인다"고 덧붙였습니다. 현재 머 스크는 미 식품의약국(FDA)이 임상실험 허가를 내리기를 기다리고 있습니다.

앞서 NYT는 머스크가 실험용 쥐에 해당 칩을 이식해 컴퓨터 정보를 받는 실험을 마쳤다고 보도한 바 있습니다. 머스크는 이날 간담회에서 "원숭이에게도 칩을 심는 실험을 완료했다"며 "칩을 이식한 원숭이의 두뇌로 일종의 '텔레파시'를 이용해 컴퓨터를 제어할 수 있었다"고 말했습니다.

뇌에 칩을 심어 컴퓨터와 의사소통을 가능하게 한다는 개념은 1984년 미국의 공상과학 소설가 윌리엄 깁슨의 소설 뉴로맨서(Neuromancer)에서 나온 개념입니다. 이 책은 기업 비밀을 빼내는 해커가 거대한 다국적 기업의 실체를 파헤치기 위해 가상세계를 넘나드는 내용을 담고 있습니다.

해당 기술의 상용화 여부는 칩을 뇌 속에 심는 기술이 얼마나 정교한지에 달렸습니다. 수술용 드릴을 통해 소형 칩을 두개골 표면에 붙이고, 이 칩이 뇌 세포의 전극정보를 모아 '블루투스'와 같은 형태로 컴퓨터에 전달하는데, 물리적으로 드릴을 인간의 뇌에 닿게 하면 충격이 생길 수 밖에 없습니다. 뉴럴링크는 "앞으로 레이저 드릴을 써 칩을 심는데 큰 문제가 없도록 할 것"이라고 기대했습니다.

그런데 그로부터 이제 2년이 채 지나지도 않은 지금, 영화 '아이언맨'의 실제 모델이기도 한 테슬라의 창업자 일론 머스크가 2020년부터 인간의 뇌와 컴퓨터를 연결시키는 본격적인 실험에 들어 갈 것이라는 발표를 하였습니다. 이 계획대로라면, 인간의 모든 가능성을 실현하게 해 줄 컴퓨터 칩을 뇌에 이식한 슈퍼 휴먼이 탄생하는데 2017년에는 15년이 걸릴 것이라 했던 예측이 3년으로 당겨지게 되는 것입니다. 이미 쥐와 원숭이를 통해 뇌에 이식된 칩을 통해 컴퓨터와 정보를 주고 받는 실험을 완료했다고 하니, 내년부터(2020년) 진행되는 사람을 대상으로 한 임상실험에서도 기대 이상의 성과가 나타날 가능성이 높습니다. 이에 사용 되는 칩이 컨택트 렌즈 보다 훨씬 작은 크기로 이를 뇌에 이식하는 수술이 라식수술 만큼이나 간단할 것이라고 하니, 이것이 실험을 마치고 상용화되면 많은 사람들이 저항감 없이 뇌에 칩을 삽입하는 수술을 할 것으로 보입니다.

본격적으로 사람들이 이마(뇌)에 칩(표?)을 받고 컴퓨터가 내리는 명령에 순종하는 매트릭스의 세계가 펼쳐지려 하고 있습니다. 베리칩과 뇌의 칩으로 상징되는 바이오 해킹 기술을 통해 인간과 컴퓨터, 인간과 기계가 결합되는 21세기판 네피림(노아)의 시대가 펼쳐지고 있는 것입니다. 공장에서 생산된 인간들의 뇌가 컴퓨터와 연결된 체 일평생 컴퓨터가 제공하는 가상 현실(매트릭스)의 세계에서 살아간다는 영화 매트릭스의 세상이 눈 앞에 펼쳐질 것입니다. 1999년 영화가 개봉된 지 20년 만에 영화속 세계가 현실이 되고 있는 것입니다.

누가복음 17장에 "하나님의 나라가 어느 때에 임하느냐"(눅 17:20)는 바리새인들의 질문에 예수님은 '인자의 날'은 '노아의 때'(눅 17:26)와 같고 또 '롯의 때'(눅 17:28)와 같을 것이라 하셨습니다. 둘 모두 인간의 타락이 극에 이르고 죄악이 관영한 때이긴 하지만, 롯의 때가 동성애가 관영한 시절이었다면, 창세기 6장에 묘사된 노아의 때는 하나님의 아들들(타락천사들)이 사람의 딸들을 취하여(창 6:2), 타락천사와 인간 사이에서 태어난 거대한 변종인간들인 네피림(창 6:4)이 땅을 지배하고 있던 때였습니다. 아담으로부터 이어지던 순수한 인간의 유전자가 타락천사의 개입으로 오염되고 왜곡된 시기가 바로 노아의 때였다는 것입니다. 이런 네피림의 등장으로 순수한 인간의 혈통을 보존하기 힘들게 되자, 하나님이 지상에 있는 모든 인간들을 쓸어버리시고, 노아와 그의 가족들을 통해 인류의 역사를 새롭게 시작하신 것입니다.

전세계적인 동성애의 확산을 통해 이미 롯의 때를 실현한 이 세대가, 또다시 인간의 유전자를 조작하여 '특권계급(슈퍼맨, 네피림?)'을 만들어야 한다는 주장까지 펼치고 있는 것을 보니, 지금이 바로 예수님이 경고하신 롯의 때요, 노아의 때가 맞는 것 같습니다.

> "번개가 하늘 아래 이쪽에서 번쩍이어 하늘 아래 저쪽까지 비침같이 인자도 자기 날에 그러하리라. 그러나 그가 먼저 많은 고난을 받으며 이 세대에게 버린 바 되어야 할지니라. 노아의 때에 된 것과 같이 인자의 때에도 그러하리라. 노아가 방주에 들어가던 날까지 사람들이 먹고 마시고 장가들고 시집 가더니 홍수가 나서 그들을 다 멸망시켰으며, 또 롯의 때와 같으리니 사람들이 먹고 마시고 사고 팔고 심고 집을 짓더니, 롯이 소돔에서 나가던 날에 하늘로부터 불과 유황이 비오듯 하여 그들을 멸망시켰느니라. 인자가 나타나는 날에도 이러하리라." (누가복음 17장 24-30)

> '32무화과나무의 비유를 배우라 그 가지가 연하여지고 잎사귀를 내면 여름이 가까운 줄을 아나니 33이와 같이 너희도 이 모든 일을 보거든 인자가 가까이 곧 문 앞에 이른 줄 알라 34내가 진실로 너희에게 말하노니 이 세대가 지나가기 전에 이 일이 다 일어나리라 35천지는 없어질지언정 내 말은 없어지지 아니하리라.' (마태복음 24:32-35)

예수님께서 이 모든 일이 일어나는 것을 보거든 인자가 가까이 곧 문앞에 이른 줄 하라 하셨는데 천지는 없어질지언정 내 말은 없어지지 아니하리라 했습니다. 이 말씀은 엄청난 선포입니다. 천지가 없어질지언정 내 말은 없어지지 아니하리라 하신 말씀처럼 꼭 반드시 이 세대가 지나가기 전에 이룰 것이라 했습니다. 주님의 재림이 문 앞에, 코 앞에 이르렀습니다.

할렐루야 아멘

Resurrection

죽음 후 성도의 천국에서의
영혼상태 및 활동

(이 말씀은 역사적 전 천년적 바탕에 전 3년 반 마지막인 일곱째 나팔에 주님의 공중강림이 있을 것이라는 입장에서 쓴 글임을 참조하시기 바랍니다. 주예수 사랑 교회 김 준식목사의 웹사이트 www.loveofjesuschurch.com의 일곱 인을 떼심과 일곱 나팔재앙을 참조하시기 바랍니다. 혹은 김준식목사 저서 [요한 계시록의 증언, 상 하권]을 참조하시기 바랍니다.

　우리가 구원 받고 죽게 될 때에 몸은 흙에 매장되고 영혼은 우리의 수호천사들에 이끌려 천국으로 들어갑니다. 천국에서 영혼상태로 있다가 주님께서 공중강림 하실 때에 몸의 부활이 있기까지 중간 상태의 기간 동안에 영혼이 어떤 상태로 있으며 어떤 활동을 하는가에 대해 신 구약 성경이 무엇이라 말씀하시는지 살펴 보겠습니다. 성경말씀은 인간은 사후에도 의식적, 인격적 존재로 존속한다는 것을 분명히 말씀하고 있습니다. 정통 기독교는 인간의 영혼은 죽음 이후에도 의식 있는 개별적 존재로서 계속 활동한다는 것과 그리스도의 재림 시, 영화롭게 변화된 육체가 영혼과 재결합되어 부활할 것을 믿고 있습니다. 반면, 가톨릭은 '연옥설'을, 안식교 및 여호와의 증인은 '영혼 수면설' 또는 '영혼 멸절설'을 주장합니다.

첫째로 연옥설과 영혼수면설

연옥설

가톨릭의 연옥교리는 죽음과 동시에 각 개인의 영혼은 하나님의 심판을 받아 영원한 지위가 결정된다는 전제로부터 시작된다고 합니다. 연옥은 천국과 지옥 사이의 중간적 장소로, 지옥과 천국으로부터 배제된 대다수의 사람들이 가는 곳이며, 시련과 징벌의 장소가 아니라 정화의 장소라고 합니다. 직접 천국으로 가지 못하고 연옥에서 정화의 과정을 통과해야 하는 사람은 하나님의 초자연적인 은혜 안에 있기 때문에 결국은 천국에 들어가는 것이 확실하지만, 현세에서 지은 가벼운 죄로부터 정결함이나 그에 합당한 형벌을 받지 않고 죽은 사람들로서 연옥에서 수동적으로 당하는 고통을 통해 정화된다는 주장입니다.

연옥 개념이 성서나 기독교 고유의 사상이 아니라 이교 사상의 영향으로 고대와 중세교회에 들어온 것으로 이해됩니다. 그것은 사람이 죽으면 불로 정결함을 받는다는 고대 인도와 페르시아 사상에서 근원을 찾을 수 있습니다. 이집트와 헬라인들 역시 이런 개념을 가지고 있었습니다. 대부분의 그리스도인은 천국에 들어가기에 충분할 만큼 거룩하지 못하기 때문에 사후에 정화의 과정을 거쳐야 된다는 개념이 오리겐 이후, 교부들 사이에서 하나의 흐름을 형성했다는 것입니다. 그러나 연옥교리는 때로 신부(神父)의 금광이라고 불리울 만큼 로마교회 수입의 원천이 되었습니다. 그러나 종교개혁 시대에 이르러는 연보궤에 돈이 떨어지는 소리와 함께 연옥의 영혼이 천국으로 옮겨진다고 주장할 정도로, 연옥교리와 면죄부 판매는 로마교회와 교황권 부패의 상징과 종교개혁의 도화선이 되었습니다.

첫째로 연옥교리는 성서적 근거가 없습니다. 그것의 주 근거로 제시된 것은 마카비후서 12장 43-45절입니다. 그러나 마카비서는 정경이 아니라 외경(Apocrypha)입니다. 따라서 개신 교회는 그 권위를 인정하지 않습니다.

둘째, 연옥교리는 성경적 구원론과 일치하지 않습니다. 인간의 죄는 연옥의 불과 고통에 의해 정화되는 것이 아니라 예수 그리스도의 피로 말미암아 깨끗하게 됩니다(요일1:7). 의롭게 되는 것은 행위에서 난 것이 아니요 오직 예수 그리스도를 믿음으로 말미암는 것입니다 (갈2: 16). 연옥 개념은 그리스도의 십자가 공로에 의한 죄의 완전한 사유라는 복음진리와 모순됩니다.

셋째, 연옥교리는 로마 가톨릭교회의 목회적 필요성에 의해 만들어진 개념입니다. 왜냐하면 하나님이 아니라, 교황이 연옥에 대한 관할권을 가진다는 주장은 교황권을 강화하고 교인을 지배하려는 의도와 목적에서 나온 것이기 때문입니다.

영혼 수면설 및 영혼 멸절설

다음은 중간상태의 인간 영혼은 의식이 있는가, 아니면 무의식 상태에 있는가? 그리스도와 교제하며 부활을 기다리고 있는가, 아니면 긴 수면 속에 있는가? 라는 논제입니다.

정통신학이 인간의 영혼은 죽음 이후에도 의식적, 인격적 존재로 존속한다고 가르치는데 반해, 영혼은 죽음으로부터 부활에 이르는 기간 동안 무의식적 수면 상태에 있다고 주장하는 입장이 영혼 수면설입니다.

영혼수면설은 성경에 죽음을 잠이라는 비유로 표현하는 것에 근거합니다. 예수님이 회당장 야이로의 딸의 죽음에 대해 "소녀가 죽은 것이 아니라 잔다" (마 9:24)고 하신 것이나 누가가 스데반의 죽음을 잠으로 묘사한 것(행 7:60), 또는 바울이 다윗에 대해 "하나님의 뜻을 좇아 섬기다가 잠들었다" (행 13:60)고 말한 것 등(요 11:11, 고전 16:51)이 대표적인 예이고, 특히 바울이 데살로니가 전서 4장 13-14절에서 예수 안에서 자는 자들로 묘사하는 등의 본문에 대한 문자적 해석에 근거하여 죽음을 영혼의 잠으로 간주합니다. 성경이 성도들의 죽음을 잔다고 표현한 것은 죽으면 다시 깨어날 수 없지만 잠은 그 다음날 아침에 깨어 일어나듯이 성도는 다시 살아 난다는 개념으로 잠잔다고 한 것입니다.

> "사망 중에서는 주를 기억함이 없사오니 음부에서 주께 감사할 자 누구리 이까"(시 6:5), "죽은 자가 여호와를 찬양하지 못하나니 적막한 데 내려 가는 자들은 아무도 못하리로다" (시편 115:17)

이 말씀을 근거로 죽은 자에게는 의식이 없다고 봅니다. 한편 영혼수면 설은 특수한 인간론에 기초하고 있습니다. 그것은 인간이 영혼과 육체, 또 는 영과 혼과 육체로 구성되어 있다고 보는 2분설이나 3분설을 받아들이 지 않고 인간을 하나의 통일체로 간주합니다. 따라서 육체가 기능을 중지 할 때, 영혼도 더 이상 생존하지 않는다고 봅니다.

또한 제7일 재림교(안식교)는 인간이 육체와 영혼으로 구성되어 있다 는 견해에 대해 비판적 입니다. 영혼을 인간의 구성요소라기보다, 오히려 인간자체로 해석합니다. 따라서 인간이 불멸적 존재라는 것과 인간은 육 체의 죽음 후에도 존속할 수 있는 영혼을 가지고 있다는 것을 부정합니 다. 여호와의 증인은 인간이 육체와 영혼으로 구성되어 있다는 견해를 반 대하고, 인간은 생명의 원리와 결합된 육체로 이루어진 영혼이라고 주장 합니다. 안식교와 여호와의 증인은 현대에 영혼 수면설을 가장 분명하게 주장하는 집단이며, 그것을 그들의 주요 교리 가운데 하나로 간주하고 있 습니다.

여호와의 증인은 영원한 형벌의 장소로써 지옥의 존재를 부정합니 다. 지옥의 존재는 하나님의 사랑과 공의에 모순되기 때문이라고 합니 다. 그들에게 있어서 지옥은 '항상 불이 붙어있는 뜨거운 곳도 끝없는 고통의 장소도 아니다. 죽은 자는 생명도 의식도 없기 때문에 고통을 받 을 수 없다. 따라서 지옥으로 번역된 헬라어 게헨나는 예루살렘성 밖에

있는 힌놈의 골짜기를 의미하며 통상적인 무덤을 상징한다고 본다.' 고
합니다.

특히 "제7일 재림교회와 여호와 증인의 영혼 수면설은 전통교회 신학자
들로부터 많은 비판을 받았습니다. 안토니 후크마(Anthony A. Hoekema)
는 제7일 재림교의 입장은 영혼수면설 이라기 보다 오히려 영혼소멸(soul
extinction)설로 간주해야 된다고 지적했습니다. 인간의 영혼은 지옥불에
서 영원히 타는 것이 아니라 언젠가는 불에 타서 없어진다고 믿습니다. "영
혼 수면설은 죽음 후에 영혼이 무의식적 상태로 존속한다고 주장하는 데
비해, 제7일 재림교는 인간은 죽음과 동시에 사실상 완전한 무존재의 상태,
즉 살아있는 것이 아닌 상태가 된다고 보기 때문이다." 고 밝혔습니다.

둘째로 구약성경에서 말씀하시는 영혼상태

구약의 경우는 의인에 대하여 "누가 살아서 죽음을 보지 아니하고 그
영혼을 음부의 권세에서 건지리이까" (시 89:48) 하였으며, 악인에 대하여
"그들과 그 모든 소속이 산채로 음부에 빠지며 땅이 그 위에 합하니 그들
이 총회 중에서 망하니라" (민 16:33)고 하여 인간은 죽음과 더불어 소멸되
는 것이 아니며, 의인과 악인 모두 음부(스올, 하데스)로 내려간다는 것입
니다. 구약 성경에 의하면 음부는 악인이 들어 가는 것이 확실합니다. 그
러므로 구약시대 때는 의인이 음부에 가는 것은 확실한데 그곳에서의 활
동에 대해서는 확실하게 설명하지 않았으나 예수님의 누가복음 16:19-31
의 홍포부자와 나사로 이야기에서 의인의 음부에서의 삶과 그 위치를 분
명하게 보여 주었습니다.

구약성경에 음부라는 용어가 수 없이 나옵니다. 창세기 37:35에서 요셉
을 잃은 야곱의 고백을 들어 보겠습니다.

'그의 모든 자녀가 위로하되 그가 그 위로를 받지 아니하여 이르되 내가 슬퍼하며 스올로 내려가 아들에게로 가리라 하고 그의 아버지가 그를 위하여 울었더라.'에서 야곱이 죽으면 스올로 가는 줄 알았습니다.

욥기 14: 13에서 욥도 자신을 스올에 감추어 달라고 기도합니다.

'주는 나를 스올에 감추시며 주의 진노를 돌이키실 때까지 나를 숨기시고 나를 위하여 규례를 정하시고 나를 기억하 소서.'

욥17:13에, '내가 스올이 내 집이 되기를 희망하여 내 침상을 흑암에 펴놓으매 …16우리가 흙 속에서 쉴 때에는 희망이 스올의 문으로 내려갈 뿐이니라'

욥기 21:13,14은 악인이 음부에 있을 것을 언급하고 있습니다.

'13그들의 날을 행복하게 지내다가 잠깐 사이에 스올에 내려가느니라. 14 그러할지라도 그들은 하나님께 말하기를 우리를 떠나소서 우리가 주의 도리 알기를 바라지 아니하나이다.'

시편 16:9-11에서 다윗은 자신이 죽지 않고 살려 주셨음에 대해 찬양하기를,

'이러므로 나의 마음이 기쁘고 나의 영도 즐거워하며 내 육체도 안전히 살리니 10이는 주께서 내 영혼을 스올에 버리지 아니하시며 주의 거룩한 자를 멸망시키지 않으실 것임이니이다. 11주께서 생명의 길을 내게 보이시리니 주의 앞에는 충만한 기쁨이 있고 주의 오른쪽에는 영원한 즐거움이 있나이다.'

시편 30:3, '여호와여 주께서 내 영혼을 스올에서 끌어내어 나를 살리사 무덤으로 내려가지 아니하게 하셨나이다.'

그 외에 악인이 음부에 갈 것에 대한 구절들을 살펴 보면

시 9:17, '악인들이 스올로 돌아감이여 하나님을 잊어버린 모든 이방 나라 들이 그리하리로다.'

시편49:14,15, '그들은 양 같이 스올에 두기로 작정되었으니 사망이 그 들의 목자일 것이라 정직한 자들이 아침에 그들을 다스리리니 그들의 아 름다움은 소멸하고 스올이 그들의 거처가 되리라. 15그러나 하나님은 나 를 영접하시리니 이러므로 내 영혼을 스올의 권세에서 건져내시리로다' (셀라)

예수님은 누가복음 16:19-31에서 음부(스올)에서의 의인과 악인의 위치 를 분명히 보여 줍니다. 나사로는 아브라함의 품에 안겼고 홍포부자는 불 꽃 가운데서 고통 당하고 있는 모습을 보여줍니다. 아브라함을 포함한 구 약의 의인의 영혼은 죽은 후 나사로가 갔던 음부의 〈즐거움의 영역'(the pleasant section)〉에 갑니다(눅16:23-26). 그러나 부자처럼 불신자로 죽은 사람들은 죽고 장사된 후에 그 영혼이 〈음부 중 고통 받는 영역〉으로 갑니 다(눅 16:23). 즉 성경에서 음부는 나사로가 간 낙원과 부자가 간 고통 받 는 영역 모두를 포함하는 개념으로서 죽으면 가는 곳을 통칭할 때 사용되 었습니다. 참고로 성경은 이 두 영역 사이에 '큰 구렁'이 끼어 있어 서로 간에 오가지도 못한다고 말합니다(눅 16:26).

예수님의 누가복음 16장의 나사로와 홍포부자의 이야기는 예수님이 십 자가에 죽음과 부활이 있기 전에 하신 말씀이요 나사로와 홍포부자 역시 구약시대에 속한 인물입니다. 이제부터 신약시대에 속한 영혼들의 상태와 활동에 대해 알아보기로 하겠습니다.

셋째로 신약시대의 영혼상태와 활동

계시록은 죽은 영혼들의 천국에서의 상태와 활동에 대해 보여주고 있습니다. 먼저 계시록 6:9-11은 다섯째 인을 떼실 때에 온 지구상에 큰 핍박이 있어 이때에 하나님의 말씀과 저희 가진 증거를 인하여 죽임을 당한 영혼들이 제단 아래에 있다고 합니다.

> '9다섯째 인을 떼실 때에 내가 보니 하나님의 말씀과 그들이 가진 증거로 말미암아 죽임을 당한 **영혼들이** 제단 아래에 있어 10큰 소리로 불러 이르되 거룩하고 참되신 대 주재여 땅에 거하는 자들을 심판하여 우리 피를 갚아주지 아니하시기를 어느 때까지 하시려 하나이까 하니 11각각 그들에게 흰 두루마기를 주시며 이르시되 아직 잠시 동안 쉬되 그들의 동무 종들과 형제들도 자기처럼 죽임을 당하여 그 수가 차기까지 하라 하시더라.'

이 성경구절 9절에 그 순교자들의 영혼이 제단 아래에 있다고 합니다. 계시록에서 제단이 어디에 있겠습니까? 그 해답이 계시록 14:17, 18에 있습니다.

> '17 또 다른 천사가 하늘에 있는 성전에서 나오는데 역시 예리한 낫을 가졌더라. 18 또 불을 다스리는 다른 천사가 제단으로부터 나와 예리한 낫 가진 자를 향하여 큰 음성으로 불러 이르되 네 예리한 낫을 휘둘러 땅의 포도송이를 거두라 그 포도가 익었느니라 하더라.'

이 말씀에서 보면 제단이 하나님 보좌가 있는 천국에 있습니다.
또한 계시록 16:4-7은 일곱대접 재앙 중의 셋째 대접재앙에 관한 내용입니다.

'4셋째 천사가 그 대접을 강과 물 근원에 쏟으매 피가 되더라. 5내가 들
으니 물을 차지한 천사가 이르되 전에도 계셨고 지금도 계신 거룩하신 이
여 이렇게 심판하시니 의로우시도다. 6그들이 성도들과 선지자들의 피를
흘렸으므로 그들에게 피를 마시게 하신 것이 합당하니이다 하더라. 7또
내가 들으니 제단이 말하기를 그러하다 주 하나님 곧 전능하신 이시여 심
판하시는 것이 참되시고 의로우시도다 하더라.'

7절에서 '제단이 말하기를' 했는데 이 제단이 말한다는 것은 계시록
6:9-11에서 다섯째 인을 떼실 때에 제단 아래에서 순교자들의 영혼들이 자
신들의 신원을 언제 들어 주시겠습니까 했습니다.

이 때에 하나님께서 말씀하시기를 순교자들의 수가 차기까지 기다리라
고 했습니다. 그 기도를 계시록 16장의 셋째 대접을 쏟으심으로 응답하시
는 것입니다. 제단이 말한다는 것은 제단 아래에 있던 순교자들이 말했다
는 것입니다.

계시록 7:9-10은 일곱째인을 떼실 때에 십사만 사천명의 인맞은 자들이
전도한 결과로 많은 영혼들이 천국에 입성하여 보좌 앞에서 천군천사들과
함께 하나님을 향해 찬양하는 모습을 보여 줍니다.

'이 일 후에 내가 보니 각 나라와 족속과 백성과 방언에서 아무도 능히
셀 수 없는 큰 무리가 나와 흰 옷을 입고 손에 종려가지를 들고 보좌 앞
과 어린 양 앞에 서서 10큰 소리로 외쳐 이르되 구원하심이 보좌에 앉으
신 우리 하나님과 어린 양에게 있도다 하니..'

또한 계시록 7:13-17, '장로 중 하나가 응답하여 나에게 이르되 이 흰 옷
입은 자들이 누구며 또 어디서 왔느냐 14내가 말하기를 내 주여 당신이 아
시나이다 하니 그가 나에게 이르되 이는 큰 환난에서 나오는 자들인데 어
린 양의 피에 그 옷을 씻어 희게 하였느니라 15그러므로 그들이 하나님의
보좌 앞에 있고 또 그의 성전에서 밤낮 하나님을 섬기매 보좌에 앉으신 이

가 그들 위에 장막을 치시리니 16그들이 다시는 주리지도 아니하며 목마르

지도 아니하고 해나 아무 뜨거운 기운에 상하지도 아니하리니 17이는 보좌

가운데에 계신 어린 양이 그들의 목자가 되사 생명수 샘으로 인도 하시고

하나님께서 그들의 눈에서 모든 눈물을 씻어 주실 것임이라.'

이 흰 옷입은 자들은 영혼들입니다. 하나님의 보좌 앞에 있다고 했습니다.

또한 히브리서 12:1,2에서 먼저 간 성도들의 영혼들이 지상에서 믿음의 선한 싸움을 싸우는 우리들을 응원한다고 합니다.

'1이러므로 우리에게 구름 같이 둘러 싼 허다한 **증인들이** 있으니 모든 무거운 것과 얽매이기 쉬운 죄를 벗어 버리고 인내로써 우리 앞에 당한 경주를 하며 2믿음의 주요 또 온전하게 하시는 이인 예수를 바라보자.'

이제까지 신약성경을 살펴 볼 때에 죽은 후 성도들의 영혼들이 천국에 있는 것을 확인 했습니다. 그렇다면 구약시대에 이 의인의 영혼들이 언제 스올에서 천국으로 옮겨졌을까요? 아마도 예수님이 죽으시고 사흘 동안 음부에 계시면서 부활하실 때에 의인들의 영혼의 거처를 천국으로 옮기시지 않았을까 추측해 봅니다. 예수님이 십자가에 못박혀 죽으시기 직전에 옆에 있는 한 강도에게 마태복음 23: 43,

'예수께서 이르시되 내가 진실로 네게 이르노니 오늘 네가 나와 함께 낙원에 있으리라 하시니라.'

이 시점은 구약에서 신약으로 옮겨지는 때입니다. 음부에 있으리라 하지 않고 낙원에 있으리라 하셨습니다. 낙원은 천국 권역에 속하는 것을 봅니다. 낙원은 몸의 부활이 있기 전에 영혼들이 거하는 천국입니다. 그리고

낙원에 있는 자들은 하나님의 보좌 앞에 언제든지 나아 갈 수도 있습니다.

> 계시록 7: 15-17, '그러므로 그들이 하나님의 보좌 앞에 있고 또 그의 성
> 전에서 밤낮 하나님을 섬기매 보좌에 앉으신 이가 그들 위에 장막을 치시
> 리니 16그들이 다시는 주리지 도 아니하며 목마르지도 아니하고 해나 아
> 무 뜨거운 기운에 상하지도 아니하리니 17이는 보좌 가운데에 계신 어린
> 양이 그들의 목자가 되사 생명수 샘으로 인도하시고 하나님께서 그들의
> 눈에서 모든 눈물을 씻어 주실 것임이라'

15절에서, '또 그의 성전에서 밤낮 하나님을 섬기매 보좌에 앉으신 이
가 그들 위에 장막을 치시리니'에서 장막을 치신다는 말씀이 낙원이라 생
각합니다.

> '귀 있는 자는 성령이 교회들에게 하시는 말씀을 들을지어다 이기는 그에
> 게는 내가 **하나님의 낙원**에 있는 생명나무의 열매를 주어 먹게 하리라.'
> (계 2:7)

하나님의 낙원에 생명나무 열매가 있다 했습니다.

넷째로 음부와 낙원의 교체기

먼저 성경구절을 인용하겠습니다. 베드로전서 3:18-20,

> '18그리스도께서도 단번에 죄를 위하여 죽으사 의인으로서 불의한 자를
> 대신하셨으니 이는 우리를 하나님 앞으로 인도하려 하심이라 육체로는
> 죽임을 당하시고 영으로는 살림심을 얻으셨으니 19그가 또한 영으로 가
> 서 옥에 있는 영들에게 선포하시니라 20그들은 전에 노아의 날 방주를

준비할 동안 하나님이 오래 참고 기다리실 때에 복종하지 아니하던 자들이라 방주에서 물로 말미암아 구원을 얻은 자가 몇 명뿐이니 겨우 여덟 명이라.'

여기 18-19절은 너무나 심오한 구절입니다. 20절에서 노아 때 사건을 언급하는 것을 볼 때에 구약시대 전 세대에 걸쳐 하나님을 믿은 구약의 의인들을 예수님이 죽으시고 음부에 가서서 그 영혼들을 천국으로 옮긴 사실을 말씀하는 것이 아닌가 추측해 봅니다.

다섯째로 성도들의 영혼들은 천국에서 무슨 활동을 하는가

1). 그들은 옷을 입고 활동을 합니다. 계시록 7:9-10에 흰 옷 입은 큰 무리가 보좌 앞에서 하나님을 찬양합니다. 이 흰 옷은 중동지역의 사람들이 입는 두루마기 (계 6:11)라고 했습니다. 옷을 입는다는 것은 우리 몸과 같은 형체는 아니지만 영혼으로서의 **독특한 형체**를 가졌다는 것을 알 수 있습니다.

'이 일 후에 내가 보니 각 나라와 족속과 백성과 방언에서 아무도 능히 셀 수 없는 큰 무리가 나와 **흰 옷을 입고** 손에 종려가지를 들고 보좌 앞과 어린 양 앞에 서서 10 큰 소리로 외쳐 이르되 구원하심이 보좌에 앉으신 우리 하나님과 어린 양에게 있도다 하니.'

계시록 3:4-5, '그러나 사데에 그 옷을 더럽히지 아니한 자 몇 명이 네게 있어 **흰 옷을 입고** 나와 함께 다니리니 그들은 합당한 자인 연고라 5이기는 자는 이와 같이 **흰 옷을 입을** 것이요 내가 그 이름을 생명책에서 결코 지우지 아니하고 그 이름을 내 아버지 앞과 그의 천사들 앞에서 시인하리라.'

2). 이들은 특별한 임무를 띠고 이 세상으로 파송되기도 합니다. 마태복음 17:2-3에서 예수님이 변화산에서 변화되시고 모세와 엘리야가 내려와서 예수님과 대화를 나누었다고 했습니다. 아마도 예수님의 십자가를 지시고 부활하실 것에 대한 대화였을 것입니다.

'2그들 앞에서 변형되사 그 얼굴이 해 같이 빛나며 옷이 빛과 같이 희어졌더라 3그 때에 모세와 엘리야가 예수와 더불어 말하는 것이 그들에게 보이거늘'

누가복음 16:27-31에서 아브라함과 홍포부자 사이의 대화에서 음부의 영혼이 살아 이 세상으로 올 수도 있다는 암시를 주고 있는지도 모릅니다. 왜냐하면 홍포 부자가 나사로를 자신의 형제들에게 보내어 지옥이 있다는 사실을 알리면 좋겠다고 했을 때에 나사로를 세상에 보낼 수 있다 없다에 대해서는 언급을 하지 않았습니다. 단지 네 말대로 나사로를 살려 세상으로 보낸다 할지라도 이 세상의 전도자들의 말을 듣지 않는 자는 죽은 자가 살아서 돌아가 전도한다 해도 안 믿을 것이기 때문이라고만 말씀하셨기 때문입니다.

그런데 홍포부자가 아브라함에게 요청하기를 자신이 음부 불꽃 가운데 고통을 받으므로 나사로를 자신에게 보내 손가락 끝에 물을 찍어 자신의 혀를 서늘하게 해 줄 수 없겠느냐고 했을 때에 단호히 거절했습니다.

'26그뿐 아니라 너희와 우리 사이에 큰 구렁텅이가 놓여 있어 여기서 너희에게 건너가고자 하되 갈 수 없고 거기서 우리에게 건너올 수도 없게 하였느니라.'

그러나 나사로를 세상으로 보내어 형제들에게 전해달라고 했을 때는 죽은 사람을 세상으로 보낼 수 없다는 말을 직접적으로 하지는 않았습니다. 하나님은 하실 수 있지만 그렇게 하시지 않는다는 것입니다. 그러나 다른 방법으로 하십니다. 예를 들면 꿈을 통해서 하십니다. 아버지, 어머니, 고모들을 보내셔서 꿈으로 알려 주십니다.

'27이르되 그러면 아버지여 구하노니 나사로를 내 아버지의 집에 보내소서 28내 형제 다섯이 있으니 그들에게 증언하게 하여 그들로 이 고통 받는 곳에 오지 않게 하소서 29아브라함이 이르되 그들에게 모세와 선지자들이 있으니 그들에게 들을지니라 30이르되 그렇지 아니하니이다 아버지 아브라함이여 만일 죽은 자에게서 그들에게 가는 자가 있으면 회개하리이다 31이르되 모세와 선지자들에게 듣지 아니하면 비록 죽은 자 가운데서 살아나는 자가 있을지라도 권함을 받지 아니하리라 하였다 하시니라.'

3). 천국에서 영혼들의 주요 활동은 하나님을 찬양하는 것입니다. 계시록 7:9-10

4). 천상의 영혼들은 자신들을 위해 하나님께 기도합니다. 계시록 6:10

5). 천상의 영혼들은 지상의 성도들을 위해 기도하며 응원합니다. 히브리서 12:1

6). 천상의 영혼들은 음식을 먹습니다. 계시록 7:17에서 주님이 그들을 생명수 샘으로 인도하신다 했습니다. 그리고 그 음식은 아마도 출애굽기 16장에서 광야의 이스라엘 백성들에게 내리신 만나일 것입니다. 이 만나는 하늘의 양식, 천사들의 음식이라 했습니다. 시편 78:24, 25(NIV 번역성경)

'24 he rained down manna for the people to eat, he gave them the grain of heaven. 25Men ate the bread of angels; he sent them all the food they could eat.'

광야의 이스라엘 백성들은 천국에서 먹을 양식을 먼저 시식했습니다. 이들은 천국 양식인 만나를 싫어하기도 했습니다. 만나 만으로는 싫다고 했습니다. 그런데 현대의 우리 성도들도 마찬가지입니다. 성경은 하나님의 말씀이요 우리의 영의 양식인데 이것을 즐겨 먹는 자들이 많지 않습니다. 성경은 무궁무진한 지식과 지혜와 생명과 능력을 가진 보물인데 이 말씀을 성도들이 활용하지 않습니다. 계시록 2:17에,

'귀 있는 자는 성령이 교회들에게 하시는 말씀을 들을지어다 이기는 그에게는 내가 감추었던 만나를 주고 또 흰 돌을 줄 터인데 그 돌 위에 새 이름을 기록한 것이 있나니 받는 자 밖에는 그 이름을 알 사람이 없느니라.'

계시록 2:7에서 생명과일도 먹게 하신다 했습니다.

'7귀 있는 자는 성령이 교회 들에게 하시는 말씀을 들을지어다 이기는 그에게는 내가 **하나님의 낙원**에 있는 **생명나무의 열매**를 주어 먹게 하리라.'

예수님이 십자가 상의 한편 강도에게 오늘 네가 나와 함께 낙원에 있으리라 하신 그 낙원이 계 2:7의 '하나님의 낙원' 일 것 입니다.

7). 천사들은 하늘 양식을 먹을 뿐만 아니라 인간의 양식도 먹습니다. 창세기 18:6-8에서 성육신 전 그리스도와 두 천사가 아브라함의 장막을 방문했을 때에 아브라함이 그들에게 떡과 우유와 치즈와 송아지 고기를 대접했을 때에 하나님과 천사들이 먹었다고 했습니다.

'6아브라함이 급히 장막으로 가서 사라에게 이르되 속히 고운 가루 세 스아를 가져다가 반죽하여 떡을 만들라 하고 7아브라함이 또 가축 떼 있는 곳으로 달려가서 기름지고 좋은 송아지를 잡아 하인에게 주니 그가 급히 요리한지라 8아브라함이 엉긴 젖과 우유와 하인이 요리한 송아

지를 가져다가 그들 앞에 차려 놓고 나무 아래에 모셔 서매 그들이 **먹으니라.**'

그러나 낙원이나 천국에는 변소가 없습니다. 천사들이나 영혼들 그리고 앞으로 몸의 부활을 할 성도들의 몸은 신령체이기에 음식물을 먹어도 100% 소화하기 때문에 아무 배설물이 없습니다.

Resurrection

천사와 성도와의 관계

히브리서 1:14

'모든 천사들은 섬기는 영으로서 구원 받을 상속자들을 위하여 섬기
라고 보내심이 아니냐'

　우리는 고린도전서 15장의 부활장을 통해서 부활에 대해서 전반적으로
알아 보았습니다. 여기서는 천사와 성도와의 관계에 대해서 알아보기로
하겠습니다. 천사는 인류와 너무나 밀접한 관계를 가지고 있는 영적존재
입니다. 뿐만 아니라 구원받은 성도와는 생명을 같이 하는 관계입니다. 그
런데 우리 성도들이 성경에서 그렇게 많이 언급되는 천사들이지만 천사에
대해서 아는 것이 별로 없습니다. 저 역시 천사에 대해 말씀을 전하기 위
해 공부하기 전에는 천사에 대해 아는 것이 별로 없었습니다. 성경을 읽으
면서 그렇게 많이 언급되는 천사이지만 자세히 조사할 생각 조차 없었습
니다.

　창세기 3:24에서 최초로 천사가 등장합니다. 아담과 하와가 범죄한 후
에덴동산에서 쫓 겨났을 때에 죄의 몸을 가지고 생명과일을 따먹지 못하
도록 그룹천사들과 화염검이 지키고 있었습니다. 이 때의 그룹천사는 사

람을 경계하기 위해서가 아니고 보호하는 차원에서 에덴동산을 지키고 있습니다. 그리고 창세기 18장에서 성육신 하시기 전의 그리스도께서 두 천사와 함께 아브라함에게 나타납니다. 아브라함이 베푼 음식을 먹고 두 천사는 소돔과 고모라의 롯의 식구들을 구하기 위해 떠납니다. 그리고 유황불을 내려 소돔과 고모라를 멸합니다. 창세기 28장에서 야곱의 꿈에 하늘로부터 땅에 닿는 사닥다리에 천사들이 오르락내리락했습니다. 창세기32장에 한 무리의 천사들이 야곱의 고향 가는 길에 그들을 지키고 보호하고 있음을 봅니다. 천사들이 그들과 함께 있는 것을 보지 못했지만 하나님께서 야곱의 영안을 열어 잠깐 보여 주셨습니다.

여호수아에게는 여호와의 군대장관(여호수아5:13-15)이 나타나서 이스라엘 군대를 도왔고, 사사기에서는 기드온에게 나타났고, 삼손이 태어날 것을 알리기 위해 삼손 어머니에게 나타났고, 열왕기하 6장에서는 아람왕의 군대가 엘리사 선지자를 체포하려고 도단 성을 포위했을 때에 하나님의 천군들이 불말과 불병거로 엘리사 선지자를 보호했습니다.

신약성경에서 천사들은 하나님을 섬기는 자들이기에 하나님이신 예수님이 지구에 내려오시기에 그 활약이 더욱 맹렬합니다. 세례요한의 수태고지를 하기 위해 그 아버지 사가랴에게 나타났고, 예수님의 어머니 마리아에게 수태고지 하기 위해 가브리엘천사가 나타났습니다. 마리아의 남편 요셉에게 꿈에 나타나 마리아의 임신을 의심하지 말라고 알려주었습니다. 요셉에게는 세 번 천사가 꿈에 나타났었습니다(마 1:20, 2:13, 19-23). 예수님이 탄생하시던 날 밤에 한 천사가 들에서 양치던 목자들에게 나타나 주님의 나심을 알려 주었고 하늘에 천군 천사들이 하나님을 찬양했습니다. 그리고 요셉의 꿈에 애굽으로 피신하라고 알려 줍니다. 천사들은 하나님이 부리시는 영들이기에 하나님이신 그분이 이 세상에 육신으로 태어나시고 33년 이 땅에 계시는 동안 계속 주님을 돕기 때문에 천사들의 활동이 구약성경에 비해 아주 빈번합니다. 주님이 마귀에게 시험 당하신 후에도

(마4:11) 천사들이 나와서 주님께 수종 들었고, 예수님이 겟세마네 동산에서 피땀 흘려 기도하실 때에도 천사가 하늘로부터 내려와 예수님께 힘을 도왔다(눅22:43)고 했습니다.

예수님이 부활하셨을 때도 천사가 무덤돌을 굴려 냈고 막달라 마리아와 여자들이 무덤에 갔을 때에 찬란한 옷을 입은 두 천사가 예수님의 부활을 알려 주었고, 사도행전 1:11에서 예수님이 승천하실 때도 두 천사가 사람들에게 말하기를 '갈릴리 사람들아 어찌하여 서서 하늘을 쳐다 보느냐 너희 가운데서 하늘로 올리우신 이 예수는 하늘로 가심을 본 그대로 오시리라' 했습니다.

그리고 예수님이 승천하신 후에 성령님이 임하시고 제자들이 복음을 전할 때에 여러 모양으로 제자들의 복음사역을 도왔습니다. 그리고 요한계시록은 천사들의 활동장이라 해도 과언이 아닐 만큼 계시록 내내 천사들이 깔려 있습니다. 하늘 문이 열리고 하나님의 보좌와 네 영물들과 보좌 주위를 둘러 싸고 있는 천천 만만의 천군천사들과 일곱 나팔을 가진 천사, 일곱 대접을 가진 천사 등 천사들의 세계가 우리 가까이에 오고 있습니다. 이제 천사들의 창조, 천사창조의 목적, 천사들에 대한 오해, 천사들과 성도와의 관계에 대해 말씀드리려고 합니다.

첫째로 천사들의 창조

성경에 사람의 창조는 상세히 보여 줍니다만 천사들의 창조에 대해서는 언급하지 않고 있지만 천사들이 우주의 창조보다 먼저 창조되었다는 것은 분명합니다. 욥기서 38:6-7에서 보여 줍니다.

'그 주초(우주의 주초)는 무엇 위에 세웠으며 그 모퉁이 돌은 누가 놓았

느냐 그 때에 새벽 별들이 함께 노래하며 하나님의 아들들이 다 기쁘게
소리 하였었느니라.'

새벽 별들과 하나님의 아들들은 영어 성경에는 천사들로 번역되어 있
습니다.

둘째로 천사창조의 목적

하나님께서 천사들을 창조하신 목적은 하나님을 섬기며 하나님을 찬양
경배하도록 창조하셨다고 합니다. 그리고 구원받을 하나님의 자녀들을 돕
고 보호하고 섬기게 하려고 창조하셨다 했습니다.

시편 148:1-2,5, '할렐루야 하늘에서 여호와를 찬양하며 높은데서 찬양할
지어다. 그의 모든 사자여 찬양하며 모든 군대여 찬양할지어다. 그것들이
여호와의 이름을 찬양할 것은 저가 명하시매 지음을 받았음이로다.'했습
니다.

시편 33:6, '주의 말씀으로 하늘들이 만들어지고 하늘들의 모든 군대가
그분의 입의 호흡으로 만들어졌도다.'

하늘의 천군천사들도 하나님의 말씀으로 만들어졌다고 했습니다. 하나
님께서 천사들을 만드신 것은 하나님을 섬기며 하나님을 찬양하며 경배하
도록 지으셨다고 말씀하십니다.

히브리서 1:14, '모든 천사들은 부리는 영으로서 구원 얻을 후사들을 위하
여 섬기라고 보내심이 아니뇨.'

하나님께서 사람을 창조하실 때는 하나님의 자녀로 만드시기 위해 하나님의 형상으로 창조하셨습니다. 하나님께서 사람을 만드시기 전에 이미 마음에 사람을 하나님의 자녀로 만드실 것으로 작정하셨습니다. 그러나 천사는 만드실 때에 부리는 영으로 만드셨다고 말하고 있습니다. 그런데 여기 NIV의 이 구절은, 'Are not all angels ministering sprits sent to serve those who will inherit salvation.'라 했습니다. 'those who will inherit'라 해서 미래시제가 사용되었습니다. 이 말은 벌써 구원 받은 사람들은 물론이거니와 앞으로 구원 받을 사람까지도 천사들이 돕고 있다는 말입니다. 예수 믿는 많은 사람들 중에 자신들이 예수님 믿기 전에도 하나님이 자신을 도우고 있었다는 것을 깨달았다 하는 사람들이 많습니다.

시편 34:7, '여호와의 천사가 주를 경외하는 자를 둘러 진 치고 그들을 건지시는도다'

시편 91:11-12, '저가 너를 위하여 그의 천사들을 명하사 네 모든 길에 너를 지키게 하심이라. 그들이 그들의 손으로 너를 붙들어 발이 돌에 부딪히지 않게 하리로다.'

마태복음 18:10에서는, '삼가 이 작은 자 중의 하나도 업신여기지 말라 너희에게 말하노니 그들의 천사들이 하늘에서 하늘에 계신 내 아버지의 얼굴을 항상 뵈옵느니라.'

이 문장에서 '작은 자'는 어린 아이들이기도 하지만 구원받은 하나님의 사람들을 의미하며 또한 '구원받을 죄인'을 의미하며 (마18:14), 잃은 양이나 마태복음 25:40에서 '내 형제 중에 지극히 작은 자'를 말합니다. 하나님의 백성의 어린 자녀들에게 하나님이 보내신 천사가 적어도 둘 이상 배치되어 보호하고 지키고 인도한다는 말입니다. 한 천사가 아니고 천사들이라 했습니다. 한 성도에게 배치되는 보디가드가 복수로 되어 있습니다.

셋째로 천사들과 성도들과의 관계

히브리서 1:14과 마태복음 18:10말씀에 의하면 하나님께서 구원받은 자녀들에게 둘 이상의 천사들을 보내서 성도들을 돕고 섬기고 보호한다 했습니다. 성도가 구원받은 그 순간부터 죽을 때까지 수호천사가 따르는데 우리가 죽을 때에 몸과 영이 분리되어 몸은 시체로 땅속에 묻고 영은 수호천사가 인도해 천국으로 들어갑니다. 그리고 그 수호천사들은 천국에 간 영혼들이 몸의 부활을 할 때까지 계속 돌봅니다. 몇 가지 성경구절들을 대조해 보겠습니다.

누가복음 16:19-31의 나사로와 홍포부자 이야기에서 나사로가 죽어 천사들에게 받들려 아브라함과 그의 품에 들어갔다고 했습니다. 여기 보면 천사들이라 해서 복수로 되어 있습니다. 마태복음 18:10에서도 작은 자들의 천사들이 하늘에서 항상 하나님의 얼굴을 뵙는다는 말씀에서도 천사들이 복수로 되어 있습니다. 이 천사들은 하나님의 자녀들이 이 세상에서 믿음 생활하는 동안에도 함께 있다가 이 성도가 죽을 때에 그 성도의 영혼을 데리고 하나님께서 계시는 낙원으로 인도하는 것을 봅니다.

성도와 수호천사와의 관계가 여기서 끝나는 것이 아닙니다. 천사는 구원받을 후사들을 섬기라고 보냈다고 하지 않았습니까? 비록 영혼은 낙원에 있지만 완전한 구원은 영광의 몸의 부활을 해야 하는 것입니다. 그래서 천국에서 영의 상태로 지낼 때도 이 수호천사들이 그 영혼을 섬기다가 주님이 공중강림하실 때에 그 영혼들을 데리고 오실 그 때에 그들의 수호천사들도 함께 오는데 각 시체가 있는 곳으로 그 영혼을 데려가 영과 몸을 결합시킨 후 그 부활한 성도들을 공중의 구름 속에 계시는 주님께로 데려가 주님을 뵙게 합니다.

데살로니가전서 4:13-17말씀에서 잘 설명하고 있습니다.

'13 형제들아 자는 자들에 관하여는 너희가 알지 못함을 우리가 원하지 아니하노니 이는 소망 없는 다른 이와 같이 슬퍼하지 않게 하려 함이라 14 우리가 예수께서 죽으셨다가 다시 살아나심을 믿을진대 이와 같이 예수 안에서 자는 자들도 하나님이 그와 함께 데리고 오시리라 15 우리가 주의 말씀으로 너희에게 이것을 말하노니 주께서 강림하실 때까지 우리 살아 남아 있는 자도 자는 자보다 결코 앞서지 못하리라 16 주께서 호령과 천사장의 소리와 하나님의 나팔 소리로 친히 하늘로부터 강림하시리니 그리스도 안에서 죽은 자들이 먼저 일어나고 17 그 후에 우리 살아 남은 자들도 그들과 함께 구름 속으로 끌어 올려 공중에서 주를 영접하게 하시리니 그리하여 우리가 항상 주와 함께 있으리라.'

죽어 낙원에 있던 영혼들의 수호천사들이 같이 낙원에 있다가 주님께서 공중강림 하실 때에 그 천사들이 함께 와서 성도의 몸의 부활에 함께 참여합니다.

그리고 살아서 공중강림하시는 주님을 맞이하는 성도들도 나팔소리가 날 때에 순식간에 몸이 신령한 몸으로 변화되어 공중 휴거 될 때에 이들의 수호천사들도 함께 공중으로 날아갑니다.

마태복음 24:31, '그가 큰 나팔소리와 함께 천사들을 보내리니 그들이 그의 택하신 자들을 하늘 이 끝에서 저 끝까지 사방에서 모으리라.'

마가복음 13:27, '또 그 때에 그가 천사들을 보내어 자기가 택하신 자들을 땅 끝으로부터 하늘 끝까지 사방에서 모으리라.'

넷째로 천사들에 대한 오해

1. 천사들은 결코 후광을 갖고 있지 않습니다. 후광은 고대 바벨론 종교

를 이어받은 로마 가톨릭 교회의 신화에서 나온 것입니다. 그들은 예수님, 천사, 성인, 교황, 추기경, 주교 등에 후광을 그려 놓습니다. 후광은 모든 이방종교에서 공통적으로 발견되는 특징 중 하나입니다.

2. 천사들은 결코 날개를 갖고 있지 않습니다. 성경에 스랍들(6날개)과 그룹들(4날개)을 제외하고 성경에 나오는 천사들은 날개가 없습니다. 스랍들과 그룹들은 천사라기 보다는 천국의 특별한 영적 존재들입니다. 계시록에서는 이들을 네 생물로 표현했습니다. 천사들이 날아다닙니다만 날개가 있어서 날아 다니는 것이 아닙니다. 천사는 날개가 없어도 날 수 있도록 창조되었습니다. 천사가 날개를 가진 것은 중세기의 로마 가톨릭의 영향을 받은 화가들이 그린 그림에서 볼 수 있지만 성경에는 날개 있는 천사가 없습니다. 소돔과 고모라에 간 두 천사가 날개를 달고 갔다면 고모라 사람들이 천사인 줄 알고 관계하려 하지 않았을 것입니다. 보통의 남자 모습으로 나타납니다.

예수님이 승천하실 때도 날개 없이 승천하셨고, 예수님이 승천하실 때에 그 옆에 있던 두 사람 (천사들)도 날개가 없었습니다. 승천한 에녹이나 엘리야 선지자도 날개 없이 승천했습니다. 부활한 몸이나 변화된 우리 몸도 날개 없이 공중에 휴거됩니다. 누가복음 24:4에 찬란한 옷을 입은 두 사람이라고 했습니다. 만약 날개를 달고 있었다면 두 사람이 아니라 두 천사라고 말했을 것입니다. 마가복음 16:5,6에 흰 옷 입은 한 청년이라고 말합니다. 만약 화가가 그린 날개 달린 천사였다면 청년이라고 보지 않았을 것입니다.

3. 천사들은 단순하거나 어리석지 않습니다. 하나님의 거룩한 천사들은 타락하지 않았고 타락 하지도 않을 것이며, 말할 수 없는 지혜와 지식과 능력이 있습니다. 베드로를 구출하러 천사가 갔을 때 베드로의 수갑과 쇠사슬이 그냥 풀리고 감옥문이나 쇠철장이 저절로 열립니다. 마치 사람이 요즘의 자동문 앞에 서면 자동적으로 문이 열리듯이 천사 앞에는 막힘이

없습니다.

  4. 여자 천사나 아기천사들은 존재하지 않습니다. 사람들이 상상해서 그린 그림에 여자모습의 천사나 날개 달린 아기 천사그림이 있지만 성경에는 여자천사 아기천사 같은 것은 없습니다. 성경을 보면 천사들이 종종 남자로 오인되기는 했지만 여자 천사나 아기 천사로 오인된 적은 없습니다. 그리고 천사들의 이름도 모두 남자의 이름입니다. 단수 대명사로 묘사될 때에 천사는 항상 '그(he, his, him)'으로 묘사됩니다. 성경 속의 대화에서는 많은 경우 천사들은 '남자들(men)'로 불립니다 (창18:2, 22, 19:1, 막 16:5, 6 청년).

Resurrection

공중 강림과 지상 재림

데살로니가전서 4:13-17, 마태복음 24:30-31

"형제들아, 자는 자들에 관하여는 너희가 알지 못함을 우리가 원하지 아니하노니 이는 소망 없는 다른 이와 같이 슬퍼하지 않게 하려 함이라. 우리가 예수께서 죽으셨다가 다시 살아나심을 믿을진대 이와 같이 예수 안에서 자는 자들도 하나님이 그와 함께 데리고 오시리라. 우리가 주의 말씀으로 너희에게 이것을 말하노니 주께서 **강림하실** 때까지 우리 살아남아 있는 자도 자는 자보다 결단코 앞서지 못하리라. 주께서 호령과 천사장의 소리와 하나님의 나팔소리로 친히 하늘로부터 **강림하시리니** 그리스도 안에서 죽은 자들이 먼저 일어나고 그 후에 **우리 살아남은** 자도 그들과 함께 구름 속으로 끌어 올려 공중에서 주를 영접하게 하시리니 그리하여 우리가 항상 주와 함께 있으리라"(데살로니가 전서 4:13-17).

"그 때에 인자의 징조가 하늘에서 보이겠고 그 때에 땅의 모든 족속들이 통곡하며 그들이 인자가 구름을 타고 능력과 큰 영광으로 오는 것을 보리라. 그가 큰 나팔소리와 함께 천사들을 보내리니 그들이 그의 택하신 자들을 하늘 이 끝에서 저 끝까지 사방에서 모으리라"(마태복음 24:30, 31)

예수님의 재림은 공중강림과 지상재림으로 이루어집니다. 우리는 흔히 공중강림을 공중재림으로 말할 때가 있습니다. 이 말은 틀린 말입니다. 왜냐하면 재림이란 다시 오신다는 뜻인데 예수님이 전에 공중에 오신 일이 없기 때문입니다. 데살로니가 전서 4장 16절의 '하늘로부터 강림하시리 니'에서와 같이 '공중강림'이 맞습니다. 주님의 공중강림은 신부를 맞이하 려 공중에 마중 나오신 것입니다. 마치 창세기 24장에서 먼 길을 오는 신 부를 마중하기 위해 이삭이 리브가를 만나려 브엘라해로이 광야로 나왔던 것과 같이 주님은 당신의 사랑하는 신부를 만나기 위해 마중하려 공중에 강림하신 것입니다. 이제 주님이 공중강림하시는 이유와 특징 여섯 가지 를 말씀드리겠습니다.

첫째로 공중 강림

1) 지구상 모든 사람들이 볼 수 있게 능력과 큰 영광으로 오십니다

1. 혹자는 주님께서 공중강림하실 때는 사람들에게 보이지 않으시고 조 용히 공중에 임하시고 성도들도 조용히 휴거해서 데려가신다고들 말합니 다. 그것은 성경적이지 못합니다. **데살로니가 전서 4:17** 말씀은 주께서 호 령 하신다고 하셨는데, 호령은 전쟁에서 앞장 선 장수가 온 군대에 명령하 는 소리인데 조용한 호령도 있습니까? 호령이라 하면 크게 명령하거나 소 리를 발하는 것입니다. 천사장도 소리를 발한다고 했습니다. 온 우주를 향 해 지르는 소리입니다. 온 우주가 진동할 소리입니다. 하나님의 나팔이 불 려진다 했습니다. 사람들이 들으라고 부르는 나팔인데 조용히 부르는 나 팔도 있습니까? '하나님의 나팔 소리 천지 진동할 때에' 라고 찬송하지 않 습니까? 또 출애굽기 19:16에 하나님이 시내산에 강림하실 때에 나팔소리 가 들렸는데 '번개와 빽빽한 구름이 산 위에 있고 나팔소리가 매우 크게 들리니 진중에 있는 모든 백성들이 다 떨더라.' 했습니다.

2. 공중강림하시는 주님은 능력과 큰 영광 중에 오십니다

마굿간에서 태어나시고 십자가에 못박히러 오셨던 초림 때와는 달리 주께서 호령과 천사장의 소리와 하나님의 나팔로 큰 영광 중에 오십니다. 많은 사람이 보고 놀라도록 오십니다. 번개가 번쩍이면 얼마나 두렵고 겁납니까? 마태복음 24:27 '번개가 동편에서 나서 서편까지 번쩍임 같이 인자의 임함도 그리하리라' 했습니다. 번개가 번쩍이듯이 주님이 임하신다고 하신 말씀은 온 세상이 다 알도록 오신다는 의미가 아니겠습니까?

마태복음 24:30-31 말씀에 주 예수께서 구름을 타고 큰 능력과 큰 영광으로 오는 것을 보고 모든 족속들이 통곡한다고 했습니다. 왜 통곡합니까? 아마도 그 광경이 너무 두렵고 위엄스럽기에, 자신은 들림 받지 못하고 남겨둠을 당한 사실을 깨닫고 너무 두려워 후회의 통곡과 진실로 회개의 통곡일 것입니다.

> **마가복음 13:26-27** '그 때에 인자가 구름을 타고 큰 권능과 영광으로 오는 것을 사람들이 보리라. 또 그 때에 그가 천사들을 보내어 자기가 택하신 자들을 땅 끝으로부터 하늘 끝까지 사방에서 모으리라.

마가복음 13:26에서 인자가 구름을 타고 큰 권능과 영광으로 오는 것을 사람들이 보리라' 하는 말씀에서도 공중강림하시는 예수님은 조용히 아무도 몰래 오시는 것이 아니라 전 지구인들이 보는 가운데서 오신다고 했으며 모든 사람들이 주님의 공중강림을 본다고 했습니다.

2) 구름 타고 오십니다

구름은 하나님의 임재를 나타내며, 하나님의 영광을 나타냅니다. 예수님의 공중강림은 마치 출애굽 시에 시내산에 여호와 하나님이 임하시던

때와 비슷합니다. **출애굽기** 19:16에,

'셋째날 아침에 우레와 번개와 빽빽한 구름이 산 위에 있고 나팔소리가 심히 크니 진중에 있는 모든 백성들이 다 떨더라'

예수님이 공중강림하실 때도 구름, 나팔소리, 번개가 있습니다.

출애굽기 40:30 성막이 완성되어 첫 제사를 드릴 때에, '회막에 구름이 가득히 덮히고 **하나님의 영광**이 충만하더라' 했습니다.(**역대하** 5:13, 14에)

열왕기상 8:10 '제사장이 성소에서 나올 때에 구름이 여호와의 성전에 가 득하매 ‖ 제사장이 그 구름으로 말미암아 능히 서서 섬기지 못하였으니 이는 여호와의 영광이 여호와의 성전에 가득함이었더라.'

이와 같이 구름은 **하나님의 임재와 영광**을 나타냅니다.

데살로니가전서 4:17에서 주님께서 타고 **오신 구름 속으로 성도들을 모으시는 것**을 알 수 있습니다.

계시록 1:7, '볼지어다. **구름을 타고 오시리라**. 각인의 눈이 그를 보겠고, 그를 찌른 자들도 볼 터이요, 땅에 있는 모든 족속이 그로 말미암아 애곡 하리니 그러하리라. 아멘.'

마가복음 13:26, '인자가 **구름을 타고** 큰 권능과 영광으로 오는 것을 사 람들이 보리라' 구름 타고 오십니다.

마태복은 24:30,31 "그 때에 인자의 징조가 하늘에서 보이겠고 그 때에 땅의 모든 족속들이 통곡하며 그들이 **인자가 구름을 타고** 능력과 큰 영광 으로 오는 것을 보리라. 그가 큰 나팔소리와 함께 천사들을 보내리니 그 들이 그의 택하신 자들을 하늘 이 끝에서 저 끝까지 사방에서 모으리라."

마태복음 26:64, '예수께서 이르시되 네가 말하였느니라 그러나 내가 너희에게 이르노니 이 후에 인자가 권능의 우편에 앉아 있는 것과 **하늘 구름을 타고 오는 것을 너희가 보리라 하시니**'

마가복음 14:62, '예수께서 이르시되 내가 그니라 인자가 권능자의 우편에 앉은 것과 하늘 **구름을 타고 오는 것**을 너희가 보리라 하시니'

다니엘 7:13, '내가 또 밤 환상 중에 보니 **인자 같은 이가 하늘 구름을 타고 와서** 옛적부터 항상 계신 이에게 나아가 그 앞으로 인도되매'

3) 성도들을 데리려 천사들을 보낸다고 했습니다

마태복음 18:10, '삼가 이 작은 자 중의 하나도 업신여기지 말라 너희에게 말하노니 그들의 천사들이 하늘에서 하늘에 계신 내 아버지의 얼굴을 항상 뵈옵느니라'에서 천사들이라 해서 복수로 나옵니다. 그러니 우리의 수호천사들이 적어도 둘 이상입니다. 그래서 한 천사는 우리 곁에서 우리를 수호하고 한 천사는 천상에서 우리의 일거수 일투족에 대해 하나님 아버지께 보고합니다.

히브리서 1:14, '모든 천사들은 섬기는 영으로서 구원 받을 상속자들을 위하여 섬기라고 보내심이 아니냐'에서 하나님의 자녀인 우리를 섬기기 위해 수호천사들이 하나님 아버지께로부터 보냄을 받았다고 성경은 말씀하고 있습니다.

이렇게 구원받은 하나님의 자녀들에게 하나님께서 수호천사들을 보내신다고 했습니다. 우리가 지상에서 있을 때에 우리 눈에 보이지 않지만 적어도 두 천사 이상의 수호천사가 있습니다. 또 다른 천사들은 하늘나라에서 항상 주님을 뵈옵는다고 했으며, 다른 한 천사는 우리 곁에서 24시간 지킵니다. 성도가 구원받은 그 순간부터 죽을 때까지 수호천사가 따르는데 우리가 죽을 때에 몸과 영이 분리되어 몸은 시체로 땅속에 묻히고 영은 우리의 둘 이상의 수호천사들이 우리를 천국으로 인도해 들어갑니다. 천국에서 영의 상태로 지낼 때도 우리를 섬기다가 주님이 공중강림하실 때에 그 영들을 데리고 오신다고 했습니다. 그 때에 우리들의 수호천사들이 주님과 함께 오는데 각 시체가 있는 곳으로 데려가 영과 몸을 결합시킨 후 부활한 우리 성도들을 공중의 구름 속에서 우리를 기다리시는 주님께로 데려가 주님을 뵙게 합니다(부활의 매카니즘에서 부활에 대해서 더 상세히 말씀드리겠습니다.).

> **마태복음 24:31,** '그가 큰 나팔소리와 함께 **천사들을 보내리니** 그들이 그의 택하신 자들을 하늘 이 끝에서 저 끝까지 사방에서 모으리라.'

> **마가복음 13:27,** '또 그 때에 **그가 천사들을 보내어** 자기가 택하신 자들을 땅 끝으로부터 하늘 끝까지 사방에서 모으리라.'

> **데살로니가전서 4:17,** '그리스도 안에서 죽은 자들이 먼저 일어나고 그 후에 우리 살아남은 자도 그들과 함께 구름 속으로 끌어 올려 공중에서 주를 영접하게 하시리니 그리하여 우리가 항상 주와 함께 있으리라.'

4) 죽은 자를 부활시키시고 살아 있는 거듭난 성도들을 순식간에 변화시켜 데리고 가십니다

성도가 죽게 되면 그 영이 몸과 분리되고 자신들의 수호천사들에 받들려 천국으로 이끌림을 받게 됩니다. 그들은 천국에서 예수님께서 공중강림하실 때까지 영의 상태로 있게 됩니다. 영의 상태로 지낸다고 해서 잠자는 상태가 아니고 우리가 이 세상에서 영 혼 육으로 생활하듯이 부활하기 전까지 천국에서 영으로 똑같이 활동하고 생활합니다. **마태복음 17:1-6**에서 변화산에 모세와 엘리야가 예수님을 만나러 왔었습니다.

> 계시록 6장에서 '여섯째 인을 떼실 때에 내가 보니 하나님의 말씀과 저희
> 의 가진 증거를 인하여 죽임을 당한 영혼들이 제단 아래 있어 큰 소리라
> 불러 가로되 거룩하고 참되신 대주재여 땅에 거하는 자들을 심판하여 우
> 리 피를 신원하여 주지 아니하시기를 어느 때까지 하시려 하나이까 하니'

에서도 흰 옷을 입고 기도하고 찬양하는 모습을 봅니다. 그런데 여호와 증
인이나 안식교에서는 영혼은 잠자는 상태라 했습니다.

누가복음 16:19-31에서 홍포부자가 아브라함에게 음부의 불꽃 가운데
서 내 혀를 서늘하게 해달라던지, 나사로를 세상에 보내 자신의 형제들에
게 지옥이 있다는 것을 알려 자신의 형제들은 지옥에 오지 않게 해달라고
하는 것을 볼 때에 영혼 상태에 있는 천국과 지옥에 있는 자들이 우리와
똑같이 행동하는 것을 봅니다. 그러다가 예수님 공중강림하실 때에 천국
에 있던 영혼들을 데리고 와 몸의 부활을 하게 한 후에 휴거시켜 공중 구
름 속에서 기다리는 주님을 만나게 될 것입니다. 데살로니가 전서 4:14 주
님이 공중강림하실 때에 하나님(성부 하나님)께서 예수 그리스도와 함께
영혼을 데리고 오셔서 몸을 부활시켜 주십니다. 즉 각 사람의 영혼을 그
부활한 몸속에 넣어 주심으로 성도의 부활이 이루어 집니다.

> '우리가 예수께서 죽으셨다가 다시 살아나심을 믿을진대 이와 같이 **예수
> 안에서 자는 자(성도)들도 하나님(성부)이 그(성자 하나님)와 함께 데리
> 고 오시리라'**. 우리가 주의 말씀으로 너희에게 이것을 말하노니 주께서
> 강림하실 때까지 우리 살아남아 있는 자도 자는 자 보다 결단코 앞서지
> 못하리라. 주께서 호령과 천사장의 소리와 하나님의 나팔소리로 친히 하
> 늘로부터 강림하시리니 **그리스도 안에서 죽은 자들이 먼저 일어나고 그 후
> 에 우리 살아남은 자도 그들과 함께 구름 속으로 끌어 올려 공중에서 주를**

영접하게 하시리니 그리하여 우리가 항상 주와 함께 있으리라"(데살로니가 전서 4:13-17).

5) 택하신 성도들을 모아 공중휴거 시키기 위해 오십니다

마태복음 24:31, '**천사들이 하늘 이 끝에서 저 끝까지 택하신 자들을 모으는 것**은 공중강림 때임을 알 수 있습니다.

> **마가복음 13:26-27,** '그 때에 인자가 구름을 타고 큰 권능과 영광으로 오는 것을 사람들이 보리라. 또 그 때에 **그가 천사들을 보내어 자기가 택하신 자들을 땅 끝으로부터 하늘 끝까지 사방에서 모으리라.**'

데살로니가전서 4:16, 17, "주께서 호령과 천사장의 소리와 하나님의 나팔소리로 친히 하늘로부터 강림하시리니 **그리스도 안에서 죽은 자들이 먼저 일어나고 그 후에 우리 살아남은 자도 그들과 함께 구름 속으로 끌어 올려 공중에서 주를 영접하게 하시리니 그리하여 우리가 항상 주와 함께 있으리라**" 이 성경구절들과 같이 성도들을 공중으로 휴거시켜 공중 구름 속에서 영접하십니다.

6) 휴거된 성도들을 어린 양의 혼인잔치로 인도해 가십니다(계 19:6-9)

> '또 내가 들으니 **허다한 무리의 음성과도** 같고 **많은 물 소리와도** 같고 큰 우렛소리와도 같은 소리로 이르되 할렐루야 주 우리 하나님 곧 전능하신 이가 통치하시도다. 7 우리가 즐거워 하고 크게 기뻐하며 그에게 영광을 돌리세. 어린 양의 혼인 기약이 이르렀고 그의 아내가 자신을 준비하였으므로 8 그에게 빛나고 깨끗한 세마포 옷을 입도록 허락하셨으니 이 세마포 옷은 성도들의 옳은 행실이로다 하더라. 9 천사가 내게 말하기를 기록하라 어린 양의 혼인 잔치에 청함을 받은 자들은 복이 있도다 하고 또 내게 말하되 이것은 **하나님의 참되신 말씀이라** 하기로'

제가 지금 흥분해서 말하는 이 내용은 소설의 이야기가 아니라 하나님의 참되신 말씀이라는 것을 강조합니다.

둘째로 지상 재림(계시록 19:11-16)

사람들은 공중강림과 지상재림을 구별하지 않고 하나로 생각합니다. 공중강림은 없고 지상재림만 있는 것으로 봅니다. 그러나 공중강림은 주님께서 성도들을 부활시켜 천국으로 거두어들이시기 위해 공중에 임하십니다. 그래서 성도들이 공중으로 받들려 갑니다. 지상재림은 어린 양의 혼인잔치를 치른 후 신랑과 신부가 신혼여행을 위해 지상으로 내려와 아마겟돈 전쟁을 치르고 신부들을 괴롭혔던 원수들을 감옥에 가둔 후 지상에서 천년왕국을 이룩합니다. 그래서 지상재림하실 때에 하늘이 열린다고 했습니다.

주님의 지상재림하시는 다섯 가지 이유를 말씀드리겠습니다. 지상재림의 출처는 계시록 19장입니다.

"또 내가 하늘이 열린 것을 보니 보라 백마와 그것을 탄 자가 있으니 그 이름은 충신과 진실이라 그가 공의로 심판하며 싸우더라 그 눈은 불꽃같고 그 머리에는 많은 관들이 있고 또 이름 쓴 것 하나가 있으니 자기 밖에 아는 자가 없고 또 그가 피 뿌린 옷을 입었는데 그 이름은 하나님의 말씀이라 칭하더라 하늘에 있는 군대들이 희고 깨끗한 세마포 옷을 입고 백마를 타고 그를 따르더라 그의 입에서 예리한 검이 나오니 그것으로 만국을 치겠고 친히 그들을 철장으로 다스리며 또 친히 하나님 곧 전능하신 이의 맹렬한 진노의 포도주 틀을 밟겠고 그 옷과 그 다리에 이름을 쓴 것이 있으니 만왕의 왕이요 만주의 주라 하였더라"(계시록 19:11-16)

공중강림하신 예수님께서 몸이 부활한 성도들과 순식간에 변화된 성도들을 휴거시켜 공중에서 만나 계시록 19장으로 인도합니다. 계시록 19:1-10은 성도들이 예수님의 인도로 천상의 하나님 보좌 앞에서 어린 양의 혼인잔치에 참여하게 됩니다. 그리고 혼인잔치가 끝난 후에 계시록 19:11-21에서는 예수님이 성도들과 함께 아마겟돈 전쟁을 하기 위해 지상재림 하시는 것입니다.

1. 아마겟돈 전쟁을 하기 위해 오십니다

공중휴거되어 어린 양의 혼인잔치를 치른 후에 천상에서 지상재림하기 위해 준비된 군대들이 희고 깨끗한 세마포 옷을 입고 백마를 타고 행진하는 모습입니다. 앞서 행하시는 예수 그리스도께서 지구를 향하여 행군하심을 따르고 있습니다. 여기에 깨끗하고 흰 세마포를 입고 백마를 탄 군대는 부활한 순교자들(계시록 20:4)로 구성되었습니다. 흰 세마포는 계시록 19: 8에 하나님께서 입혀주신 옷입니다. '빛나고 깨끗한 세마포'는 그리스도의 신부가 입은 옷입니다. 희고 깨끗한 세마포를 입은 군대라고 했으니 부활한 성도들임에 틀림없습니다. 이 군대에는 천사천군들에 대한 언급도, 구름을 타고 온다는 말도 없습니다. 대신에 백마를 타고 오신다고 했습니다. 여기에는 택하신 백성들을 모으려 오는 분위기가 전혀 아닙니다. 만왕의 왕으로 만주의 주로, 원수로부터 이 땅을 다시 접수하러 내려오십니다. 아마겟돈은 우주 전쟁입니다. 왜냐하면 지구 밖에서 군대가 지구를 향해 행군하고 있으니, 지구인의 입장에서 볼 때에 외계인입니다. 외계인과 지구인이 싸우게 되니 아마겟돈 전쟁은 우주전쟁입니다. 오늘날 소설, 드라마나 영화에서 우주전쟁에 대한 소재가 많은데 우주전쟁의 원조는 요한 계시록입니다.

2. 적그리스도와 거짓 선지자를 처단하기 위해서 재림하십니다(계 19:17-21)

'17 또 내가 보니 한 천사가 태양 안에 서서 공중에 나는 모든 새를 향하여 큰 음성으로 외쳐 이르되 와서 하나님의 큰 잔치에 모여 18 왕들의 살과 장군들의 살과 장사들의 살과 말들과 그것을 탄 자들의 살과 자유인들이나 종들이나 작은 자나 큰 자나 모든 자의 살을 먹으라 하더라. 19 또 내가 보매 그 짐승과 땅의 임금들과 그들의 군대들이 모여 그 말 탄 자와 그의 군대와 더불어 전쟁을 일으키다가 20 짐승이 잡히고 그 앞에서 표적을 행하던 거짓 선지자도 함께 잡혔으니 이는 짐승의 표를 받고 그의 우상에게 경배하던 자들을 표적으로 미혹하던 자라 이 둘이 산 채로 유황불 붙는 못에 던져지고 21 그 나머지는 말 탄 자의 입으로부터 나오는 검에 죽으매 모든 새가 그들의 살로 배불리더라.'

적그리스도와 거짓 선지자가 그들의 두목인 사탄보다 먼저 지옥불에 산채(영체)로 던져집니다.

3. 사탄을 잡아 가두기 위해서 지상재림하십니다(계 20:1-3)

'1 또 내가 보매 천사가 무저갱의 열쇠와 큰 쇠사슬을 그의 손에 가지고 하늘로부터 내려와서 2 용을 잡으니 곧 옛 뱀이요 마귀요 사탄이라 잡아서 천 년 동안 결박하여 3 무저갱에 던져 넣어 잠그고 그 위에 인봉하여 천 년이 차도록 다시는 만국을 미혹하지 못하게 하였는데 그 후에는 반드시 잠깐 놓이리라.'

천 년 후에 다시 한번 더 써먹기 위해서 입니다. 천년왕국 동안에 살던 사람들을 골라내기 위해서 입니다.

4. 천년왕국을 설립하시기 위해서 지상재림하십니다(계 20:4-6)

5. 순교한 성도들과 함께 천년왕국에서 천년 동안 왕 노릇하시기 위해서 오십니다. 천년왕국은 지구에서 이루어집니다. 이 땅에 있게 될 것입니다

'4 또 내가 보좌들을 보니 거기에 앉은 자들이 있어 심판하는 권세를 받았더라 또 내가 보니 예수를 증언함과 하나님의 말씀 때문에 목 베임을 당한 자들의 영혼들과 또 짐승과 그의 우상에게 경배하지 아니하고 그들의 이마와 손에 그의 표를 받지 아니한 자들이 살아서 그리스도와 더불어 천 년 동안 왕 노릇 하니 5 (그 나머지 죽은 자들은 그 천 년이 차기까지 살지 못하더라) 이는 첫째 부활이라 6 이 첫째 부활에 참여하는 자들은 복이 있고 거룩하도다 둘째 사망이 그들을 다스리는 권세가 없고 도리어 그들이 하나님과 그리스도의 제사장이 되어 천 년 동안 그리스도와 더불어 왕 노릇 하리라.'

Resurrection

부활의 기작

부활의 기작이라 했는데 여기서 기작이란 기계적 구조란 뜻입니다. 부활도 구조가 있습니다. 우리는 먼 훗날에 일어날 부활에 대해 여러 번 들었습니다. 이번에는 부활의 구조에 대해 구체적으로 알아 보기로 하겠습니다.

첫째로 죽음이란 무엇인가

창세기 2:7에서 하나님께서 사람을 창조하실 때에 먼저 몸을 만드셨습니다. 흙으로 사람의 신체를 만드신 후에 그 코에 생기를 불어 넣으셨더니 사람이 살아 났습니다. 반대로 사람이 죽는 것은 먼저 몸과 영이 분리되고 몸은 본래 대로 흙으로 돌아가고 영도 하나님께로 돌아가는 것입니다. 부활이란 죽어야만 부활하게 됩니다. 성경은 몸과 영혼이 분리되는 것을 죽음이라 합니다. 죽은 자가 다시 살아나는 것은 분리되어 나간 영혼이 그 몸 속으로 다시 들어오게 될 때에 다시 살아나게 됩니다. 이 죽음과 부활의 원리를 명확하게 보여 주는 사례가 죽었던 회당장 야이로의 딸을 주님이 살리는 사건에서 분명히 보여 줍니다.

> **누가복음 8:52-56,** '모든 사람이 아이를 위하여 울며 통곡하매 예수께
> 서 이르시되 울지 말라 죽은 것이 아니라 잔다 하시니 저희가 그 죽은 것
> 을 아는 고로 비웃더라. 예수께서 아이의 손을 잡고 불러 가라사대 아이
> 야 일어나라 하시니 그 영이 돌아와 아이가 곧 일어나거늘 예수께서 먹을
> 것을 주라 명하시니'

이 구절에서 예수님이 죽은 자를 살리실 때 행하신 세 가지 특징을 볼
수 있습니다. 한 가지는 이 아이가 잠깐 기절했다가 깨어난 것이 아니라
분명히 죽었다는 것을 보여 줍니다. 예수님은 죽은 것이 아니라 잔다 했는
데 그 집안에 있는 모든 사람들은 죽은 것을 알았기에 죽은 것이 아니라
잔다는 주님의 말씀에 대해 비웃었다고 했으므로 죽은 것이 확실합니다.
다른 하나는 죽은 사람이 살아나면 건강이 회복될 때까지 서서히 회복되
고 먹게 되는데 예수님은 살아난 아이에게 먹을 것을 주라고 하심으로 주
님이 살리실 때는 완벽하게 살리셔서 살아난 즉시 완전한 활동을 할 수 있
다는 것입니다. 세 번째 특징은 그 죽은 사람을 지적해서 일어나라고 명령
하시는 것입니다. '아이야 일어나라'고 하셨습니다.

이 원리는 주님이 공중강림하실 때에 성도들의 부활 때도 적용됩니다.
그런데 예수님께서 지구에 오셔서 세 사람을 살리실 때에 그 사람들은 죽
은 지 몇 일 되지 않았습니다. 그래서 시체가 일부 썩기는 했지만 형체는
그대로 있었습니다. 이들을 살리실 때에 딸아 일어나라, 청년아 일어나라,
나사로야 나오라고 명령하시는 순간에 그 썩었던 시체가 완전히 복원 된
후에 영혼이 들어오면서 살아 일어나는 것입니다. 그런데 문제는 예수님
재림 때에 죽은 지 백 년, 오백 년, 천 년 된 자들은 어떻게 부활하느냐 하
는 것입니다.

둘째로 죽은 자의 신체를 만드심

계시록 20:12,13, '또 내가 보니 죽은 자들이 큰 자나 작은 자나 그 보좌 앞에서 있는데 책들이 펴 있고 또 다른 책이 펴졌으니 곧 생명책이라 죽은 자들이 자기 행위를 따라 책들에 기록된 대로 심판을 받으니 13 바다가 그 가운데에서 죽은 자들을 내주고 또 사망과 음부도 그 가운데에서 죽은 자들을 내주매 각 사람이 자기의 행위대로 심판을 받고'

12절에서 '죽은 자' 들이라 했는데 여기 죽은 자들이란 구원 받지 못한 자들의 영혼이 음부에 갇혀 있다가 심판을 받기 위해 심판의 부활을 한 자들입니다. 성경은 모든 사람은 궁극적으로 부활한다고 합니다. 동물처럼 죽으면 끝나는 것이 아니고 영원히 존재합니다. 그러나 어떤 부활을 하느냐가 문제입니다.

요한복음 5:29, ' 선한 일을 행한 자는 생명의 부활로 악한 일을 행한 자는 심판의 부활을 할 것이라' 했습니다. 여기 선한 일을 행한 자는 예수 믿어 죄 용서 받은 자들이요 악한 자란 많은 죄를 지었지만 예수 믿으면 죄 용서 받는다고 했는데도 끝까지 믿지 않은 자들을 말합니다.

마태복음 25:46에서는 불신자는 영벌에 의인들은 영생에 들어간다 했습니다. 사도행전 24:15 에는 의인과 악인의 부활이 있을 것이며 다니엘서 12:2에서는 땅의 티끌 중에 자는 자 중에 깨어나 영생을 얻는 자들이 있을 것이요 수욕을 받아 무궁히 부끄러움을 입을 자도 있을 것이라 했습니다. 그러나 의인의 부활이나 악인의 부활의 기작은 똑같습니다. 계시록 20:4 은 의인의 부활을 말합니다. 그리고 계시록 20:13, 14의 부활은 불신자의 부활을 말합니다. 심판의 부활입니다. 그런데 계20:13에서 '바다가 그 가운데서 죽은 자들을 내주고' 했습니다. 여기의 죽은 자 역시 구원받지 못한 자들을 말합니다.

바다가 그 가운데서 죽은 자들을 내어준다는 말에는 많은 의미가 있습니다. 죽은 자들이란 시체를 말합니다. 이들 시체는 죽은 지 금방일 수도 있고, 물에 빠져 죽은 지 하루 혹은 이틀, 사흘일 수 있습니다. 이런 자들의 시체는 아직 썩지 않았습니다. 살이 썩어 허물어지지 않은 상태에서 부활이 시작될 수 있습니다. 다른 한편 죽은 지 3-4개월 되어 살만 썩고 뼈는 그대로 해골 상태로 있습니다. 그리고 바다에서 죽은 지 1년, 3년, 5년일 수도 있습니다. 그런가 하면 죽은 지 백 년, 오백 년, 천 년이 지날 수 있습니다. 이렇게 되면 그 시체가 완전히 분해 되는 경우입니다. 이때 쯤이면 그 사람을 구성하고 있던 모든 몸의 살과 뼈들이 분해되어 그것들을 구성하던 원소들이 오대양에 흩어지게 됩니다.

또한 사망과 음부도 그 가운데서 죽은 자들을 내준다고 했습니다. 여기서 사망이란 육지에서 죽은 자들의 시체를 말합니다. 그리고 음부는 죽은 자들의 영혼이 갇힌 곳을 말합니다. 바다에 서나 육지에서 죽은 지 오래 되면 공동묘지의 시체도 갈아 엎어지게 될 것입니다. 공동묘지가 백 년 후에는 강바닥이 될지, 길이 될지, 밭이 되거나 집터가 될 것입니다. 도시가 들어와 공동묘지가 없어지고 무덤 속에 있던 시체들도 썩어 온 땅에 흩어질 것입니다. 이 때쯤이면 바다에서 죽든지 육지에서 죽든지 그 몸을 구성하던 모든 원소들은 오대양 육대주에 흩어질 것입니다. 이런 경우에는 부활이 어떻게 이루어집니까? 사람이 죽어 장사 지낼 때에 땅에 매장을 하느냐 화장을 하느냐 결정하게 될 것입니다. 그리스도인들은 화장하는 것 보다 매장하는 것을 선호합니다.

왜냐하면 주님께서 공중강림하실 때에 무덤에서 곧 바로 부활하기를 원하기 때문입니다. 그러나 그 무덤이 백 년, 오백 년 존재할 것이란 보장이 없습니다. 그리고 공동묘지가 오백 년, 천 년 동안 공동묘지로 존재하지도 않습니다. 그러므로 매장이나 화장이나 마찬가지입니다. 사람이 죽어 천년이 되어 오대양 육대주에 흩어져 있어도 하나님께서 그 사람의 구성요소를 다 찾아 부활시킵니다. 물리학에서 질량과 에너지 보존의 법칙이 있습니다. 비록 처음의 형태는 없어질지라도 그 물질의 질량이나 에너지는 변하지 않는다는 이론입니다. 정확한 적용은 될 수 없지만 부활에서도 처음 몸의 형태는 없어져도 그 몸을 구성하는 원소는 변화되지 않는다는 것입니다.

셋째로 흩어진 각 사람의 원소를 모으심

시편 139:16, ' 내 형질이 이루어지기 전에 주의 눈이 보셨으며 나를 위하여 정한 날이 하루도 되기 전에 주의 책에 다 기록이 되었나이다.'

여기에서 하나님은 사람을 창조하실 때에 그 사람에게 속한 모든 원소를 다 작정하시고 그 사람을 구성할 원소들을 책에 다 기록되었다고 했습니다. 그래서 사람이 육지에서 죽어 오백 년, 천 년이 지나는 동안에 몸과 뼈를 구성하던 내 모든 원소들이 육지에 다 흩어졌다 할지라도 하나님은 내 몸을 구성하던 모든 원소들을 다 기억하시고 그 원소들을 불러 들이는 것입니다. 바다에서 죽은 사람의 경우 뼈를 구성하던 내 원소들이나 살이나 힘줄, 인대를 구성하던 모든 원소들을 오대양에서 다 찾아 그 사람을 다시 구성하게 됩니다.

하나님은 전지전능하십니다. 온 우주를 창조하시기까지 광대하신 분입니다. 뿐만 아니라 우리의 머리카락도 세시기까지 섬세하십니다. 부활에 대한 에피소드들이 많습니다. 어떤 사냥꾼이 호랑이의 밥이 되었습니다. 사냥꾼을 먹은 호랑이가 다른 사냥꾼에게 잡혀 사냥꾼과 온 동네 사람들이 그 호랑이를 먹었습니다. 그런데 그 호랑이를 먹은 사람 중에 한 사람이 바다에 나가 바다에서 죽었습니다. 그 죽은 사람을 물고기들이 먹었습니다. 그 물고기를 어떤 어부가 잡아 먹었습니다. 부활 때에 처음에 호랑이에게 물린 사람은 어떻게 부활합니까? 그것까지도 하나님은 다 골라 내어 그 사람의 부활의 몸을 구성하시게 됩니다

넷째로 각 시체에 영을 불어 넣으심

에스겔 37:1-13에서는 부활의 기작에 대해 설명하던 지금까지의 과정이 다 포함되어 있습니다. 에스겔의 환상의 골짜기에 흩어진 모든 뼈들과 본래 한 몸을 구성하던 몸의 각각의 요소들이 부활이 일어날 때에 움직여 합쳐지는 모습을 보여 줍니다. 먼저 성경말씀을 읽어 보겠습니다.

1 여호와께서 권능으로 내게 임재 하시고 그의 영으로 나를 데리고 가서 골짜기 가운데 두셨는데 거기 뼈가 가득하더라. 2 나를 그 뼈 사방으로 지나가게 하시기로 본즉 그 골짜기 지면에 뼈가 심히 많고 아주 말랐더라. 3 그가 내게 이르시되 인자야 이 뼈들이 능히 살 수 있겠느냐 하시기로 내가 대답하되 주 여호와여 주께서 아시나이다. 4 또 내게 이르시되 너는 이 모든 뼈에게 대언하여 이르기를 너희 마른 뼈들아 여호와의 말씀을 들을지어다. 5 주 여호와께서 이 뼈들에게 이같이 말씀하시기를 내가 생기를 너희에게 들어가게 하리니 너희가 살아나리라. 6 너희 위에 힘줄을 두고 살을 입히고 가죽으로 덮고 너희 속에 생기를 넣으리니 너희가 살아나리라 또 내가 여호 와인 줄 너희가 알리라 하셨다 하라. 7 이에 내가 명령을 따라 대언하니 대언할 때에 소리가 나고 움직이며 이 뼈, 저 뼈가 들어 맞아 뼈들이 서로 연결되더라. 8 내가 또 보니 그 뼈에 힘줄이 생기고 살이 오르며 그 위에 가죽이 덮이나 그 속에 생기는 없더라. 9 또 내게 이르시되 인자야 너는 생기를 향하여 대언하라. 생기에게 대언 하여 이르기를 주 여호와께서 이같이 말씀하시기를 생기야 사방에서부터 와서 이 죽음을 당한 자에게 불어서 살아나게 하라 하셨다 하라. 10 이에 내가

그 명령대로 대언하였더니 생기가 그들에게 들어가매 그들이 곧 살아나서
일어나 서는데 극히 큰 군대더라.'

이 환상의 골짜기의 뼈들은 이스라엘을 상징합니다. 죽어 해골들이 분열되어서 각기 그 뼈들이 흩어져 있는 것 같이 이스라엘 국가가 와해되어 나라는 망하고 백성들은 목자 없는 양같이 각각 흩어지고 포로로 끌려 온 자들입니다. 소망이 없는 죽은 뼈다귀 같은 이스라엘 백성들을 구원해 내실 것을 보여 주시는 환상입니다. 이 환상은 부활의 기작을 설명하기 위한 것은 아닙니다. 그러나 이 말씀에서 우리는 부활의 기작이 이렇게 일어날 것을 깨달을 수 있습니다. 환상의 골짜기의 마른 뼈들 같은 이 시체들이 다시 결합해서 완전한 신체를 이루는 것과 같이 앞으로 부활 할 때도 이와 같은 순서와 방법으로 성도들의 부활이 이루어집니다.

에스겔서 37장 환상의 골짜기에 뼈들의 경우를 볼 때에 죽은 지 10년 혹은 20년 되어 아직 뼈들이 분해되지 않은 상태로 있습니다. 어떤 경우는 오래되어 뼈까지도 분해되어 흙으로 돌아갈 것입니다. 그 분해된 흙들은 사방으로 흩어져 버릴 것입니다. 부활이 일어나기 위해서 먼저 이들 원소들을 모아 결합합니다. 그래서 뼈가 형성될 것입니다. 이 뼈들이 에스겔의 환상의 골짜기의 뼈들과 같이 서로 움직여 본래 이 사람을 형성했던 대로 결합하게 됩니다. 이것이 에스겔 37: 7에서 이루어지고 있습니다.

'이에 내가 명령을 따라 대언하니 대언할 때에 소리가 나고 움직이며 이
뼈, 저 뼈가 들어 맞아 뼈들이 서로 연결되더라.'

이렇게 해서 해골이 형성됩니다. 그 후에 이 해골에 살과 근육들이 형성되는 과정을 에스겔서 37:8에서 보여 줍니다.

'8내가 또 보니 그 뼈에 힘줄이 생기고 살이 오르며 그 위에 가죽이 덮이나 그 속에 생기는 없더라.'

8절까지 완전한 시체 상태에 이르렀습니다. 창세기 2:7에서 '하나님이 흙으로 사람을 만드시고'에 해당됩니다. 이 시체에는 영이 없습니다. 그래서 여전히 죽은 상태입니다. 여기에 생기(영, 루아흐)가 들어가도록 명령하십니다.

9절 말씀에, '또 내게 이르시되 인자야 너는 생기를 향하여 대언하라 생기에게 대언하여 이르기를 주 여호와께서 이같이 말씀하시기를 생기야 사방에서부터 와서 이 죽음을 당한 자에게 불어서 살아나게 하라 하셨다 하라'

본래 그 시체 속에 있었던 영혼들을 불러 들어가게 함으로써 그 사람이 완전히 살게 됩니다. 9절에서 생기를 향하여 명령하기를 생기야 사방에서부터 와서 이 죽음을 당한 자에게 들어가라고 한 것은 그 시체에게서 떠났던 영혼들을 불러 들어가게 하는 과정입니다. 예수님께서 야이로의 딸을 살리실 때도 소녀야 일어나라고 명령하셨는 데 그것은 그 소녀에게서 떠났던 영혼을 불러들인 것입니다. 청년아 일어나라, 나사로야 일어나 나오라고 명령하심으로 나사로의 영혼이 다시 그 시체 속으로 들어감으로 나사로가 다시 살아 나게 되었습니다. 앞으로 주님께서 공중 강림하실 때에도 에스겔의 환상의 골짜기에 있었던 것과 마찬가지로 부활이 일어나게 될 것입니다.

다섯째로 주님의 공중강림 때의 부활

데살로니가전서 4:14, '우리가 예수께서 죽으셨다가 다시 살아나심을 믿을진대 이와 같이 예수 안에서 자는 자들도 하나님이 그와 함께 데리고 오시리라.' 하셨습니다. 이 말씀에서 '예수 안에서 자는 자들'이란 예수 믿고 구원받고 죽어 낙원에 있는 영혼들을 말합니다. 하나님은 이런 자들을 '예수 안에서 잔다'고 말씀하시고 있습니다. 이 말씀에서 하나님은 성부 하나님을 말하며, 여기 '그'라고 한 말은 성자 예수 그리스도를 말합니다. 하나님께서 공중강림하시는 예수님과 함께 이 영들을 데리고 오신다는 것입니다. 그래서 그 영이 각각의 시체 속으로 들어가서 부활이 이루어지는 것입니다. 바로 이 영들이 여러분과 나일 것입니다. 이 부활은 영원한 부활인 것입니다.

데살로니가전서 4:16, '주께서 호령과 천사장의 소리와 하나님의 나팔로 친히 하늘로 좇아 강림하시리니 그리스도 안에서 죽은 자들이 먼저 일어나고,' 여기에서 주께서 호령하신다는 말씀에서 '호령'은 '큰 소리로 명령한다'는 뜻입니다. 주님께서 공중에서 이 지구뿐만 아니라 온 우주상에 흩어져 있는 죽은 사람들을 향해 '자녀들아 일어나라'고 명령하실 때에 예수 믿고 죽은 자들의 영혼이 그 시체 속으로 들어가서 부활하게 되는 것입니다. 이제까지 설명하였듯이 죽은 지 하루, 혹은 이틀, 죽은 지 6개월, 혹은 1년, 2년 혹은 죽은지 10년, 50년, 백 년, 오백 년, 천 년 그리고 예수님이 지상에 계실 때에 살았던 2천 년, 혹은 구약에 하나님 믿고 죽은 성도들의 몸이 부활의 기작에 의해 구성되어 집니다. 하늘에서는 예수님이 구원받은 영혼들을 데리고 공중강림하실 때에 큰 호령으로 자녀들아 일어나라 하실 때에 낙원에 있던 영혼들이 예수님과 함께 공중에 임하여 각 시체 속으로 들어가게 되면서 부활이 이루어집니다. 이 때에 예수님과 함께 왔던 천사들이 땅 이 끝에서 저 끝까지, 그리고 하늘 이 끝에서 저 끝까지, 바다 이 끝에서 저 끝까지 온 우주에 흩어져 있던 사람들을 맞이하러 가는 것입니다.

마태복음 18:10과 히브리서 1:14에서 구원받은 하나님의 자녀들에게 하나님께서 수호천사를 보내신다고 했습니다. 성도가 구원받은 그 순간부터 죽을 때까지 수호천사가 따르는데 우리가 죽을 때에 몸과 영이 분리되어 몸은 시체로 땅속에 묻히고 영은 누가복음 16:22에 보면 천사들에 이끌려 천국으로 간다고 했습니다. 여기서 천사들이라 해서 복수로 나와 있습니다. 이들은 수호천사들입니다. 이 수호천사들이 인도해 천국으로 들어갑니다. 천국에서 영혼의 상태로 지내다가 주님이 공중강림하실 때에 데살로니가전서 4:14에 의하면 그 영혼들을 데리고 오신다고 했습니다. 그 때에 그들의 수호천사가 함께 오는데 각 영혼을 각 시체가 있는 곳으로 데려가 영과 몸을 결합시킨 후 그 부활한 성도들을 공중의 구름 속에 계시는 주님께로 데려가 주님을 뵙게 합니다.

마태복음 24:31, '그가 큰 나팔소리와 함께 천사들을 보내리니 그들이 그의 택하신 자들을 하늘 이 끝에서 저 끝까지 사방에서 모으리라.'

마가복음 13:27, ' 또 그 때에 그가 천사들을 보내어 자기가 택하신 자들을 땅 끝으로부터 하늘 끝까지 사방에서 모으리라.'

데살로니가전서 4:17, ' 그리스도 안에서 죽은 자들이 먼저 일어나고 그 후에 우리 살아남은 자도 그들과 함께 구름 속으로 끌어 올려 공중에서 주를 영접하게 하시리니 그리하여 우리가 항상 주와 함께 있으리라 .'

죽은 자들이 먼저 일어난다고 했습니다. 그리고 '여기 우리 살아 남은 자들이' 라 했는데 이들은 주님께서 공중강림 하실 때에 살아 있는 자들을 말합니다. 부활 때에 죽은 자들이 먼저 일어나고 순간적이긴 하지만 살아 있는 자들이 그 다음으로 순식간에 몸의 변화가 일어나는데 역시 변화 된 성도들을 수호하고 있던 수호천사들이 살아 변화된 성도들을 데리고 공중 구름 속으로 인도하여 주님을 만나게 됩니다.

여섯째로 부활의 순서

부활장인 고린도전서 15:22-26, '아담 안에서 모든 사람이 죽은 것 같이 그리스도 안에서 모든 사람이 삶을 얻으리라. 23 그러나 각각 자기 차례 대로 되리니 먼저는 첫 열매인 그리스도요 다음에는 그가 강림하실 때에 그리스도에게 속한 자요 24 그 후에는 마지막이니 그가 모든 통치와 모든 권세와 능력을 멸하시고 나라를 아버지 하나님께 바칠 때라. 25 그가 모든 원수를 그 발 아래에 둘 때까지 반드시 왕 노릇 하시리니 26 맨 나중에 멸망 받을 원수는 사망이니라.'

여기에서 부활의 순서를 나열하고 있습니다.

예수 그리스도께서 부활의 첫 열매라 하셨습니다. 첫 열매를 보고 맛보면 그 다음의 열매들의 색깔과 모양과 맛을 알 수 있습니다. 누가복음 24장에서 주님께서 부활하셨을 때에 주님의 몸은 살과 뼈가 있으면서 시간과 공간을 초월하신 몸이었습니다. 시간을 초월한다는 것은 부활하시기 전에는 갈릴리에서 예루살렘까지 오실 때에 걸어서 몇 일이 걸렸습니다. 그러나 부활의 몸은 생각의 속도로 움직입니다. 내가 여기서 어디까지 가겠다 생각하시는 순간 그곳에 가 있는 것입니다. 그리고 공간을 초월한다는 것은 어떤 공간에 들어가실 때에 문으로 통과하지 않아도 벽을 통과해 그 공간 속으로 들어 갈 수 있습니다. 주님의 부활체가 이동할 때에 어떤 것도 방해가 되지 않습니다. 그리고 주님께서 제자들에게 부활의 몸이 어떤가를 보여 주시기 위해서 먹을 것을 달라 하셔서 제자들 앞에서 먹어 보이셨습니다. 그리고 부활의 몸은 살과 뼈가 있으므로 만져 보라고 하셨습니다.

부활의 첫 열매라고 하신 것은 우리도 부활하게 되면 살과 뼈가 있으면서 공간을 초월하게 되고 시간을 초월하게 되며 부활의 몸은 음식물을 먹습니다. 천국에 가면 생명나무에서 12가지 열매를 먹을 수 있으며 생명수도 마시게 될 것입니다. 우리도 시간과 공간을 초월하게 되는데 온 우주를 생각의 속도를 움직이게 될 것이요 공간도 초월하게 되며 그런 부활의 몸은 온 우주를 영원히 다스리게 된다고 했습니다.

예수님이 부활의 첫 열매라고 하신 것은 예수님의 부활 전에 있었던 부활은 영원한 부활이 아니라는 것입니다. 예수님께서 이 땅에 오셔서 죽은 자들을 살리셨고 또한 사도들도 죽은 자를 살리셨고 지금도 죽었다가 살아나는 자들도 있지만 이들이 다시 살아난 것은 진정한 부활이 아니고 일시적으로 생명을 연장한 것입니다. 왜냐하면 예수님의 부활 전에 살아난 자는 부활 순서에 어긋나는 것이요 예수님의 부활 후에 살아난 자는 예수님이 공중강림 하실 때에 부활한 자들이 아니기 때문입니다.

두번째 부활하는 자들은 24절에서 '주님이 강림하실 때에 그에게 붙은 자요' 했습니다. 주님이 강림하실 때에 그에게 붙은 자란 데살로니가전서 4:14에서 예수님이 공중강림하실 때에 예수님과 함께 오는 성도들의 영혼들을 말합니다. 여기에서 한 가지 문제가 풀립니다. 예수님께서 운명하실 때에 무덤에서 살아난 자들이 많이 있었는데 이들이 주님이 부활하신 후에 성에 들어갔다는데 이 사람들은 하늘로 승천했다고 믿는 자들이 많습니다. 그러나 고린도전서 15장의 부활의 순서 원리에 비추어 볼 때에 이들의 부활은 영원한 부활이 아닌 것을 보여줍니다. 아마도 주님이 십자가 상에서 운명하실 때에 이들은 죽어 장사 된지 몇일 되지 않은 성도들일 것입니다. 이들이 다시 살아났다가 어느 정도 살다가 야이로의 딸이나 나인성 과부의 아들 청년이나 나사로와 같이 살다가 다시 죽었을 것이요 이들도 다시 죽어 천국에 영혼 상태로 살다가 주님이 공중강림 하실 때에 다시 영원한 부활을 갖게 될 것입니다.

마태복음 27:52, 53, '무덤들이 열리며 자던 성도의 몸이 많이 일어나되

53 예수의 부활 후에 그들이 무덤에서 나와서 거룩한 성에 들어가 많은 사람에게 보이니라.'

세번째 부활하는 그룹은 불신자의 부활입니다. 고린도전서 15:24, '그 후에는 마지막이니 그가 모든 통치와 모든 권세와 능력을 멸하시고 나라를 아버지 하나님께 바칠 때라.' 했는데 이때는 백보좌 심판 때입니다. 이 때는 마지막이라 했는데 모든 통치라고 한 것은 천년왕국의 통치가 끝난 때를 말합니다. 그리고 모든 권세와 능력을 멸하신 때라고 했는데 이때는 적그리스도와 거짓 선지자를 아마겟돈전쟁에서 이들을 산채로 불못에 가두신 것입니다(계19:20). 사탄은 천년왕국이 시작되기 전에 잡아 천년 동안 무저갱에 가두십니다(계20:2,3), 천년왕국이 끝날 무렵에 다시 사탄을 풀어주는데 이 사탄이 온 세상을 다시 미혹해서 곡과 마곡 전쟁을 일으킵니다. 이 전쟁에서 사탄을 잡아 불못에 던짐으로 모든 권세와 능력을 멸하셨습니다(계20:7-10). 그 후에 불신자들을 불못에 가두시며 심판하시기 위해 심판의 부활을 시키십니다. 이 부활장면이 계시록 20:13 -15에 있고 행위의 책에 따라 심판이 있은 후 이들을 심판의 결과에 따라 지옥의 각 감방으로 가둡니다.

그 다음에 마지막으로 '나라를 바칠 때라' 했습니다. 성자하나님은 이 세상을 심판할 권세를 받아 그 일을 다 수행하신 후에 그 심판권세를 아버지 하나님께 돌립니다. 그런데 마지막으로 행하실 일이 있습니다. 26절에 '맨 나중에 멸망 받을 원수는 사망이니라' 했습니다. 이 사망은 죄 때문이었습니다. 죄는 사탄에게서부터 시작되었습니다. 그 죄의 근원인 사탄이 불못에 갇힘으로 인해 온 우주에 죄의 요소가 완전히 사라졌습니다. 그리고 온 우주에 죄가 더 이상 없게 되었습니다. 그래서 이 사망도 불못에 가둡니다. 온 우주에 다시는 죽음이 없습니다. 사망이 없습니다. 영원한 세계는 죽음이, 사망이 없습니다.

> 계시록 20:14 사망과 음부도 불못에 던져지니 이것은 둘째 사망 곧 불못
> 이라.

> 계시록 21:4, '모든 눈물을 그 눈에서 닦아 주시니 다시는 사망이 없고 애
> 통하는 것이나 곡하는 것이나 아픈 것이 다시 있지 아니하리니 처음 것들
> 이 다 지나갔음이러라.'

온 우주에 영생만 존재할 뿐입니다.
성부 성자 성령 하나님은 구원한 자녀들을 데리고 영원세계로 들어가
십니다. 할렐루야!

부활의 메커니즘

고린도전서 15:23-26

'23 그러나 각각 자기 차례대로 되리니 먼저는 첫 열매인 그리스도요 다음에는 그가 강림하실 때에 그리스도에게 속한 자요 24 그 후에는 마지막이니 그가 모든 통치와 모든 권세와 능력을 멸하시고 나라를 아버지 하나님께 바칠 때라. 25 그가 모든 원수를 그 발 아래에 둘 때까지 반드시 왕 노릇 하시리니 26 맨 나중에 멸망 받을 원수는 사망이니라.'

여러분 구원 받았습니까? 중생, 거듭남, 즉 born again하셨습니까? 구원 받아야 천국에 갈 수 있습니다. 구원의 확신이 있습니까? 지금 당장 죽어도 하늘 나라에 갈 수 있다는 믿음이 있습니까? 있다면 어떤 근거로 구원의 확신을 가졌습니까? 이렇게 하면 너는 천국, 나 있는 곳에 올 수 있다는 하나님 아버지의 보장이 성경 로마서 10:9, 10에 있습니다. 사람이 예수를 하나님의 아들로 마음으로 믿고, 하나님께서 그를 죽은 자 가운데서 다시 살리신 것을 마음에 믿으면 구원을 받는다고 했습니다. 여러분은 예수님이 죽었다가 다시 살아나신 것이 믿어집니까? 그렇다면 당신은 구원 받았습니다. 예수님이 부활하신 것을 믿으면 예수님 재림 때에 천 년, 2천 년이 지난 후에 몸의 부활이 이루어질 것인데 우리 몸의 부활을 믿습니까? 이렇게 부활을 믿고 안 믿고가 중요한 것입니다. 이렇게 중요한 부활이 어떻게 이루어지는가에 대해 말씀을 드리려는 것입니다.

첫째로 부활 순서와 영원한 부활과 일시적 부활 참 부활과 임시부활

Mechanism이란 의미는 기구, 구조, 구성, 장치란 의미인데 성도의 부활의 메커니즘이란 말을 풀이하면 성도의 부활 구조, 구성으로 생각하시면 될 것입니다.

고린도전서 15:23~26에서 부활 순서의 원리에 대해 말씀하시고 있습니다.

> '23 그러나 각각 자기 차례대로 되니니 먼저는 첫 열매인 그리스도요 다음에는 그가 강림하실 때에 그리스도에게 속한 자요 24 그 후에는 마지막이니 그가 모든 통치와 모든 권세와 능력을 멸하시고 나라를 아버지 하나님께 바칠 때라. 25 그가 모든 원수를 그 발 아래에 둘 때까지 반드시 왕 노릇 하시리니 26 맨 나중에 멸망 받을 원수는 사망이니라.'

1) 부활의 순서

제일 처음 부활하시는 분은 부활의 첫 열매이신 예수 그리스도이십니다. 본문에서 말씀하시는 바 두 번째 부활하는 그룹은 그리스도 강림하실 때에 그에게 속한 자라 했습니다. 여기서 "첫 열매인 그리스도"란 의미가 무엇이겠습니까? 여러분들이 어린 사과나무 모종을 사서 심었다고 합시다. 2년 후에 첫 사과가 열렸습니다. 색깔이 붉고, 한 입 깨물어 보니 상큼하고 달콤하며 바삭바삭합니다. 다음 해에 열릴 사과가 어떨 것이라는 것을 상상할 수 있습니다.

다 익은 사과나무의 색깔은 붉을 것이고 맛은 상큼하고 달콤할 것이요, 사과 살은 바삭바삭할 것입니다. 첫 열매가 그랬으니까요. 부활의 첫 열매라는 것은 최초의 부활한 분이 예수 그리스도시라는 것입니다. 그리고 두 번째 부활하는 자들은 주님이 재림하실 때에 믿고 구원받은 자들이 부활할 것인데, 이렇게 두 번째 부활한 성도들의 부활은 부활의 첫 열매이신 예수님의 부활과 같이 될 것이랍니다. 그 부활한 몸은 살과 뼈가 있으되, 시간과 공간을 초월하는 몸이요, 먹고 마시기도 하는 부활의 몸이 될 것이랍니다. 이런 성도들의 부활을 계시록 20:5,6에서는 첫째 부활에 참여한 자들이라고 말합니다. 그래서 부활의 첫 열매이신 그리스도와 그리스도께서 재림하실 때에 부활하는 자들이 영원할 부활, 참 부활을 하는 자들입니다.

2) 일시적 부활, 임시부활

그렇다면 구약시대에 부활한 자들이나, 예수님이 살아 계실 때에 부활한 자들이나, 예수님이 부활 승천하시고 난 후에 사도들에 의해 부활된 자들은 무슨 부활이냐 하는 것입니다. 바로 이런 자들의 부활을 임시부활, 혹은 일시적 부활이라고 합니다. 예를 들면, 구약시대의 열왕기하 4:33-37의 엘리사 선지자가 부활시킨 수넴 여인의 외아들, 열왕기하 13:21에서 엘리사가 죽은 지 일 년쯤 되었을 때에 엘리사의 뼈에 던져진 죽은 시체가 살아난 사건이라든지, 열왕기상 17:20-24 엘리야가 사렙다 과부의 아들을 살린 사건과 죽은 지 나흘 되어 냄새가 난다고 했던 나사로(요11:43)와 나인성 과부의 아들(눅7:14), 회당장 야이로의 딸(눅8:54)들은 예수님이 부활하시기 전에 다시 살아난 자들입니다. 이들은 다 임시부활입니다. 일시적 부활입니다. 왜냐하면 고린도전서 15:23의 부활의 순서에서 첫 열매인 그리스도보다 앞에 놓여 있기 때문입니다. 참 부활은 그리스도인데 그 전에 살아난 자들은 참 부활, 영원한 부활이 아닌 것입니다.

예수님이 부활 승천하시고 난 후에 사도들에 의해 부활한 자들이 있습니다. 베드로 사도에 의해 부활한 도르가 여인(사도행전 9:40)이나 사도 바울에 의해 살아난 유두고의 부활 (사도행전 20:10)도 참 부활이 아닌 임시적 부활인 것입니다. 왜냐하면 고린도전서 15:23에 참 부활은 그리스도께서 공중강림하실 때에 주님께 속한 자들이라고 했습니다. 다시 말하자면 영원한 부활은 첫 열매이신 주님의 부활 후에, 그리고 주님께서 성도들을 마중 나오신 공중강림 하실 때에 이루어지는 부활이 참 부활, 영원한 부활인 것입니다.

그런데 이 임시부활, 혹은 일시적 부활을 한 사람들을 살펴볼 때에 모두가 죽은 지 길어도 불과 3일 내지 5일 정도 밖에 되지 않았습니다. 유두고는 죽자마자 살아났고 나사로는 나흘 만에, 도르가도 마찬가지고, 나인성 과부의 아들은 장례행렬 중에 살아났습니다. 성경에 이런 임시적 부활을 한 사람들 중에 죽은 지 1년 혹은 2년, 혹은 5년 된 사람들은 한 사람도 없었습니다.

그런데 마태복음 27:52에 예수님이 운명하시던 그 때에 "무덤들이 열리며 자던 성도들의 몸이 많이 일어나되 예수의 부활 후에 저희가 무덤에서 나와서 거룩한 성에 들어가 많은 사람에게 보이니라" 했는데 이들의 부활은 제가 이전에 말씀 드린 부활한 자들과는 성격이 좀 다릅니다.

무덤에 있은 지 얼마나 되었는지 모릅니다. 그래서인지 마태복음27:52의 부활은 무슨 부활인가 하는 의문을 제기하는 사람들이 있습니다. 그러나 분명한 것은 '부활의 순서'라는 잣대에 비추어 봐야 하는 것입니다. 부활장 고린도전서 15:23이 '부활 순서의 잣대'입니다. 부활의 바로 미터입니다. 이런 사람들의 부활도 역시 임시부활입니다. 예수님이 부활하기 전이요, 또한 주님이 공중강림 하실 때에 부활한 자들이 아니기 때문입니다. 그리고 이들 역시도 죽어 장사 지낸 지 며칠 밖에 되지 않았을 것입니다.

이들 임시 부활한 자들은 일정 기간이 지난 후에 다시 죽기 때문입니다. 그래서 일시적 부활이라고 합니다.

둘째로 부활한 신령한 몸과 현재 우리 몸과의 관계

부활한 몸과 현재 우리의 몸과는 어떤 관계인가를 묻는 질문입니다. 이 질문은 사도 바울 당시의 성도들도 가졌던 질문입니다.

> 고린도전서 15:36-38, "어리석은 자여, 너의 뿌리는 씨가 죽지 않으면 살아나지 못하겠고 또 너의 뿌리는 것은 장래 형체를 뿌리는 것이 아니요 다만 밀이나 다른 것의 알갱이뿐 이로되 하나님이 그 뜻대로 저에게 형체를 주시되 각 종자에게 그 형체를 주시느니라"

이 말씀의 뜻을 풀이하면,

1. 부활은 식물의 씨가 죽을 때에 그 속에서 형체가 나오듯, 사람도 현재 몸이 죽어야 부활의 몸이 된다는 것입니다.

2. 하나님께서 각 식물의 씨 속에 각 형체를 주셨다는 사실입니다. 수박씨가 수박 넝쿨이란 식물 형체, 씨와 그 형체가 전혀 달라 보이지만 그 형체는 씨를 통해서 나옵니다. 사람의 부활도 현재의 몸과 전혀 관련 없이 이루어지는 것이 아니라 현재 우리가 가지고 있는 몸에서 부활의 몸이 이루어진다는 말입니다. 한 예로 예수님이 공중강림하실 때에 그 때까지 살아서 예수님을 믿는 성도들은 순식간에 몸이 변화되어 휴거된다고 했는데 우리 몸이 영광의 몸으로 변화되는 것입니다. 죽어서 부활한 영광의 몸과 똑같이 우리 살아 있는 자들이 순식간에 변화되어 영광의 몸을 갖게 됩니다. 그래서 부활한 몸이나 변화된 몸이나 우리 본래의 몸에서 부활이 이루어지는 것입니다.

창세기 2장에서 사람은 흙으로 만들어졌다고 했습니다. 너는 흙이니 흙으로 돌아가라고 했습니다. 사람의 몸은 흙입니다. 왜냐하면 흙을 먹고 살기 때문입니다. 우리가 채소를 먹는데 그 채소는 흙의 성분을 먹고 자란 것입니다. 우리가 쇠고기, 돼지고기, 닭고기를 먹는데 이 가축들은 채 소를 먹었습니다. 그 채소들은 흙의 요소들을 먹어 흙의 성분으로 되었습니다. 그러므로 사람의 몸도 흙의 성분으로 구성되었습니다. 그런데 우리 몸을 구성하는 미네랄을 화학적으로 분석해 본 결과 지구 표면의 흙 속에서 발견된 원소들 중 열 여섯 혹은 열 일곱 종류가 우리 몸을 구성하고 있는 원소와 같다고 합니다.

사람의 인체는 칼슘이 43.5%, 인산염이 29.1%, 칼륨이 10.2%, 황이 7.1%, 나트륨, 염소가 4.3%, 마그네슘, 철, 요오드, 망간, 규소, 구리, 아연 등의 흙 속의 원소들이 우리 몸을 구성하고 있다고 합니다. 사람이 죽어 흙에 묻히면 그 몸이 세균이나 구더기에 의해 분해되어 그 몸의 원소들은 다시 흙으로 돌아가는 것입니다. 우리가 죽어 땅에 묻히면 그 무덤에서 썩어 다시 흙으로 돌아 갑니다. 하나님은 우리를 부활시키실 때에 본래 내 몸을 구성하던 모든 원소들을 다시 결합해서 시체로 만들어 내는 것입니다. 그 시체가 계시록 20:13의 말씀인, '바다가 그 가운데서 죽은 자들을 내주고 또 사망과 음부도 그 가운데서 죽은 자들을 내주매'에서 죽은 자들은 시체들을 말합니다. 이 시체는 부활하기 위한 시체를 말하는 것입니다.

> 고린도전서 15:43-44, "죽은 자의 부활도 이와 같으니 썩을 것으로 심고 썩지 아니할 것으로 다시 살며, 욕된 것으로 심고 영광스러운 것으로 다시 살며 약한 것으로 심고 강한 것으로 다시 살며 육의 몸으로 심고 신령한 몸으로 다시 사나니, 육의 몸이 있은즉 또 신령한 몸이 있느니라.".

우주 여행을 하던 사람들 중에 지구대기권을 벗어나 우주 상에서 타고 가던 로켓에 사고가 나서 폭발했을 경우에 그 시체는 공중분해 되어 원소들이 온 우주에 떠다닐텐데 그 사람은 어떻게 부활하겠습니까? 혹은 그 사람이 바다를 항해하다가 바다에서 죽게 되면 그 시체가 물에서 썩어 그 몸을 구성하던 모든 요소들이 5대양에 흩어져 버릴텐데 어떻게 부활될 것인가 하는 말입니다. 이 질문에 대한 답변이 시편 139편에 있습니다.

"내 형질이 이루기 전에 주의 눈이 보셨으며 나를 위하여 정한 날이 하루
도 되기 전에 주의 책에 다 기록되었나이다."

하나님께서 그 사람을 만드셨고 그 사람의 구성원소들을 환히 아시고 또 책에 그 사람의 몸의 형질을 다 기록하셨기 때문에 온 우주에서도, 5대양 어떤 곳에서든 지내 몸의 구성요소들을 다 찾아서 부활의 신체를 만들고 그리고 내 몸을 부활시킬 것입니다.

데살로니가전서 4:17, "그 후에 우리 살아 남은 자들도 그들과 함께 구름 속으로 끌어 올려 공중에서 주를 영접하게 하시리니 …." 에서 살아 있는 자들은 그들과 함께 구름 속으로 끌어 올린다고 했습니다. 우리가 살아 있을 때에 주님께서 공중강림 하신다면 현재 가지고 있는 몸이 변해서 신령체가 되어 휴거 된다고 했습니다. 그러므로 현재 우리가 가지고 있는 몸과 연관이 있습니다.

고린도전서 15:51,52, "보라 내가 너희에게 비밀을 말하노니 우리가 다 잠
잘 것이 아니요 마지막 나팔에 순식간에 홀연히 다 변화하리니 나팔 소리
가 나매 죽은 자들이 썩지 아니할 것으로 다시 살고 우리도 변화하리라…'

이 말씀들을 보니 본래 우리 몸, 현재 우리 몸이 순식간에 변한다고 했습니다. 부활의 신령한 몸이 현재의 우리 몸에서 변화된다고 했습니다. 엘리야의 승천과 에녹의 승천의 경우도 아마 그 몸이 순식간에 변화되어 승천했을 것입니다.

셋째로 부활의 메카니즘
(부활의 기작, 부활을 기계적으로 설명)

요한계시록 20:12-13,"또 내가 보니 죽은 자들이 무론 대소하고 그 보좌 앞에 섰는데 책들이 펴 있고 또 다른 책이 펴졌으니 곧 생명책이라. 죽은 자들이 자기 행위를 따라 책들에 기록된 대로 심판을 받으니 바다가 그 가운데서 죽은 자들을 내주고 또 사망과 음부도 그 가운데서 죽은 자들을 내주매 각 사람이 자기의 행위대로 심판을 받고"

여기에서 "바다가 그 가운데서 죽은 자들을 내주고"라는 말씀을 분석해 볼 때에 물론 바다에서 항해 하던 배에 어떤 사람이 금방 죽었기에 물에 장사했는데 그 때에 마침 하나님께서 심판 하시기 위해 시체들을 부활 시키는 시간과 맞물려 금방 물 위로 그 시체가 떠올랐을 수도 있겠습니다. 그러나 바다에는 수십 년, 수백 년, 수천 년 동안에 수 많은 사람들이 죽어 그 몸이 물에 풀어져 5 대양에 떠다닐텐데 어떻게 그들의 몸의 원소들이 결합되어 시체로 떠올랐는가 하는 말입니다. 이 말씀을 예사로 넘기면 아무 것도 아닐테지만 면밀히 생각해보면 놀라운 사건인 것입니다. 시체가 물에 썩고 녹아 수천 년 동안 바다 물에 흩어져 있을텐데 어떻게 시체가 되어 물 위로 나타났느냐 하는 것입니다.

그 시체가 물 위로 떠오르기까지 물 속에서 어떤 놀라운 일이 있었는가를 설명해 주고 있습니다. 어떻게 지구 상의 온 바다에 흩어져 있는 각 몸의 원소들이 모여 그 사람의 본래의 시체로 결합 될 수 있었는가를 에스겔 37:1-10에서 그 비밀을 풀어주고 있습니다.

에스겔 37:1-10, '1여호와께서 권능으로 내게 임재하시고 그의 영으로 나를 데리고 가서 골짜기 가운데 두셨는데 거기 뼈가 가득하더라 2나를 그 뼈 사방으로 지나가게 하시기로 본즉 그 골짜기 지면에 뼈가 심히 많고 아주 말랐더라 3그가 내게 이르시되 인자야 이 뼈들이 능히 살 수 있겠느냐 하시기로 내가 대답하되 주 여호와여 주께서 아시나이다 4또 내게 이르시되 너는 이 모든 뼈에게 대언하여 이르기를 너희 마른 뼈들아 여호와의 말씀을 들을지어다 5주 여호와께서 이 뼈들에게 이같이 말씀하시기를 내가 생기를 너희에게 들어가게 하리니 너희가 살아나리라 6너희 위에 힘줄을 두고 살을 입히고 가죽으로 덮고 너희 속에 생기를 넣으리니 너희가 살아나리라 또 내가 여호와인 줄 너희가 알리라 하셨다 하라 7이에 내가 명령을 따라 대언하니 대언할 때에 소리가 나고 움직이며 이 뼈, 저 뼈가 들어 맞아 뼈들이 서로 연결되더라 8내가 또 보니 그 뼈에 힘줄이 생기고 살이 오르며 그 위에 가죽이 덮이나 그 속에 생기는 없더라 9또 내게 이르시되 인자야 너는 생기를 향하여 대언하라 생기에게 대언하여 이르기를 주 여호와께서 이같이 말씀하시기를 생기야 사방에서부터 와서 이 죽음을 당한 자에게 불어서 살아나게 하라 하셨다 하라. 10이에 내가 그 명령대로 대언하였더니 생기가 그들에게 들어가매 그들이 곧 살아나서 일어나서는데 극히 큰 군대더라.'

에스겔 37:1-10 말씀은 본래 이스라엘 민족의 나라가 망해서 바벨론에 포로로 잡혀감으로 민족이 죽고 나라가 없어졌지만 하나님께서 다시 그 민족과 나라를 일으키시겠다는 예언의 말씀입니다. 이 말씀 속에서 이스라엘을 다시 살리시는 과정이 부활의 기작을 보여 주고 있음으로 이 구절을 가지고 부활의 과정을 설명하려고 합니다.

1. 각 뼈들이 움직여 서로 결합, 즉 본래의 그 사람에게 속했던 뼈들이 서로 서로 결합하고(7절),

2. 그 사람의 뼈대, 즉 해골 위에 그 사람에게 속했던 살이 채워지고 힘줄이 생기게 되는데 이것들이 시체인 것입니다. 계시록 20장에서 그 시체가 떠오른 상태를 보여줍니다(8절).

3. 그 위에 생기가 들어가매 그 사람이 다시 살아납니다(9,10절).

4. 이런 몸의 부활의 기작이 하나님의 말씀으로 시작됩니다(5, 6, 9절).

에스겔서에서 뼈들이 모이고 살이 차고 힘줄이 생긴 것도 하나님의 말씀에 의해서 형성되고, 그 시체에 생기가 들어가는 것도 하나님의 말씀에 의해서 입니다.

신약성경의 데살로니가전서 4:14,16,17의 말씀에서도 시체 속에 들어가는 것이 에스겔서에서는 생기(루아흐, 영혼)라 했지만 신약성경에서는 그 사람의 영혼들을 말합니다. 그 영혼들을 그리스도께서 데려 오신다(14절)라고 했습니다. 에스겔 37:9에 "주 여호와의 말씀에 생기야 사방에서부터 와서 이 사망을 당한 자에게 불어서 살게하라"고 명령하시는데 신약 성경 데살로니가전서 4:16 에서는, **주께서 호령과 천사장의 소리**와 하나님의 나팔로 친히 하늘로 좇아 강림하시리니 그리스도 안에서 죽은 자들이 먼저 일어나고 그 후에 우리 살아 남은 자도 저희와 함께 구름 속으로 끌어올려 공중에서 주를 영접하게 하시리니" 에서도 그리스도께서 호령하신다고 했습니다.

그리고 주님께서 호령하시고, 천사장들도 소리지른다고 했습니다. 에스겔37장에서 하나님은 에스겔에게 생기에게 말하라고 했습니다. 무슨 말을 해라 했을까요?아마도 요한복음 11장의 나사로를 살리실 때 말씀하시기를 "나사로야 나오라"고 큰 소리로 명령하셨던 것과 과부의 아들을 살리실 때에 청년아 일어나라, 야이로의 딸을 살리실 때에 소녀야 일어나라 하셨을 때와 같이 데살로니가전서 4장에서도 주님께서 명령하시고 있습니다. 호령하는 것은 큰 소리로 명령하는 것입니다. 예수 그리스도께서 온 우주(지구 주변 태양계)를 향해 큰 소리로 자녀들아 나오느라고 하실 때에 천사장들도 주님의 그 명령을 따라 크게 외쳤을 것입니다. 그랬더니 온 우주에서 죽은 자들의 부활의 기작이 에스겔서 37장에서 있었던 것과 같이 일어날 것입니다.

누가복음 8:54-55에 보면 야이로의 딸을 살릴 때에 '아이야 일어나라'

라고 명령했을 때에 '그 영이 그 시체 속으로 다시 돌아오니 그 아이가 다시 살아났다' 라고 했습니다. 에스겔서 37:9-15 말씀과 같이 되었습니다. 요한복음 5:29에 성도의 부활과 불신자의 부활이 있다고 했습니다. "선한 일을 행한 자는 생명의 부활로 악한 일을 행한 자는 심판의 부활로 나오리라" 했습니다. 요한계시록 20:4-6은 첫째 부활을 말합니다. 첫째 부활은 예수님이 공중강림 하실 때에 일어나는 성도들의 부활이요 계시록 20:12-15 말씀은 불신자들의 부활을 설명하는데 불신자들이 바다에서 죽었던지 땅에서 죽었던지 몸을 다시 구성하고 불신자들의 영은 음부에 있는데 이 영들을 풀어 각자의 몸 안으로 들어가게 해서 불신자들의 부활이 이루어지는 것입니다. 이들은 천년왕국이 지난 후 백보좌 심판 때에 심판 받기 위해 부활하는 자들입니다. 계시록 20:12-15은 불신자들의 부활이 어떻게 일어나며 그 결국이 어떻게 되는 가를 보여 줍니다.

결론적으로 우리가 신령한 몸으로 부활할 때에 우리가 현재 가지고 있는 몸과 전혀 상관없이 이루어지는 것이 아니라 우리의 현재 가지고 있는 몸의 원소를 재료로 하여 부활의 신령한 몸이 성립되는 것입니다. 고린도전서 15:36-38 에서 어떤 식물의 씨앗을 심었을 때에 그 씨앗이 땅에 묻혀 죽으면서 그것의 영양분을 기본으로 하여 움이 돋고 싹이 나서 씨앗과는 전혀 다른 형체의 식물이 나오는 것처럼 우리 몸의 부활도 현재 우리 몸이 기초가 되어 신령한 부활의 몸이 됩니다.

> 요한복음 11:25, 26, "예수께서 이르시되 나는 부활이요 생명이니 나를 믿는 자는 죽어도 살겠고 26무릇 살아서 나를 믿는 자는 영원히 죽지 아니하리니 이것을 네가 믿느냐'

Resurrection

예수 그리스도 부활의 확실성

고린도전서 15:1-11

¹형제들아 내가 너희에게 전한 복음을 너희에게 알게 하노니 이는 너희가 받은 것이요 또 그 가운데 선 것이라, 2너희가 만일 내가 전한 그 말을 굳게 지키고 헛되이 믿지 아니하였으면 그로 말미암아 구원을 받으리라. 3내가 받은 것을 먼저 너희에게 전하였노니 이는 성경대로 그리스도께서 우리 죄를 위하여 죽으시고 4 장사 지낸 바 되셨다가 성경대로 사흘 만에 다시 살아나사 5게바에게 보이시고 후에 열두 제자에게와 6그 후에 오백여 형제에게 일시에 보이셨나니 그 중에 지금까지 대다수는 살아 있고 어떤 사람은 잠들었으며 7그 후에 야고보에게 보이셨으며 그 후에 모든 사도에게와 8맨 나중에 만삭되지 못하여 난 자 같은 내게도 보이셨느니라. 9나는 사도 중에 가장 작은 자라 나는 하나님의 교회를 박해하였으므로 사도라 칭함 받기를 감당하지 못할 자니라. 10그러나 내가 나 된 것은 하나님의 은혜로 된 것이니 내게 주신 그의 은혜가 헛되지 아니하여 내가 모든 사도보다 더 많이 수고하였으나 내가 한 것이 아니요 오직 나와 함께 하신 하나님의 은혜로라. 11그러므로 나나 그들이나 이같이 전파하매 너희도 이같이 믿었느니라.'

기독교는 부활의 종교요 생명의 종교입니다. 기독교를 제외한 그 어떤 종교도 부활절을 기념하는 종교는 없습니다. 기독교의 성경만큼 사후세계에 대해 선명하게 가르쳐 주는 경전이 없습니다. 고린도전서 15장은 부활장입니다. 1절에서 58절까지 부활에 대해서 설명하고 있습니다. 바울사도는 부활을 믿는 것이 구원이라고 로마서 10:9에서 말씀하고 있습니다.

'9 네가 만일 네 입으로 예수를 주로 시인하며 또 하나님께서 그를 죽은 자 가운데서 살리신 것을 네 마음에 믿으면 구원을 받으리라'

또한 예수님이 나사로를 살리실 때에 말씀하시기를 요한복음 11:25, 26,

'25 예수께서 이르시되 나는 부활이요 생명이니 나를 믿는 자는 죽어도 살겠고 26 무릇 살아서 나를 믿는 자는 영원히 죽지 아니하리니 이것을 네가 믿느냐'

여러분은 예수 그리스도께서 죽으셨다가 사흘 만에 부활한 사실이 믿어집니까? 예수님의 부활을 믿습니까? 예수님의 부활이 믿어지는 것은 기적입니다. 왜냐하면 2000년 전에 유대 땅에서 태어나시고 인류의 죄를 대신 담당하신답시고 그 당시의 제일 극형인 십자가형을 당하실 때 두 죄수들 사이에 죽으셨다는 그 분의 부활이 믿어집니까? 그런 분이 죽으셨다가 사흘 만에 다시 살아났다는 사실이 믿어진다는 것이 기적이 아니고 무엇입니까? 이 부활이 믿어지는 것은 내가 믿고 싶어서 믿어지는 것이 아니라 성령께서 믿게 하셨기 때문입니다. 예수님의 부활이 믿어지지 않거나 의심쩍으면 구원의 확신이 없는 것입니다. 예수님의 부활이 믿어지도록 기도하시기 바랍니다. 예수님의 부활은 나의 부활, 우리의 부활입니다. 예수님이 부활이요 생명입니다. 또 우리가 죽은 후에 주님이 공중강림하실 때 다 부활하여 천국으로 들어가게 됩니다.

본문으로 삼은 고린도전서 15:1-11에서 바울은 예수님이 부활하셨다는 이 사실을 믿으라는 것입니다. 초대 교회의 사도들은 예수님이 죽으셨다가 부활하셨다는 사실을 전하다가 순교 했습니다. 우리 본문 말씀, 1-3절에서도 '형제들아 내가 너희에게 전한 복음을 너희에게 알게 하노니 이는 너희가 받은 것이요 또 그 가운데 선 것이라'에서 내가 부활에 대한 복음을 너희에게 전하였지만 또 전한답니다. 그래서 우리는 귀가 따갑도록 예수님의 부활을 들어야 하고 귀에 못이 박히도록 예수님의 부활을 증거해야 한다는 것입니다. '너희가 만일 내가 전한 그 말을 굳게 지키고 헛되이 믿지 아니하였으면 그로 말미암아 구원을 받으리라' 했습니다. 부활의 복음을 받아 굳게 믿고 지키면 구원을 받는다는 것입니다. 바울사도는 본문에서 예수님의 부활을 3가지로 주장하고 있습니다.

첫째는 예수님의 부활은 구약성경에서 예언한대로 부활했다는 것입니다(3-4절)

> '3내가 받은 것을 먼저 너희에게 전하였노니 이는 성경대로 그리스도께서 우리 죄를 위하여 죽으시고, 4 장사 지낸 바 되셨다가 성경대로 사흘 만에 다시 살아나셨다고'

예수님의 죽으심이 우연히 일어난 것이 아니고 창세기 3:15을 비롯해서 몇 천 년 동안에 하나님께서 예수님을 이 세상에 보내셔서 인류의 죄를 담당하시기 위해 죽을 것을 예언하신 대로 죽으 셨고 성경대로 다시 살아나셨다는 것입니다. 하나님의 말씀에 의해 죽으시고 말씀에 의해 살아나셨다는 것입니다.

성경은 하나님의 말씀입니다. 하나님의 말씀인 신구약성경에서 예수님이 죽기 전에 이미 예언 된 대로 죽으시고 부활하셨다는 사실입니다. 하나님의 말씀에서 메시야께서 죽으시고 부활하신다고 했는데 바로 예수님이 성경대로 죽으셨고 부활하셨다는 것입니다. 메시야의 죽음은 창3: 15, 창세기 22장, 출애굽기 12장, 시편 22편, 이사야 53장, 다니엘서 9:26, 스가랴 12:10에서 예언했으며, 부활은 시 16:10, 이사야 53:10, 호세아 6:2, 요나 2:10에서 예언하고 있습니다. 예수님 자신이 죽으셨다가 사흘 만에 다시 사실 것을 수 없이 말씀하셨습니다.

둘째는 예수 그리스도의 부활을 목격한 많은 증인들이 있다는 것입니다(5-7절)

그렇습니다. 예수님의 부활은 부활의 증인들이 증거합니다. 물론 그들이 신앙이 좋아서 예수님의 부활을 증거하는 것이 아닙니다. 그들은 예수님께서 붙잡히실 때에 모두 도망을 쳤던 사람들입니다. 그런데 그들이 180도로 변해 버립니다. 이제는 자신의 목숨을 조금도 아끼지 않고 예수 그리스도를 증거합니다. 어떻게 사람이 그와 같이 변화될 수 있을까요? 그들 모두 특별한 경험을 했기 때문입니다. 그것은 바로 예수님의 부활이었습니다. 그들은 단지 부활을 전해 들은 것이 아닙니다. 그들은 부활하신 예수님을 직접 만났습니다. 그 경험이 그들을 변화시킨 것입니다. 전에는 자신의 목숨이 아까워서 도망을 쳤지만, 이제 이 세상의 삶 다음에 또 다른 영생의 삶이 있음을 믿게 되었습니다. 예수님께서 부활하신 것과 같이 자신들도 부활함을 믿게 된 것입니다. 그래서 담대하게 예수님의 증인으로 살다가 모두 다 순교했습니다.

부활에 대한 증거에는 부활을 목격한 증인들보다 더 확실한 증거는 없습니다. 먼저 베드로와 12제자들에게 보이시고, 그리고 500여 형제들에게 일시에 보이시고 그 중에 바울사도가 고린도전서 15장을 기록할 당시까지 태반이나 살아 있다고 말씀하고 있습니다. 그리고 야고보에게 보이셨다고 했는데 이 야고보는 예수님의 육신의 형제인 야고보입니다. 마지막으로 바울 자신이라고 했습니다.

우리 본문 말씀에서 부활의 증인들의 세 가지 특징을 볼 수 있습니다.

첫째, 증인들의 배경이 다양합니다. 예수님의 아우, 어부 출신들, 지식이 많은 사람, 많은 제자들 그리고 12사도들과 5백 명의 사람들이 부활하신 예수님을 보았습니다.

둘째, 증인들의 인격이 신뢰할만 합니다. 사람들은 신뢰가 안가는 사람과 교제하기를 꺼려합니다. 그러므로 우리 그리스도인들은 어디에 가서라도 신뢰할만한 사람이 되어야 합니다. 바울은 에베소서 4장 25절 전반에서 "그런즉 거짓을 버리고 각각 그 이웃으로 더불어 참된 것을 말하라"고 했습니다. 또 베드로전서 3장 10절 후반에서 "혀를 금하여 악한 말을 그치며 그 입술로 거짓을 말하지 말고"라고 했습니다. 베드로와 바울은 이런 말씀을 남긴 분들입니다. 그러므로 이분들의 말은 신뢰할만한 말입니다.

셋째, 증인들을 동원할 수 있습니다. 바울은 말하기를 오백여 형제가 일시에 주님의 부활을 보았는데 그 중에 일부는 죽었지만 태반이 살아있으므로 내 말을 못 믿겠으면 내가 증인을 무더기로 데려오겠다는 말입니다.

이처럼 이 증인들은 다양한 증인들이고, 신뢰할 만하며, 언제라도 동원할 수 있는 증인들입니다. 그러므로 우리는 증인들이 부활하신 주님을 손으로 만지고, 눈으로 보고 기록하여 전해준 역사적인 사실인 예수님의 부활을 믿어 구원받게 되는 것입니다.

사도행전에 보면 유대인들에게 복음을 전한 사도는 베드로이고 이방인에게 복음을 전한 사도는 바울입니다. 사도행전에서 이들이 설교한 가장 중요한 주제는 예수가 그리스도요 그가 죽으셨다가 부활하셨다는 것입니다. 그리고 예수님을 믿는 자는 죽은 자 가운데서 부활한다는 것입니다. 사도행전 1장 22절에는 '항상 우리와 함께 다니던 사람 중에 하나를 세워 우리로 더불어 예수의 부활하심을 증거할 사람이 되게 하여야 하리라 하거늘' 이라고 기록되었고, 2장 32절에도 '이 예수를 하나님이 살리신지라 우리가 다 이 일에 증인이로다' 라고 기록되었습니다. 그리고 4장 33절에는 '사도들이 큰 권능으로 주 예수의 부활을 증거하니 무리가 큰 은혜를 얻어' 라고 기록되었고, 5장 30절에도 '너희가 나무에 달아 죽인 예수를 우리 조상의 하나님이 살리시고' 라고 기록되었습니다. 또한 10장 39- 40절에도 '우리는 유대인의 땅과 예루살렘에서 그의 행하신 모든 일에 증인이라 그를 저희가 나무에 달아 죽였으나 하나님이 사흘 만에 다시 살리사 나타내시되' 라고 기록되었습니다.

사도행전 13장부터는 이방인의 사도인 바울의 전도여행이 계속됩니다. 바울은 4차에 걸쳐서 선교여행을 했는데 바울도 가는 곳곳마다 부활을 증거 했습니다. 바울은 비시디아 안디옥에서 사도행전 13:30, '하나님이 죽은자 가운데서 그를 살리신지라' 라고 증거 했습니다. 또 데살 로니가에서도 증거 했습니다.

사도행전 17장 3절에는 '뜻을 풀어 그리스도가 해를 받고 죽은 자 가운데서 다시 살아야 할 것을 증명하고 이르되 내가 너희에게 전하는 이 예수가 곧 그리스도라 하니' 라고 기록되었습니다.

그리고 아덴에서도 사도행전 17:31 '이는 정하신 사람으로 하여금 천하를 공의로 심판할 날을 작정하시고 이에 저를 죽은 자 가운데서 다시 살리신 것으로 모든 사람에게 믿을만한 증거를 주셨음이니라'고 증거했습니다.

또한 아그립바 왕과 베스도 총독 앞에서도 사도행전 26:8, '당신들은 하나님이 죽은 사람 다시 살리심을 어찌하여 못 믿을 것으로 여기나이까'라며 증거 했습니다. 하나님께서는 천지를 창조하신 분이시므로 죽은 자를 살리실 능력이 충분하신 것입니다. 유대인의 사도인 베드로 설교의 핵심도, 이방인의 사도인 바울 설교의 핵심도 그리스도의 부활입니다. 이처럼 우리는 예수님의 부활이 사도들 설교의 핵심이었다는 한 가지 사실만으로도 예수님은 죽은 자 가운 데서 부활하셨다는 것을 확실하게 믿을 수 있습니다.

그런데 요즘의 교인들 중에 예수님의 부활이 믿어지는 자들이 얼마나 되겠습니까? 사도시대에는 이렇게 사도들이 예수님의 부활을 열심히 증거했는데 오늘날의 교회가 사도들과 같이 예수님의 부활을 그렇게 열심히 증거하고 있습니까? 거우 부활절기 때에만 언급하는 것으로 끝내지는 않습니까?

셋째는 바울 자신과 같은 사람이 회심했다는 것이 증거라는 말입니다(8-11절)

"8 맨 나중에 만삭되지 못하여 난 자 같은 내게도 보이셨느니라 9 나는 사도 중에 가장 작은 자라 나는 하나님의 교회를 박해하였으므로 사도라 칭함 받기를 감당하지 못할 자니라"

바울 사도가 부활하신 예수님을 만나기 전에는 그리스도인들을 박해하는 일에 앞장선 사람이었습니다. 그리스도인들을 잡아 가두고, 죽이는 일에 열심이었습니다. 사도행전 9:5에서 그리스도인들을 잡아 예루살렘으로 잡아오기 위해 다메섹으로 가던 중에 주님을 만났습니다. 그래서 그는 고백하기를 '내가 나 된 것은 하나님의 은혜라' 는 것입니다. 그리스도를 대적하고 하나님의 백성들을 박해하고 죽이던 자가 그리스도의 부활을 증거하는 증인이 된 것은 하나님의 은혜인 것입니다. 이러한 주님에 대한 감격이 바울사도가 죽기 살기로 복음을 전하는 동력이 되었던 것입니다. 사도행전에 보면 사도 바울이 세 번이나 자기가 부활한 주님을 만난 것을 간증하고 있습니다.

사도행전 22장 6-11절 '가는데 다메섹에 가까왔을 때에 오정쯤 되어 홀연히 하늘로서 큰 빛이 나를 둘러 비취매 내가 땅에 엎드러져 들으니 소리 있어 가로되 사울아 사울아 네가 왜 나를 핍박하느냐 하시거늘 내가 대답하되 주여 뉘시니이까 하니 가라사대 나는 네가 핍박하는 나사렛 예수라 하시더라 나와 함께 있는 사람들이 빛은 보면서도 나더러 말하시는 이의 소리는 듣지 못하더라 내가 가로되 주여 무엇을 하리이까 주께서 가라사대 일어나 다메섹으로 들어가라 정한 바 너의 모든 행할 것을 거기서 누가 이르리라 하시거늘 나는 그 빛의 광채를 인하여 볼 수 없게 되었으므로 나와 함께 있는 사람들의 손에 끌려 다메섹에 들어갔노라'

이처럼 사도 바울이 분노한 예루살렘 군중들 앞에서 간증했습니다. 사도행전 26장 12-18절에서 사도 바울은 아그립바왕 앞에서도 동일한 간증을 했습니다

결 론

예수님의 부활은 확실한 것입니다. 사도행전 1장 3절에는 '고난 받으신 후에 또한 그들에게 확실한 많은 증거로 친히 살아계심을 나타내사 사십일 동안 그들에게 보이시며 하나님 나라의 일을 말씀하시니라' 고 기록되었습니다. 주님은 부활하신 후에 빨리 아버지께 가고 싶은 마음을 꾹 참고 40일 동안 세상에 계셨던 것은 사람들에게 자신의 부활을 확실히 증거하기 위해서라 하십니다. 많은 사람들에게 확실히 많은 증거로 자신의 살아나셨음을 친히 증거했다 했습니다. 삼중으로 주님의 부활을 강조하고 있습니다.

이 땅에 오신 예수 그리스도는 100% 신성과, 100% 인성을 가지신 하나님의 아들이십니다. 그리고 구약성경에 예언된 대로 내 죄를 용서하시기

위해 십자가에서 죽으시고 장사되셨다가 사흘 만에 나를 의롭다 하시기 위해서 죽은 자 가운데 살아나신 것입니다. 이 사실을 믿는 사람은 죄 사함을 받고 의롭다 하심을 받습니다. 예수 그리스도의 부활은 인류의 소망입니다. 부활이 없다면 우리가 사는게 무슨 의미가 있습니까? 돈, 지식, 출세와 같은 세상의 욕망은 별 의미가 없습니다. 그러나 그리스도 예수님께서 죽은 자 가운데 살아나심으로 죽음 후에 부활과 영생의 세계가 있다는 것을 확실히 보여주셨기 때문에 우리 인류에게 소망이 있는 것입니다.

부활은 승리입니다. 예수님은 부활을 통해서 마귀와의 싸움에서 승리하신 것이고, 사망의 권세를 깨뜨리신 것입니다. 거짓과의 싸움에서 진리의 승리이며, 미움과의 싸움에서 사랑의 승리이고, 사망과의 싸움에서 생명의 승리입니다. 그래서 사도바울은 고린도전서 15:55-58 부활장의 결론 부분에서 부활을 믿는 자들의 사망으로부터의 승리의 개가를 외치고 있는 것을 들어봅시다.

'사망아 너의 승리가 어디 있느냐 사망아 네가 쏘는 것이 어디 있느냐 56 사망이 쏘는 것은 죄요 죄의 권능은 율법이라 57 우리 주 예수 그리스도로 말미암아 우리에게 승리를 주시는 하나님께 감사하노니 58 그러므로 내 사랑하는 형제들아 견실하며 흔들리지 말고 항상 주의 일에 더욱 힘쓰는 자들이 되라 이는 너희 수고가 주 안에서 헛되지 않은 줄 앎이라'

부활을 믿는 사람은 인생을 승리합니다. 부활을 믿는 자들은 결코 자살하지 않습니다. 그러므로 비록 우리에게 질병, 고통, 가난이 있고, 마음속에 패배, 좌절, 절망의식 있으면 다 버리시고 부활의 승리의식을 가지고 사시기를 주님의 이름으로 축원합니다.

성도 부활의 확실성

고린도전서 15:12-20

'12그리스도께서 죽은 자 가운데서 다시 살아나셨다 전파되었거늘 너희 중에
서 어떤 사람들은 어찌하여 죽은 자 가운데서 부활이 없다 하느냐 13만일 죽
은 자의 부활이 없으면 그리스도도 다시 살아나지 못하셨으리라. 14그리스도
께서 만일 다시 살아나지 못하셨으면 우리가 전파하는 것도 헛것이요 또 너
희 믿음도 헛것이며 15또 우리가 하나님의 거짓 증인으로 발견되리니 우리가
하나님이 그리스도를 다시 살리셨다고 증언하였음이라 만일 죽은 자가 다시
살아나는 일이 없으면 하나님이 그리스도를 다시 살리지 아니하셨으리라. 16
만일 죽은 자가 다시 살아나는 일이 없으면 그리스도도 다시 살아나신 일이
없었을 터이요 17그리스도께서 다시 살아나신 일이 없으면 너희의 믿음도 헛
되고 너희가 여전히 죄 가운데 있을 것이요 18또한 그리스도 안에서 잠자는
자도 망하였으리니 19만일 그리스도 안에서 우리가 바라는 것이 다만 이 세
상의 삶뿐이면 모든 사람 가운데 우리가 더욱 불쌍한 자이리라. 20그러나 이
제 그리스도께서 죽은 자 가운데서 다시 살아나사 잠자는 자들의 첫 열매가
되셨도다.'

우리 본문 12절에서 바울사도는 주님의 부활을 4절 말씀에 이어 계속해
서 현재 완료시제로 표현하고 있습니다. 이것은 바울사도나 모든 사도들
이 주님의 부활을 과거에 있었던 한 사건으로 넘기지 않고, 주님의 부활이

지금도 우리 가운데 실제적으로 역사하고 있음을 전파하고 있습니다. 예수님의 부활은 예수께서 단지 어떤 역사적 시간 속에 얽매여 계신 분이 아니라 연연세세 영원한 시간 속에서 구세주가 되시는 분임을 증거 해주는 사건입니다. 주님은 어느 한 시대의 인물이 아니라 영원한 구세주가 되신 것을 말씀하는 것입니다. 그러므로 우리가 부활을 믿는 것은 우리의 신앙이 과거의 어떤 인물이나 사건을 회상하거나 기념하는 것이 아니라 오늘 우리 속에서 역사 하시고 경험되는 그 예수님을 믿는 것을 말씀하는 것입니다.

기독교의 신앙은 다른 종교에서 하듯이 죽은 자를 찬양하는 신앙이 아닙니다. 기독교의 신앙은 생명의 신앙입니다. 살아있는 신앙입니다. 오늘 여기 우리와 함께 계시는 예수님을 믿는 것이 기독교 신앙입니다. 내 곁에 계시고, 나를 아시고, 나를 사랑하시고, 나를 이해하시고, 나를 인도하시고, 나를 돌보시고, 나의 기도를 들으시며, 나의 고민을 아시며, 나의 아픔을 어루만지시며, 나의 부족을 채워 주시며, 나의 허물을 용서하시며, 나의 손을 잡아 주시며, 나의 주님이시며, 나의 하나님이심을 믿는 것이 부활의 믿음입니다.

또한 부활절이란 2000년 전에 거기서 다시 사신 주님을 기념하는 기념절이 아닙니다. 오늘도 여기 나의 삶 속에서 부활하신 주님을 믿는 것이 참 부활신앙입니다. 부활하시어서 오늘 내 삶 속에, 내 생활 속에, 나의 가정 속에, 나의 하는 일 가운데, 나의 미래 위에 살아 계신 주님을 찬미하고 찬양하는 것이 부활절의 의미입니다.

이전 장에서는 예수 그리스도의 부활의 확실성에 대해 말씀드렸습니다. 예수 믿고 죽은 자의 부활이 있을 것을 증명하기 위해 먼저 그리스도의 역사적 부활을 말했습니다. 예수 그리스도는 성경에서 예언한대로 부활하셨고, 그 당시까지도 예수님의 부활하신 몸을 직접 목격한 성도들이 태반이나 살아서 그의 부활을 증거하고 있으므로 예수님의 부활은 확실하다는 것입니다. 뿐만 아니라 교회를 박해하던 바울 자신이 부활하신 주님을 만남으로 회심한 것을 보더라도 예수님의 부활이 확실하다는 것입니다.

I. 그리스도 부활의 확실성과 성도 부활의 확실성

죽은 성도의 부활을 믿지 않으면 결국 그리스도의 부활을 부인하는 것이 됩니다. 바울 사도는 고린도교회 성도들에게 그리스도의 부활과 성도들의 부활을 가르쳐서 고린도교회 성도들이 부활신앙에 굳게 서 있었는데 바울 사도 후에 고린도교회에 거짓 교사들이 들어와 그리스도의 부활은 인정하지만 성도들이 죽었다가 부활하는 것은 믿을 수 없다고 가르침으로 말미암아 부활신앙에 대한 혼돈이 일어났습니다. 그래서 사도바울은 고린도교회의 이 문제를 해결해 주기 위해 고린도전서 15장을 기록한 것입니다.

그리스도의 부활은 믿으면서 그리스도인들, 즉 자신들이 믿다가 죽으면 부활할 것이라는 데 대해서는 못 믿겠다는 것입니다. 그래서 우리 본문 14절에서 만일 죽은 자의 부활이 없으면 그리스도도 다시 살지 못하셨을 것이라고 했습니다. 만약 성도들의 부활을 믿지 않으면 어떤 결과가 되겠습니까? 바울사도는 7가지로 진술하고 있습니다.

첫째로, 성도의 부활이 없으면 그리스도도 다시 살지 못하셨으리라(13절)

왜 그리스도께서 이 세상에 인간의 몸으로 오셨습니까? 예수님은 우리의 죄를 담당하기 위해 죽으려 오셨고, 우리를 의롭게 하시기 위해서 부활하셨습니다. 우리를 의롭게 하기 위한 것은 우리를 하나님께로 데려가기 위해서 입니다. 하나님께로 데려가기 위해서는 우리가 부활해야 합니다. 예수님께서 말씀하시기를 나는 부활이요 생명이니 나를 믿는 자는 죽어도 살겠고 무릇 살아서 나를 믿는 자는 영원히 죽지 아니하리라 했습니다. 예수님이 부활이요 영생이라 하신 것은 예수님 자신이 죽으셨다가 부활하실 것을 말합니다. 부활하신 그 예수님을 믿은 성도들도 부활한다는 말씀입니다. 예수님이 부활하신 것은 성도들을 부활시키기 위해서 입니다. 예수님의 부활 속에 성도들의 부활이 포함되어 있습니다. 그러므로 예수님의 부활을 믿으면 성도들의 부활도 있다는 것을 믿어야 합니다. 이 말은 성도들의 부활을 믿지 않으면 예수님의 부활도 믿지 않는다는 것입니다. 만약 그리스도의 부활을 믿지 않는 것은 부활이 있다고 하는 성경도 믿지 않는 것이기에 결과적으로는 하나님을 믿지 않는 것입니다. 하나님도 믿지 않고 성경도 믿지 않기에 이 사람은 구원을 받지 못한 자입니다.

둘째로, 사도들이나 복음 전하는 자들의 복음전파도 헛것이라(14절)

사도들이 전한 복음의 내용이 무엇입니까?

사도행전 3:15, '생명의 주를 죽였도다. 그러나 하나님이 죽은 자 가운데서 살리셨으니 우리가 이 일에 증인이로다'

사도행전 4:2, 제사장들과 사두개인들이 사도들이 백성들에게 예수가 죽은 자 가운데서 부활 하는 도 전함을 싫어했다고 했습니다. 사도행전 5:30, '너희가 나무에 달아 죽인 예수를 우리 조상의 하나님이 살리시고'

사도행전 23:6, '바울이 그 한 부분은 사두개인이요 한 부분은 바리새인인 줄 알고 공회에서 외쳐 가로되 여러분 형제들아 나는 바리새인이요 또 바리새인의 아들이라 죽은 자의 소망 곧 부활을 인하여 내가 심문을 받노라'

이렇게 예수님의 제자들과 바울 사도가 예수 그리스도의 부활을 증거했는데 이들의 복음전파가 다 헛것이란 말입니다. 예수님의 부활이 성도들의 부활인데 성도들의 부활을 믿지 않으면 예수님의 부활도 믿지 않은 것이니 사도들이나 복음전하는 자들의 복음전파가 헛것이란 말입니다.

셋째로 14절 하반절에 믿음도 헛것이라

14절에서 성도들의 부활을 믿지 않으면 사도들이 전파하는 것도 헛것이요 우리들의 믿음도 헛것이란 말입니다. 우리가 믿습니다. 믿습니다라고 하는데 무엇을 믿는다는 말입니까? 예수님을 믿습니다. 이 세상에 예수라는 이름을 가진 사람들이 많이 있는데 어떤 예수를 믿습니까? 우리가 믿는 예수님은 하나님의 아들이시요, 이 세상에 사람의 몸으로 오셨는데 완전한 사람이시요 완전한 하나님으로 사셨다가 우리의 죄를 담당하기 위해 십자가에 죽으셨고 사흘 만에 살아나신 그 예수님을 믿습니다. 만약 성도들의 부활이 없다면 예수님이 이세상에 오실 필요도 없었고, 우리를 위해 죽을 필요도 없었고 부활하실 필요도 없었습니다. 성도의 부활이 없으면 예수님도 부활하지 않았고 예수님이 부활하지 않았으면 예수님의 십자가에 죽으신 것도 믿을 수 없고 그렇다면 우리가 죄사함 받은 것도 믿을 수 없습니다. 그러므로 사도들이 예수님의 부활을 전파했는데 그 전파한 복음을 받아 우리가 그 예수님을 믿게 되었는데 이것들이 다 헛것 이 되고 마는 것입니다. 예수님의 죽음, 부활, 그리고 재림이 복음의 핵심인데 성도들의 부활을 믿지 않는 것은 그리스도의 부활도 믿지 않는 것이요 그 결과는 우리가 믿는 모든 것이 다 헛것이란 말입니다.

넷째로, 복음을 전하는 사도들이나 복음 전하는 자들이 하나님의 거짓 증인으로 발견된다(15절)

왜냐하면 사도들이 하나님께서 예수 그리스도를 다시 살리셨다고 복음 전파를 했습니다. 그런데 성도들의 부활을 부인하는 것은 그리스도의 부활을 부인하는 것이기에 하나님이 그리스도를 살리셨다고 복음을 전파한 자들이 거짓을 전한 결과가 되기 때문입니다. 그래서 하나님이 거짓이요, 하나님의 말씀이 거짓이요, 하나님을 거짓 하나님으로 증거한 결과가 되기 때문에 성도들의 부활을 믿지 않을 수 없는 것입니다.

다섯째로, 만일 죽은 자가 다시 살지 않으면 너희가 여전히 죄 가운데 있을 것이라(17절)

왜 죄 가운데 있습니까? 죽은 자가 다시 살지 않으면 그리스도도 다시 살지 못했을 것입니다. 그리스도가 죽은 것은 성도들의 죄를 속량하시기 위해서인데 그리스도께서 다시 살지 못했으므로 그리스도가 우리를 위해 죽으신 것이 아니고 자신의 죄 때문에 죽었다가 다시 살지 못한 결과가 됩니다. 예수가 그리스도가 아닌 것입니다. 그리스도이시면 죽었다가 다시 살아나셔야 하고 다시 살아나신다면 그는 우리의 죄를 속량했다는 증거가 되는 것입니다. 그러므로 그리스도는 다시 살아나셔야 하고 그리스도께서 다시 살아나신 것은 우리의 죄를 속량하셨고 우리가 죄를 용서받음으로 영생을 가졌으므로 우리도 다시 살아나야 하는 것입니다.

예를 들어 어떤 사람이 사자굴에 들어갔다고 생각해봅시다. "내가 사자굴에 들어가면 사자를 때려잡고 3일 만에 사자 시체를 메고 걸어서 나올 것입니다"라고 말했던 사람이 3일이 지나도, 1년이 지나도 아무 소식도 없다면 그 사람은 어떻게 된 것입니까? 그저 사자 먹이 노릇을 하고 만 것입니다. 그러나 그 사람이 3일 만에 사자 시체를 걸쳐 메고 걸어 나온다면 우리는 그 사람의 말이 진실이었다는 사실을 믿어야 합니다. 예수님께서 십자가에 죽으시면서 "내가 너희 죄 값을 갚기 위해서 죽는다. 그러나 죽은 자 가운데서 3일 만에 살아날 것이다"고 말씀하셨습니다. 그리고 약속하신대로 3일 만에 예수님은 살아나셨습니다. 그러므로 우리의 죄는 사함받고 하나님께서 예수 그리스도의 말씀을 인준하신 줄로 믿으시기를 주님의 이름으로 축원합니다.

여섯째로, 그리스도 안에서 잠자는 자도 망하였으리라(18절)

그리스도 안에서 잠자는 자란 예수 믿고 구원 받은 후에 죽은 자를 말합니다. 그러나 부활이 있기 때문에 그리스도 안에서 먼저 죽은 성도들은 망하지 않고 그리스도께서 부활하신 것처럼 죽은 자 가운데서 다시 살아나서 생명의 부활에 참여할 것입니다. 우리는 죽어도 다시 삽니다. 그리스도인들 중에 그리스도인이었기 때문에 이 세상 살면서 모든 권리와 삶을 포기한 자들이 수백만 수천만이요 수억이었습니다. 그들은 산속과 토굴에서 대대로 숨어 살다가 죽었고, 불로 태워 죽임을 당했고, 칼로 베임을 당했고, 낭뜨러지에서 떨어져 죽었고, 총에 죽임을 당했습니다. 짐승의 밥이 되었고, 갖은 수모와 수치를 당하기도 했습니다. 짐승보다 못한 삶을 살면서 그런 박해를 감당한 것은 부활신앙이 있었기 때문입니다. 지금도 세계 전역에서 부활신앙을 의지하고 온갖 박해와 핍박을 받으며 사는 자들이 수백만, 수천만이나 됩니다.

제가 로마황제 시대에 박해 받던 성도들의 순교사에 관한 책을 읽었는데, 콜로세움에 수만 명의 군경꾼들이 둘러싸인 가운데 굶주린 사자들이 한 무리의 그리스도인들을 향해 달려옵니다. 그 때에 한 어린 딸이 '엄마, 무서워' 했습니다. 그 엄마가 어린 딸을 달래기를 '조금만 참으라, 그러면 우리는 천국에서 예수님을 만나게 된단다' 하고 위로했다고 합니다. 이들이 이 세상에서 가장 비참함을 당한 것은 천국에서는 누릴 영원한 복락을 사모했기 때문입니다. 부활 시에는 우리가 누릴 영광이 모두 다르다고 했습니다. 해와 달의 영광이 다르고 별과 별의 영광이 다르듯이 부활할 때의 영광은 모두 다릅니다. 이 땅에서 하나님을 위해 수고하고 애쓰고 헌신한 사람들은 부활시에 큰 영광을 얻게 될 것입니다. 그러나 이 땅에서 그리스도 일에 아무런 관심도 보이지 않은 사람은 부활을 할지는 몰라도 그 영광은 미미할 것입니다. 그러므로 썩어 없어질 이 땅의 영광을 위해 살지 말고 영원한 영광을 인생의 목표로 삼고 사는 여러분들이 되시기를 주님의 이름으로 축원합니다.

일곱째로, 만일 그리스도 안에서 우리의 바라는 것이 다만 이생 뿐이면 모든 사람 가운데 우리가 더욱 불쌍한 자라(19절)

어섯째는 예수 믿고 죽은 자들에 대한 말씀이라면, 일곱째는 살아 있는 성도들에게 주시는 말씀입니다. 성도의 부활이 없으면 왜 우리가 불쌍합니까? 예수님을 믿지 않는 자들은 죽으면 그만이라 생각하고 이 세상에서 사는 동안 온갖 죄의 생활과 방탕과 탐욕과 불의와 향락을 즐기며, 소원이 없을 정도로 살다가 죽어갑니다. 그런데 예수 믿는 자들은 하나님의 뜻대로 살려고, 경건 하게 살려고, 믿음생활 잘 하려고 새벽예배, 주일예배, 수요예배, 금요예배를 드립니다. 세금도 두 군데나 냅니다. 지상 나라에 세금 내고, 하나님이 나라에 십일조와 헌물로 냅니다. 우리가 예배드리는 그 시간에 불신자들은 온갖 향락을 즐기며 누리는데, 만약 부활이 없다면, 천국이 없다면, 지옥이 없다면, 예수 믿는 것같이 억울한 일은 없을 것입니다. 만약 부활이 없다면 우리는 참으로 헛되고 어리석은 짓을 하는 것입니다.

그런데 부활이 있다면 지금 밖에 나가서 노는 사람들이 불쌍한 사람들입니다. 주일예배는 나가서 노는 시간이 아닙니다. 만약 부활이 없다면 이 아까운 시간에 앉아서 예배드리고, 헌금 드리고, 찬송 드리는 일이 헛되지만, 부활이 있기 때문에 우리의 수고는 헛되지 않습니다. 부활 시에 하나님께서 영광으로 갚아주십니다. 우리의 헌금은 헛되지 않습니다. 좀과 동록이 해하지 못하는 하늘의 창고에 쌓이기 때문입니다. 우리가 하나님께 예배드리고 헌신하며 봉사하고 교회를 세우는 모든 노력들은 결코 헛된 것이 아닙니다. 그것은 우리 모두에게 영광이 되기 때문입니다. 이처럼 우리의 인생과 우리의 모든 수고는 부활로 말미암아 의미를 갖게 되는 것입니다. 그러므로 부활장인 고린도전서 15장은 58절의 말씀으로 결론을 맺고 있습니다.

"그러므로 내 사랑하는 형제들아 견고하며 흔들리지 말며 항상 주의 일에 더욱 힘쓰는 자들이 되라 이는 너희 수고가 주 안에서 헛되지 않은 줄을 앎이니라"

누가복음 16:19-31에서 거지 나사로와 홍포부자에 대해 말씀하셨는데 홍포부자는 이 세상에서 최상의 호화찬란한 삶을 가졌고 나사로는 이 세상에서 가장 비참한 삶을 살았지만 저 세상에서 홍포부자는 지옥불에서 영원한 형벌을 받고 나사로는 낙원에서 영원한 복락의 삶을 살게 된 것을 우리는 압니다. 부활이 있기 때문에 우리의 인생의 모든 수고가 의미를 갖게 되는 것이고, 영혼이 의미를 갖게 되는 것이며, 하나님의 상급을 기대할 수 있다는 사실을 믿으시기를 주님의 이름으로 축원합니다.

Ⅱ. 그리스도께서 부활의 첫 열매라고 합니다(고린도전서 15:20)

첫 열매가 무엇입니까? 제가 몇 년 전에 집 앞에 사과 나무를 심었습니다. 사과나무 묘목을 심은 지 3년 만에 그 나무에 사과 한 개가 열렸습니다. 그 사과의 껍질 색깔이 붉었고 그 맛은 상큼달콤 하고 바삭바삭했습니다. 그 다음 해에 열린 사과 색깔은 무슨 색이겠습니까? 맛은 어떤 맛이겠습니까? 사과 살은 어떻겠습니까? 과일 나무의 첫 열매를 보고 먹으면 그 다음 해 이후에 열릴 과일들에 대한 성격을 완전히 파악할 수 있습니다. 예수님이 부활의 첫 열매가 되었다는 것은 예수님의 부활하신 몸이 어떻다는 것을 성경에서 보여주는 그대로 우리도 부활하면 예수님이 부활하신 몸과 같이 된다는 것입니다. 예수님이 부활하신 후 이 세상에 40일 동안 계시면서 당신의 부활의 몸을 알려 주시려고 얼마나 애썼는지 모릅니다.

> 빌립보서 3:21, '그는 만물을 자기에게 복종하게 하실 수 있는 자의 역사로 우리의 낮은 몸을 자기 영광의 몸의 형체와 같이 변하게 하시리라'

예수님의 부활한 몸은 시간과 공간을 초월했습니다. 누가복음 24:36
예수님의 부활한 몸은 살과 뼈가 있습니다. 누가복음 24:38, 39, 40
예수님의 부활한 몸은 음식물을 먹습니다. 누가복음 24:41-42
부활의 첫 열매이신 부활하신 주님의 몸과 같이 우리도 부활하면 시간과 공간을 초월할 것이요, 살과 뼈가 있을 것이요, 음식물도 먹을 수 있을 것입니다.

Resurrection

부활이 일어나는 순서

고린도전 15:21-28

'21사망이 한 사람으로 말미암았으니 죽은 자의 부활도 한 사람으로 말미암는
도다. 22아담 안에서 모든 사람이 죽은 것 같이 그리스도 안에서 모든 사람이
삶을 얻으리라. 23그러나 각각 자기 차례대로 되리니 먼저는 첫 열매인 그리
스도요 다음에는 그가 강림하실 때에 그리스도에게 속한 자요 24그 후에는
마지막이니 그가 모든 통치와 모든 권세와 능력을 멸하시고 나라를 아버지 하
나님께 바칠 때라. 25그가 모든 원수를 그 발 아래에 둘 때까지 반드시 왕 노
릇 하시리니 26 맨 나중에 멸망 받을 원수는 사망이니라. 27만물을 그의 발
아래에 두셨다 하셨으니 만물을 아래에 둔다 말씀하실 때에 만물을 그의 아래
에 두신 이가 그 중에 들지 아니한 것이 분명하도다. 28만물을 그에게 복종하
게 하실 때에는 아들 자신도 그 때에 만물을 자기에게 복종하게 하신 이에게
복종하게 되리니 이는 하나님이 만유의 주로서 만유 안에 계시려 하심이라.'

우리는 고린도전서 15장에서, 예수 그리스도의 부활과 성도들의 부활
의 확실성에 대해서 알아보았습니다. 이제 부활이 일어나는 순서에 대해
서 말씀드리겠습니다. 창세기 3:15에서 아담이 범죄함으로 온 인류가 죄
아래 속하게 되었고, 죄의 값은 사망이란 법에 의해 전 인류가 사망의 권
세 아래 속하게 되었습니다. 그러나 예수 그리스도의 부활로 예수를 믿는

자들은 예수 안에서 부활하게 됩니다. 그렇다면 부활의 순서가 어떻게 되느냐 하는 문제입니다.

첫째로 부활의 순서

1) 예수 그리스도의 부활이 부활의 첫 열매라고 했습니다

본문 20, 23절에서, '그러나 각각 차례대로 되리니 먼저는 첫 열매인 그리스도요' 했습니다. 그리스도의 부활이 부활의 첫 열매라는 말은 모든 부활의 원형이 예수 그리스도의 부활이란 말입니다. 예수님의 부활이 제일 먼저라는 것입니다. 예수님이 이 땅에 오셔서 죽으시고 부활하신 그 전이나 후와 그리고 예수 그리스도의 공중강림 전에 일어난 부활은 참 부활이 아니라는 것입니다. 신구약 성경에 보면 죽었다가 살아난 사람들이 많이 있습니다. 구약의 경우는 열왕기상 17:18-22에서 엘리야 선지자가 사르밧 과부의 아들을 살린 경우이며, 열왕기하 4:33-35에서 엘리사 선지자가 수넴 여인의 외아들을 살린 경우가 있습니다.

신약 성경에서는 예수님이 회당장 야이로의 딸을 살렸고, 나인성 과부의 아들을 살리셨으며, 나사로를 살리셨습니다. 그리고 예수님이 십자가에 달리실 때에 정오에 온 세상에 어둠이 시작 될 때에 지진이 일어나고 무덤에 있던 자들이 살아나 예수님이 부활하시는 날에 무덤 굴에서 나왔다고 합니다. 제자 베드로는 욥바의 도르가 여인을 살렸고, 바울 사도는 졸다가 삼층 창문에서 떨어져 죽은 유두고 청년을 살렸습니다. 그러나 이런 죽었다가 살아난 경우는 참 부활이 아닙니다. 죽었다가 살아나 목숨을 잠시 연장받았지만 다시 죽습니다. 이런 것들은 부활이라고 말할 수 없지만 죽었다가 살아났다는 의미에서 부활이라고 한다면 이것은 임시적 부활이요, 일시적 부활인 것입니다. 예수님의 부활과 같은 부활이 아닙니다. 주님의 부활은 영원히 죽지 않고, 늙지 않으며, 살과 뼈가 있으면서 시간과 공간을 초월하는 신령체, 그러면서 음식물을 먹는 부활체를 말합니다. 이것은 빌립보서 3:20, 21절에서 보여주는 부활입니다.

> '그러나 우리의 시민권은 하늘에 있는지라 거기로부터 구원하는 자 곧 주 예수 그리스도를 기다리노니 그는 만물을 자기에게 복종하게 하실 수 있는 자의 역사로 우리의 낮은 몸을 자기 영광의 몸의 형체와 같이 변하게 하시리라'

2) 부활의 두 번째 순서

23절 하반절에서, '다음에는 그리스도 강림하실 때에 그에게 속한 자'라 했습니다. 그리스도께서 강림하실 때가 언제입니까? 예수님이 강림하실 때는 데살로니가전서 4:13-18절에 있습니다.

> '형제들아 자는 자들에 관하여는 너희가 알지 못함을 우리가 원하지 아니하노니 이는 소망 없는 다른 이와 같이 슬퍼하지 않게 하려 함이라. 우리가 예수께서 죽으셨다가 다시 살아나심을 믿을진대 이와 같이 예수 안에서 자는 자들도 하나님이 저와 함께 데리고 오시리라. 우리가 주의 말씀으로 너희에게 이것을 말하노니 주께서 강림하실 때까지 우리 살아 남아 있는 자도 자는 자보다 결코 앞서지 못하리라. 주께서 호령과 천사장의 소리와 하나님의 나팔 소리로 친히 하늘로부터 강림 하시니 그리스도 안에서 죽은 자들이 먼저 일어나고 그 후에 우리 살아 남은 자들도 그들과 함께 구름 속으로 끌어 올려 공중에서 주를 영접하게 하시리니 그리하여 우리가 항상 주와 함께 있으리라'.

'예수님이 강림하실 때에 그에게 속한 자'라 했는데 그에게 속한 자가 누구입니까? 이것이 데살로니가전서 4:14절에 있습니다. '이와 같이 예수 안에서 자는 자들도 하나님이 저와 함께 데리고 오시리라'에서 '예수 안에서 자는 자들'이 예수님이 강림하실 때에 그에게 속한 자들입니다. 그러면 예수 안에서 자는 자들이 누구입니까? 예수 믿고 죽어 시체는 땅에 묻히고 그 영혼은 천국에 있다가 하나님이 예수 그리스도를 공중강림 하게 하실 때에 그 영혼들을 데리고 강림하게 하셔서 땅의 시체들을 부활하게 하시고 천국에서 데리고 온 영혼들을 그 시체 속으로 들어가게 하심으로 완전한 부활, 영원한 부활을 하게 합니다. 빌립보서 3:21절의 말씀처럼 부활 하게 하시는 것입니다. 이 부활을 하는 자들이 고린도전서 15:23의 '그리스도 강림하실 때에 그에게 속한 자'인 것입니다. 이들이 예수님 다음으로 부활하는 자들입니다.

또한 요한계시록 20:4-5절에서 말하는 부활인 것입니다.

'또 내가 보좌들을 보니 거기 앉은 자들이 있어 심판하는 권세를 받았더라. 또 내가 보니 예수를 증거함과 하나님의 말씀 때문에 목 베임을 당한 자들의 영혼들과 또 짐승과 그의 우상에게 경배하지 아니하고 그들의 이마와 손에 그의 표를 받지 아니한 자들이 살아서(부활해서) 그리스도와 더불어 천 년 동안 왕 노릇하니 그 나머지 죽은 자들은 그 천 년이 차기까지 살지 못하더라 이는 첫째 부활이라 이 첫째 부활에 참여 하는 자들은 복이 있고 거룩하도다. 둘째 사망이 그들을 다스리는 권세가 없고 도리어 그들이 하나님과 그리스도의 제사장이 되어 천 년 동안 그리스도와 더불어 왕 노릇하리라'

3) 세 번째 부활 순서

우리 본문에서 '그 후에는 마지막이니' 했습니다. 여기서 그 후는 천년왕국이 지난 후를 말합니다. 계시록 20:4-5의 '..... 그 나머지 죽은 자들은 그 천 년이 차기까지 살지 못하더라....'의 말씀에 해당하는 사람들을 말합니다. 천년왕국이 지난 후의 백보좌 심판대 앞에서 심판받기 위해 부활 하는 불신자들의 부활입니다. '그 후의' 부활은 별 볼 일 없는 부활입니다. 악한 자들이 심판을 받기 위한 부활인 것입니다. 차라리 부활하지 않았으면 좋겠지만 심판의 부활은 반드시 있습니다. 불신자들이 죽기 전에 하는 말들이 죽으면 그만인데 무슨 천국, 지옥이 있단 말이냐 하면서 우리가 전하는 복음을 듣지 않습니다. 그러나 성경 히브리서 9:27에서, '한번 죽는 것은 사람에게 정하신 것이요 그 후에는 심판이 있으리라' 하셨습니다. 히브리서 9:27의 '그 후에는'과 우리 본문의 '그 후에는'이 같은 시기의 사건입니다' 그 후에는 마지막이니'란 말은 부활이란 말을 사용 하지 않고 그냥 '마지막'이라 표현했습니다. 그냥 별로 중요하지 않은 부활이란 것입니다. 요한복음 5:29절에서, '선한 일을 행한 자는 생명의 부활로 악한 일을 행한 자는 심판의 부활로 나오리라' 했습니다.

또한 요한계시록 20:12-14절에서 말하는 부활입니다.

> '또 내가 보니 죽은 자들이 큰 자나 작은 자나 그 보좌 앞에 서 있는데 책들이 펴 있고 또 다른 책이 펴졌으니 곧 생명책이라 죽은 자들이 자기 행위를 따라 책들에 기록된 대로 심판을 받으니 바다가 그 가운데서 죽은 자들을 내주고 또 사망과 음부도 그 가운데에서 죽은 자들을 내주매 각 사람이 자기의 행위대로 심판을 받고 사망과 음부도 불못에 던져지니 이것은 둘째 사망 곧 불못이라.'

둘째로 악한 자들의 심판과 그 후의 영원세계

부활에도 순서가 있듯이 악한 자들이 처벌받아 불못에 들어가는 것도 순서가 있습니다. 성경에는 악한 자들을 어떻게 심판하는가를 잘 보여 줍니다.

> 먼저 본문 24절 말씀에서, '그 후에는 마지막이니 그가 모든 통치와 모든 권세와 능력을 멸하시고 나라를 아버지 하나님께 바칠 때라 '그가 모든 원수를 그 발 아래에 둘 때까지 반드시 왕노릇하시리니 맨 나중에 멸망 받을 원수는 사망이니라'

이 말씀에서 '그가'는 예수 그리스도이시고 '모든 통치와 모든 권세와 능력을 멸하시고'는 마귀 사탄왕국의 권력 서열들입니다. 그리고 사람들 중에서는 적그리스도와 거짓 선지자들입니다. 원수들을 어떻게 멸하십니까? 원수들을 멸하는데도 순서가 있습니다.

첫 번째로 불못에 던져지는 자들은 적그리스도와 거짓 선지자들입니다

이들은 계시록 19:19절에서 그 마지막을 보여 줍니다. 계시록 19:19절은 아마겟돈전쟁의 결과를 보여줍니다.

> '또 내가 보매 그 짐승과 땅의 임금들과 그들의 군대들이 모여 그 말 탄 자와 그의 군대와 더불어 전쟁을 일으키다가 짐승이 잡히고 그 앞에서 표적을 행하던 거짓 선지자도 함께 잡혔으니 이는 짐승의 표를 받고 그의 우상에게 경배하던 자들을 이적으로 미혹하던 자라 이 둘이 산채로 유황 불 붙는 못에 던져지고'

유황불 못은 최종 감옥입니다. 이 곳에 들어 가는 것을 두고 둘 째 사망이라 했는데 하나님과 영원히 분리되는 것을 말합니다. 이 유황불에 제일 먼저 들어가는 자들이 적그리스도와 거짓 선지자들인데 이들이 산채로 악의 부활체로 변화되어 유황불 못에 들어갑니다. 타락한 천사들은 심판 없이 불못에 던져 넣는데, 사람들은 심판한 후에 불못에 넣습니다. 하나님께서 인간인 적그리스도와 거짓 선지자는 심판도 받지 않고 불못에 던져 넣는 것을 볼 때에 이들에게 얼마나 분노했는가를 알 수 있습니다. 산채로 불못에 던져진다고 했는데 이것은 주님이 공중강림하실 때에 살아 있는 자들이 순식간에 몸이 변하여 신령체가 되어 휴거되듯이, 불못에 던지울 때도 산채로 변화되어 영체가 되어 불못에 던지웁니다. 죽지 않는 영체로 되어 지옥불의 영원한 형벌을 받게 됩니다.

두 번째로 불못에 던져지는 자는 사탄과 그 졸개들입니다.

마태복음 25: 41, '또 왼편에 있는 자들에게 이르시되 저주를 받은 자들아 나를 떠나 마귀와 그 사자들을 위하여 예비된 영원한 불에 들어가라'는 말씀에서 사탄과 그 졸개들이 함께 불못에 떨어집니다. 계시록 20:10에서 사탄이라고만 표현했지만 실제로는 사탄에게 속한 모든 마귀들을 다 포함합니다. 사탄왕국의 모든 통치자들과 권세와 어둠의 세상 주관자들과 하늘에 있는 악의 영들을(엡 6:12) 다 포함합니다. 아마겟돈 전쟁이 끝난 후에 사탄과 그 졸개들은 불못이 아니라 무저갱에 천 년 동안 갇힙니다. 왜냐하면 하나님께서 사탄을 한번 더 사용하기 위해서 입니다.

천년왕국이 끝날 무렵에 사탄과 그 졸개들을 풀어 놓아 천년왕국에 살고 있던 자들을 미혹하게 해서 곡과 마곡 전쟁을 일으키게 해서 그곳에서 하나님은 또 하나님의 사람들을 골라 내고 사탄은 최후의 감옥인, 자기 졸개들인 적그리스도와 거짓 선지자가 갇힌 불못 속으로 들어 갑니다(계 20:10).

'또 그들을 미혹하는 마귀가 불과 유황못에 던져지니 거기는 그 짐승과 거짓 선지자도 있어 세세토록 밤낮 괴로움을 받으리라'

사탄과 그 사자들은 백보좌 심판 전에 불못으로 들어 갑니다. 사탄과 그 무리들에게는 하나님의 긍휼이 없습니다. 적그리스도와 거짓 선지자도 함께 불못의 가장 최악의 장소에 갇힙니다. 그 이유는 백보좌 심판을 받지 않고 불못에 들어가기 때문입니다. 심판을 받는다는 것은 죄의 경중을 따라 감옥에 가두는 것입니다. 하나님께서 가볍다고 판단되는 죄에 속한 자들은 불못에서도 차별이 있는 것 같습니다.

세 번째는 무저갱에 갇힌 범죄한 천사들

사탄과 함께 타락한 천사들은 사탄과 함께 지금 세상에서 활동하고 있는데 일부 타락한 천사들은 무저갱에 갇혀 있는 것을 봅니다. 이 갇혀 있는 천사들을 베드로후서 2:4에서는 범죄한 천사라고 표현하며 유다서 6절에서는 자기 처소를 떠난 천사들이라고 말합니다. 이 천사들은 창세기 6장의 노아홍수 사건에 가담한 타락한 천사들임을 알 수 있습니다. 이들은 백보좌 심판 때까지 무저갱에 갇혀 있다가 백보좌 심판 때에 끌려나와 심판을 받고 불못으로 떨어집니다. 베드로후서 2:4과 유다서 6절의 전후 문맥이 창세기 6장과 연결하고 있기 때문입니다.

베드로후서 2:4, '하나님이 범죄한 천사들을 용서하지 아니하시고 지옥에 던져 어두운 구덩이에 두어 심판 때까지 지키게 하셨으며,'

유다서6절, '또 자기 지위를 지키지 아니하고 자기 처소를 떠난 천사 들을 큰 날의 심판까지 영원한 결박으로 흑암에 가두셨으며'

네 번째로 불못에 던져지는 자들은 일반 불신자들입니다.

계시록 20:12-13에서 백보좌 심판대에 서기 위해 심판의 부활을 하는 자들입니다. 이들은 행위의 책에 따라 심판 받고 불못에 던져집니다. 불못에도 영벌의 차이가 있는 것 같습니다. 이 세상에서 죄인들이 심판을 받는 것은 죄의 경중을 따지기 위해서 입니다. 재판의 결과로 어떤 자는 징역 5년, 10년, 종신형, 혹은 사형을 받듯이 불못에서도 형벌의 차이가 있는 것 같습니다. 적그리스도, 거짓 선지자, 그리고 사탄은 재판도 받지 않고 불못에 던져지는 것을 볼 때에 불못에 서도 가장 고통스러운 긍휼 없는 형벌을 받으면서 영원토록 고통을 받게 될 것입니다.

> 마태복음 25:41, '... 저주를 받은 자들아 나를 떠나 마귀와 그 사자들을 위하여 예비된 영영한 불에 들어가리라.'

> 계시록 20:15, '누구든지 생명책에 기록되지 못한 자는 불못에 던져지리라.'

마지막으로 불못에 던지우는 것은 사망입니다

> 고린도전서 15:25, '...맨 나중에 멸망 받을 원수는 사망이니라.'

> 계시록 20:14, '사망과 음부도 불못에 던져지니 이것은 둘째 사망이라.

'사망'은 인간이 범죄한 결과인 동시에 생명과 정반대되는 것입니다. 이것은 모든 피조물의 부패와 죄의 권능이 형상화된 하나의 상 징입니다. 사망은 모든 죄악과 그 세력을 총체적으로 나타내는 상징입니다. 비인격적인 개념에 불과한 사망을 인격적인 것으로 의인화 하되, 사망이 멸망한다는 것은 악의 세력은 멸망 하고야 만다는 극단적인 표현입니다. 죄를 근거로 인간을 협박하고 정죄하며 속박하던 사망은 그리스도의 재림과 그로 말미암은 성도들의 부활로 더 이상 권세를 행사하지 못하고 끝내는 악의 세력과 함께 멸망하고 말 것입니다. 사망이 불못에 들어갔으므로 영원세계인 천국에는 사탄도 없고 죄도 없고 사망도 없습니다. 창세기의 에덴동산의 시기에는 마귀가 있었기에 아담이 죄를 지을 수도 있었지만 천국에서는 마귀도, 죄도 없음으로 죄의 유혹을 받지 않고 영원한 복락의 삶을 살게 될 것입니다.

결론

> 본문 말씀 고린도전서 15:25~28 '그가 모든 통치와 모든 권세와 능력을 멸하시고 나라를 아버지 하나님께 바칠 때라 저가 모든 원수를 그 발 아래 둘 때까지 반드시 왕 노릇하시리니' '만물을 그의 발 아래에 두셨다 하셨으니 만물을 아래 둔다 말씀하실 때에는 만물을 저의 아래 두신 이가 그 중에 들지 아니한 것이 분명하도다. 만물을 그에게 복종하게 하실 때에 아들 자신도 그 때에 만물을 자기에게 복종하게 하신 이에게 복종케 되리니 이는 하나님이 만유의 주로서 만유 안에 계시려 하심이라'

본래 삼위일체 하나님은 영원세계에 사시다가 인간을 창조하시고 인간 중에 하나님의 말씀을 순종하고 믿는 자들을 골라 하나님의 영원한 아들로 삼으시기 위해 인류 구속 사역을 하시기로 하셨습니다. 그 일을 위한 과정에서 역할 분담을 하셨는데 성자는 아들 역할을 맡으시고 인간의 몸으로 시간세계에 오셨다가 십자가에서 죽으심으로 그 역할을 성공적으로 수행하시면서 다 이루었다고 말씀하신 것입니다. 그리고 승천하신 후에 재림하셔서 악한 마귀와 사악한 모든 인간들을 심판하시고 불못에 다 집어넣으심으로 시간세계의 일이 끝나게 됩니다.

성자 하나님은 시간세계에서 인간구속의 사역을 하는 동안에 지구와 온 우주의 왕 노릇을 하시다가(25절) 이제 많은 아들들을 데리고 영원세계로 들어가실 때는 그 왕권을 성부 하나님께 바칩니다. 그리스도는 성자 하나님으로서 본질상으로나 능력에 있어서 성부 하나님과 동등하나, 인류를 구원하시기 위해 맡으신 성자 하나님 역할로서 성부 하나님께 복종하신 것입니다. 이제 시간세계에서 영원세계로 들어가는 과정에서 성자의 중보적 역할을 끝내고 삼위일체 하나님의 직접적 통치가 시행되는 것입니다.

28절 하반절에서, '이는 하나님이 만유의 주로서 만유 안에 계시려 하심이라' 삼위일체 하나님은 영원세계로 들어가셔서 본래의 모습대로 온전하게 되어 창조주와 피조물이 하나가 되는 절대 상태의 영원세계에 이르게 되는 것을 말합니다.

Resurrection

부활의 몸 상태

고린도전서 15:35-49

'35누가 묻기를 죽은 자들이 어떻게 다시 살아나며 어떠한 몸으로 오느냐 하리니 36어리석은 자여 네가 뿌리는 씨가 죽지 않으면 살아나지 못하겠고 37또 네가 뿌리는 것은 장래의 형체를 뿌리는 것이 아니요 다만 밀이나 다른 것의 알맹이 뿐이로되 38하나님이 그 뜻대로 그에게 형체를 주시되 각 종자에게 그 형체를 주시느니라. 39육체는 다 같은 육체가 아니니 하나는 사람의 육체요 하나는 짐승의 육체요 하나는 새의 육체요 하나는 물고기의 육체라. 40하늘에 속한 형체도 있고 땅에 속한 형체도 있으나 하늘에 속한 것의 영광이 따로 있고 땅에 속한 것의 영광이 따로 있으니 41해의 영광이 다르고 달의 영광이 다르며 별의 영광도 다른데 별과 별의 영광이 다르도다. 42죽은 자의 부활도 그와 같으니 썩을 것으로 심고 썩지 아니할 것으로 다시 살아나며 43욕된 것으로 심고 영광스러운 것으로 다시 살아나며 약한 것으로 심고 강한 것으로 다시 살아나며 44육의 몸으로 심고 신령한 몸으로 다시 살아나나니 육의 몸이 있은즉 또 영의 몸도 있느니라 45기록된 바 첫 사람 아담은 생령이 되었다 함과 같이 마지막 아담은 살려 주는 영이 되었나니 46그러나 먼저는 신령한 사람이 아니요 육의 사람이요 그 다음에 신령한 사람이니라. 47첫 사람은 땅에서 났으니 흙에 속한 자이거니와 둘째 사람은 하늘에서 나셨느니라. 48무릇 흙에 속한 자들은 저 흙에 속한 자와 같고 무릇 하늘에 속한 자들은 저 하늘에 속한 이와 같으니 49우리가 흙에 속한 자의 형상을 입은 것 같이 또한 하늘에 속한 이의 형상을 입으리라.'

고린도교회 성도들 중에 부활을 믿지 않은 자들이 부활에 대해서 묻기를 첫째로, 죽은 자들이 어떻게 다시 사느냐 하는 것입니다. 두 번째는 만약 부활이 있다고 하더라도 부활하면 어떤 몸으로 부활하느냐, 부활한 이후 몸은 어떤 몸이냐 하는 질문입니다. 물론 부활이 없다고 믿으면서 빈정대면서 하는 말입니다. 아브라함 시대에 살았던 욥 역시도 부활에 대해서 묻기를 사람이 죽으면 어찌 다시 살리이까?"(욥 14:14)라 했습니다. 물론 이 질문은 2천 년 전의 고린도교회 교인들 뿐만 아니라 오늘날의 교회 교인들이나 불신자들의 질문이기도 합니다. 우리는 본문 말씀을 통해서 이 두 가지 질문의 해답을 얻으려고 합니다.

첫째로 죽은 자들이 어떻게 다시 사느냐

바울사도는 이들의 첫째 질문인 죽은 사람이 어떻게 다시 사는가를 설명하기 위해 식물의 씨를 가지고 설명합니다. 우리가 알다시피 식물의 씨를 심으면 그 씨는 땅에 묻혀 죽고 썩어 그 썩은 씨의 영양분을 먹으면서 그 씨의 식물의 형체가 나타나는 것입니다. 밀 씨를 심으면 밀이 죽어 썩은 그 영양분을 먹고 싹이 나는데 그 씨와는 전혀 다른 형체가 나타납니다. 수박 씨를 심었는 데 수박 씨와는 전혀 다른 형체의 수박넝쿨과 수박이 나타납니다. 바울사도는 우리가 예사로 여기고 생각하지도 않았던 식물의 씨앗에서 싹이 나는 현상으로 부활의 원리를 보았던 것입니다. 그러고 보면 참으로 신기하지 않습니까? 씨를 심었는데 그 씨와는 전혀 다른 형체의 식물이 나타난다는 것입니다. 사과 씨를 심었는데 사과나무가 나고 호박 씨를 심었는데 그 호박 씨에서 호박넝쿨이 나타납니다(37-38). 하나님께서 각 씨에게 형체를 주셨다고 했습니다.

　우리가 수박 씨와 수박 넝쿨을 생각해 볼 때에 엄청난 변화입니다. 수박씨에서 수박 넝쿨과 같은 형체가 나오다니, 놀랍지 않습니까? 마찬가지로 우리 이 육체가 죽어 썩었는데 그 육체가 부활 하는데 본래 육체에서 유래했지만 상상도 할 수 없을 만큼 놀랍고 영광스러운 부활체가 나온다는 것입니다. 하나님께서 각 씨에 각 형체를 주셨듯이 부활은 하나님께 달렸습니다. 하나님께서 부활시키시는 것입니다. 하나님은 능치 못함이 없으신 분입니다. 온 우주 만물을 창조하신 하나님께서 부활 시키시는 것입니다.

　39절 말씀에 보면 이 지구 상에 사람의 육체, 짐승의 육체, 새의 육체와 물고기의 육체가 있듯이 부활의 몸도 있다는 것입니다. 짐승의 육체는 땅 위에서만 삽니다. 하나님께서 새의 육체는 하늘을 날게 만드셨습니다. 물고기 육체는 물에서만 삽니다. 이렇게 하나님께서 각각의 생물들을 각각 다른 환경에서 살 수 있도록 육체를 만드셨습니다. 부활의 몸은 영원세계의 환경에서 살 수 있도록 만드시는 것입니다. 현재의 몸으로는 다른 차원의 세계로 들어 갈 수 없습니다. 또한 하늘에 속한 형체가 있고, 땅에 속한 형체가 있다고 했습니다. 땅에 속한 형체는 사람, 짐승, 새와 물고기들의 형체입니다. 또한 하늘에는 해, 달, 별들과 같은 천체가 있습니다. 그런데 땅에 속한 형체인 사람의 육체가 부활해서 하늘에 있는 해, 달, 별과 같은 형체의 부활한 몸을 가지게 된다는 것입니다.

예수님께서 부활하셨을 때의 모습은 육체로 살아 계실 때와 같은 모습이었지만 체질적으로는 전혀 다른 체질이었습니다. 몸과 뼈가 있었지만 시간과 공간을 초월하는 몸이었습니다. 우리도 다시 살아날 때에는 현재의 우리의 모습과 거의 같은 모습으로 부활하지만 몸의 체질은 현재와는 전연 다른 체질로 바뀌어 살아날 것입니다. 부활체의 인격의 주체는 죽기 이전의 주체를 그대로 유지합니다. 그러나 그 상태는 지금의 몸과 다릅니다. 왜냐하면 부활체는 신령한 몸으로 변화 되어지기 때문입니다(고전 15:44).

둘째로 어떤 몸으로 부활할 것인가

두 번째로 만약 부활이 있다면 어떤 몸을 가지는가 하는 질문입니다. 이 질문에 대해 바울사도는 네 가지로 대답합니다. 부활할 몸은,

1. 썩을 것으로 심고, 썩지 아니할 것으로 다시 살며, 2. 욕된 것으로 심고, 영광스러운 몸으로 살 것이며 3. 약한 것으로 심고, 강한 것으로 다시 살고 4. 육의 몸으로 심고 신령한 몸으로 다시 산다고 했습니다.

1. 썩을 것으로 심고 썩지 아니할 몸으로 살 것이라

우리의 몸은 흙으로 되었으니 결국 죽고 썩습니다. 창세기 3:19에서 범죄한 아담과 하와에게 너는 흙이니 흙으로 돌아갈 것이라고 했습니다. 히브리서 9:27 말씀에서도 사람이 한번 죽는 것은 정한 것이요 그 후에는 심판이 있으리라 했습니다. 죄의 삯은 사망입니다. 육체는 죽고 썩지만 부활한 후에는 결코 죽지 않고 썩지 않을 몸으로 부활하게 되는 것입니다.

2. 욕된 것으로 심고 영광의 몸으로 다시 살 것이라

죄지은 사람의 몸은 죄와 악의 노예상태에 있습니다. 욕된 몸입니다. 그러나 부활한 몸은 하나님의 자녀된 권세를 가진 영광의 몸입니다.

> 빌립보서 3:21, '그는 만물을 자기에게 복종케 하실 수 있는 자의 역사로 우리의 낮은 몸을 자기 영광의 몸의 형체와 같이 변하게 하시리라'

현재 우리의 몸은 앞을 못보는 맹인일 수 있습니다. 그러나 부활 때에는 밝은 눈을 가지게 되며, 팔이나 다리가 잘린 자들은 완전한 팔과 다리를 가지게 되며, 귀가 멀고 말을 못하는 자도 듣고 말하게 됩니다. 키가 작은 자는 큰 키를 가지고, 뚱뚱한 사람은 아주 날씬한 몸매를 가지며, 늙은 얼굴은 30대 초반의 얼굴을 가지게 될 것입니다.

> 마가복음 9:43-47절에, '만일 네 손이 너를 범죄하게 하거든 찍어버리라 장애인으로 영생에 들어가는 것이 두 손을 가지고 지옥 곧 꺼지지 않는 불에 들어가는 것보다 나으니라 44 (없음) 45 만일 네 발이 너를 범죄하게 하거든 찍어버리라 다리 저는 자로 영생에 들어가는 것이 두 발을 가지고 지옥에 던져지는 것보다 나으니라 46(없음) 47 만일 네 눈이 너를 범죄하게 하거든 빼 버리라 한 눈으로 하나님의 나라에 들어가는 것이 두 눈을 가지고 지옥에 던져지는 것 보다 나으니라'

예수님께서 말씀하시기를 두 눈과 두 발과 두 손을 가지고 죄를 짓다가 지옥에 가는 것 보다 손 하나 없더라도, 발 하나가 없더라도 천국에 가는 것이 낫다고 했습니다.

왜냐하면 부활 때에 죄짓지 않겠다고 눈을 빼고 잘라 버린 다리나 손이 다시 소생하기 때문입니다. 죽지 않을 몸, 썩지 않을 몸, 살과 뼈가 있지만 시간과 공간을 초월하는 몸, 온 우주를 영광의 속도(하나님의 속도)로 움직이면서 온 우주를 다스리게 됩니다(계 22:5).

3. 약한 것으로 심고 강한 것으로 다시 살며

죄 아래 놓여 있는 육체는 시간과 공간을 초월하지 못하여 시공간에 갇혀 있습니다. 현재 몸은 병이 나고 피곤하며, 교통 사고에 목숨을 잃을 수밖에 없는 약한 몸이지만 새로 살아난 몸은 강하게 지음을 받기 때문에 더이상 아픔과 질병과 사망이 있지 않을 것입니다. 병들지 않고 죽지 않고 영원히 늙지 않고 영원히 사는 몸입니다. 그리고 부활한 몸은 온 우주를 다스릴 정도로 강한 몸이 되는 것입니다(계 22:5).

4. 육의 몸으로 심고 신령한 몸으로 다시 산다고 했습니다.

예수님은 제자들에게 부활 후에 예수님이 가지시게 될 영광스런 모습을 미리 보여주셨는데 우리는 이것을 변화산 사건이라 부릅니다.

"저희 앞에서 변형되사 그 얼굴이 해같이 빛나며 옷이 빛과 같이 희어졌더라" (마 17:2)

사람의 부활도 죽을 때의 모습과 전혀 다른 영광스러운 모습으로 바뀐다는 것입니다. 육의 몸은 아담의 죄의 본성을 가진 저주 받을 수 밖에 없는 몸입니다. 그러나 부활한 몸은 신령체입니다. 하나님의 자녀로서 능력과 거룩과 영광스럽고, 썩지 않고 욕되지 않는 강하고 영광스러운 몸입니다. 이 신령한 몸은 죽지 아니하고 썩지 아니하며 슬픔도 없고 눈물도 없으며 시간과 공간을 초월하면서도 뼈와 살이 있고 음식물을 먹기도 하며 온 우주를 다스리는 몸인 것입니다. 요한계시록 22:5에서 그들이 세세토록 왕 노릇하리로다 했습니다. 온 우주를 다스리는 왕 노릇 하는 신령한 부활의 몸이 되는 것입니다.

셋째로 육의 몸과 신령한 몸의 대조(45-49)

마지막으로 45절부터 49절까지의 부활의 몸의 형상에 대해 말씀드리려고 합니다. 사도 바울은 옛 몸과 부활의 몸을 대조하기 위해 아담의 몸과 부활한 그리스도의 몸을 비교하고 있습니다. 우리가 잘 아는대로 아담은 흙으로 지음을 받고 생기를 받아 산 영이 되었지만 그리스도는 죽은 자를 살려주는 영이라는 것입니다. 또 첫 사람 아담은 육의 사람이나 그리스도는 신령한 자라 했습니다. 또 첫 사람 아담은 흙으로 지음을 받았기 때문에 땅에 속한 자이지만 그리스도는 근본적으로 하늘에 계신 분으로 하늘에 속한 자라고 했습니다. 이와 같이 옛 몸은 아담의 형상을 닮아 육의 사람이요, 땅에 속한 자의 형상이지만 부활의 몸은 예수 그리스도를 믿고 순종하므로 하늘에 속한 그리스도의 형상을 닮게 된다는 것입니다.

부활체가 지금의 몸과 다른 점은 다음과 같습니다. 부활체는 시간과 공간의 제약을 받지 않습니다. 부활체는 질병에 시달리는 일이 없습니다. 썩어지거나 죽지도 않습니다. 또 부활체는 이 땅에서와 같은 사회생활 방식을 계속하지 않습니다. 그래서 시집이나 장가를 가지 않습니다(마22:30). 혈연관계에 구애를 받지도 않습니다. 우리는 부활한 이후에도, 이 땅에서의 부모나 형제자매나, 자녀나 주인이나 종 또는 친구나 친척, 이웃들을 분명하게 알아 볼 것입니다. 그러나 부활한 후에는 그런 친족관계가 다 사라집니다. 이 땅에서의 인간관계는 더 이상 지속이 되지 않기 때문입니다. 우리는 하나님을 한 아버지로 모신 한 형제들이 됩니다.

> 마태복음 23:9, '땅에 있는 자를 아버지라 하지 말라 너희의 아버지는 한 분이시니 곧 하늘에 계신 이시니라.'

부활한 몸은 이 땅에서 살았을 때와 동일한 각자의 고유하고 독특한 특성들을 그대로 유지합니다. 그래서 각 사람마다 그가 누구인지에 대한 구별이 충분히 가능합니다. 마가복음 9:5 예수님이 변화산에서 모세와 엘리야를 만났을 때에 베드로가 모세와 엘리야를 알아 보았습니다. 누가복음 16:23에 죽어 지옥에 간 홍포부자가 낙원에 있는 나사로를 알아 보았 듯이 말입니다

흙으로 만들어진 죄 지은 현재의 우리 몸은 자주 쉬어야 하고 나이 많으면 몸이 늙어지는 약점을 가지고 태어났습니다. 여자들은 갱년기 장애니 골다공증이니 산후 부작용 등 고통을 치뤄야 하는 존재요, 고혈압이니 당뇨병이니 비만증이니 심장병이니 등 몸에 많은 약점을 갖고 태어난 것 입니다. 그러나 새로 부활할 때에는 그런 모든 약점이 다 보완된 몸으로 부활 할 것입니다. 부활한 몸은 죽지 않는 영원한 몸으로, 병 나지 않으며 화장품을 전연 쓰지 않아도 되는 체질의 피부로 다시 태어나는 것입니다. 오래되어도 늙지 않고, 부딪혀도 깨어지지 않는 그런 신령한 체질로 부활한다는 사실입니다. 여자 남자가 구별되지 않고 늙으나 젊음이 차별이 되지 않으며 잘나고 못난이가 차별되지 않은 몸으로 다시 살아난다는 것입니다. 양반 쌍놈이 차별이 되지 않습니다.

그렇기 때문에 죽을 때에 어떤 몸으로 죽었든지 전연 상관이 없는 것입니다. 어떤 병을 앓다 죽었든지, 화장을 하여 옛 몸이 가루가 되었든지, 비행기 사고로 온 몸이 다 흩어졌든지 상관이 없는 것입니다. 남자로 또는 여자로 죽었든지 상관이 없습니다. 이 세상에 있을 때에 남자와 여자의 구별이 필요했습니다. 하나님께서 사람을 이 땅에서 남자와 여자로 만드신 것은 인류 구속을 이루기 위한 하나님의 한 과정이었습니다만 인류 구속이 완성된 하늘나라에서는 남녀의 구별이 없어집니다. 또 흑인으로 죽었든지 백인으로 죽었든지 상관이 없으며 부자로 죽었든지 거지로 죽었든지 전연 상관되지 않는 몸으로 부활하는 것입니다. 태어날 때에는 사

람의 족보에 따라 태어납니다. 부잣집에서 태어나고 가난한 집에서 태어나고 미국에서 태어나고 아프리카에서 태어나고 중동에서 태어나지만 다시 살아날 때에는 하나님의 족보로 모두 새로 한 형제로 태어나는 것입니다. 하나님께서 다시 살리실 때에 그런 옛 몸 조각은 전연 불필요한 것입니다. 하나님께서 하나님의 체질을 닮은 사람으로 부활시킬 것이기 때문입니다.

Resurrection

죽음에 대한 승리의 개가

고린도전서 15:50-58

'50형제들아 내가 이것을 말하노니 혈과 육은 하나님 나라를 이어 받을 수 없고 또한 썩는 것은 썩지 아니하는 것을 유업으로 받지 못하느니라. 51보라 내가 너희에게 비밀을 말하노니 우리가 다 잠 잘 것이 아니요 마지막 나팔에 순식간에 홀연히 다 변화되리니 52나팔 소리가 나매 죽은 자들이 썩지 아니할 것으로 다시 살아나고 우리도 변화되리라. 53이 썩을 것이 반드시 썩지 아니할 것을 입겠고 이 죽을 것이 죽지 아니함을 입으리로다. 54이 썩을 것이 썩지 아니함을 입고 이 죽을 것이 죽지 아니함을 입을 때에는 사망을 삼키고 이기리라고 기록된 말씀이 이루어지리라. 55사망아 너의 승리가 어디 있느냐 사망아 네가 쏘는 것이 어디 있느냐 56사망이 쏘는 것은 죄요 죄의 권능은 율법이라 57우리 주 예수 그리스도로 말미암아 우리에게 승리를 주시는 하나님께 감사하노니 58그러므로 내 사랑하는 형제들아 견실하며 흔들리지 말고 항상 주의 일에 더욱 힘쓰는 자들이 되라 이는 너희 수고가 주 안에서 헛되지 않은 줄 앎이라.'

본문은 바울 사도의 부활에 대한 15장의 결론 부분입니다. 먼저 드렸던 말씀을 상고해 보고자 합니다. 부활에 대한 두 가지 질문인, 죽은 사람이 어떻게 다시 살아나느냐 하는 질문이었습니다. 부활이란 썩어짐에서 새 생명의 원리가 시작되기 때문에 그런 썩어짐이 없이는 부활은 불가능 할 것입니다. 둘째 질문은 그러면 어떤 몸으로 부활할 것이냐 하는 질문인데, 그것은 부활하신 주님의 몸과 같이 된다고 답했습니다. 이제 또 하나의 질문입니다. 만약 주님께서 공중강림하실 때에 그 때까지 예수 믿고 구원 받아 살아 있는 자에게는 어떤 일이 일어나느냐 하는 질문입니다.

첫째로 주님께서 오실 때에 살아 있는 성도들의 몸의 변화

성도의 부활과 그 때까지 살아 있는 자들에게 어떤 일이 일어날 것인가 했습니다. 50절에서 혈과 육은 하나님의 나라를 유업으로 받을 수 없다고 대답합니다. 현재의 우리 몸으로는 하늘나라에 갈 수 없습니다. 현재의 우리 몸은 하늘나라에 적합하지 않습니다. 혈과 육은 썩어질 것이요, 욕된 것이요 약한 것이요, 육의 몸은 아담에게서 받은 것입니다. '보라 내가 너희에게 비밀을 말 하노니 우리가 다 잠잘 것이 아니요' 했습니다. 예수 믿고 죽은 것을 잠잔다고 성경은 말하고 있습니다. '마지막 나팔에 순식간에 홀연히 다 변화하리니 나팔 소리가 나매 죽은 자들이 썩지 아니할 것으로 다시 살고 우리도 변화하리라' 했습니다.

'13형제들아 자는 자들에 관하여는 너희가 알지 못함을 우리가 원하지 아니하노니 이는 소망 없는 다른 이와 같이 슬퍼하지 않게 하려 함이라 14 우리가 예수께서 죽으셨다가 다시 살아나심을 믿을진대 이와 같이 예수 안에서 자는 자들도 하나님이 그와 함께 데리고 오시리라 15 우리가 주의 말씀으로 너희에게 이것을 말하노니 주께서 강림하실 때까지 우리 살아 남아 있는 자도 자는 자보다 결코 앞서지 못하리라 16 주께서 호령과 천사장의 소리와 하나님의 나팔 소리로 친히 하늘로부터 강림하시리니 그리스도 안에서 죽은 자들이 먼저 일어나고 17 그 후에 우리 살아 남은 자들도 그들과 함께 구름 속으로 끌어 올려 공중에서 주를 영접하게 하시리니 그리하여 우리가 항상 주와 함께 있으리라(데살로니가 전서 4:13-17).

데살로니가전서 4:17 그 후에 우리 살아 남은 자들도 그들과 함께 구름 속으로 끌어 올려 공중에서 주를 영접하게 하신다 했습니다. 고린도전서 15:51,52과 데살로니가전서 4:17말씀을 종합해 보면 하나님의 나팔, 마지막 나팔이 불려 질 때에 먼저 죽은 자들이 부활하고 그 후에 살아 있는 성도들의 몸이 홀연히 변화해서 공중에 끌어 올려 공중에서 주님을 만나 뵙게 된다고 했습니다. 부활한 몸은 썩지 아니하고 약하지 않으며 강하며 영광스럽고 신령한 몸으로 부활하듯이 살아 남은 자들도 순식간에 그 몸이 변화되는데 그 변화된 신령한 몸은 다시는 죽지 아니하며 썩지 아니하는 영원히 영생하는 영광의 몸으로 변화될 것입니다.

1. 그런데 '나팔소리가 날 때' 라고 말하고 있습니다. 부활이나 몸이 변화되거나 공중으로 휴거되는 사건은 항상 나팔소리와 연관되어 있습니다. 이미 우리가 살펴 본대로 고린도전서 15:51, 52절에서와 데살로니가전서 4:16에서도 나팔이 불려진다고 언급했습니다. 마태복음 24:31 말씀에서, '그가 큰 나팔 소리와 함께 천사들을 보내리니 그들이 그의 택하신 자들을 하늘 이 끝에서 저 끝까지 사방에서 모으리라' 했습니다. 이와 같이 하나님의 나팔, 마지막 나팔, 큰 나팔이 불려질 때에 죽은 자의 부활이 일어나고 살아 있는 성도들의 몸의 변화가 일어난다고 했습니다.

2. 그렇다면 나팔소리가 언제 불려집니까? 요한계시록 8장 6절에 보면, '일곱 나팔 가진 일곱 천사가 나팔 불기를 예비하더라' 했습니다. 이

일곱 나팔이 불려지는 것과 주님의 공중강림과 어떤 연관성이 있는 것 같습니다. 일곱 나팔이 불려지는 중에 주님의 공중강림과 몸의 부활과 몸의 변화가 있을 것을 암시합니다. 그렇다면 일곱 나팔이 불려지는 중 몇 번째 나팔 때에 주님의 공중강림이 있겠습니까? 그것은 고린도전서 15:51에서 암시를 주고 있습니다. 마지막 나팔이 불려 질 때에 홀연히 변화한다고 했습니다. 말하자면 일곱 나팔이 불려지는 중 마지막 나팔인 일곱째 나팔이 불려질 때에 주님의 공중강림이 있을 것임을 암시합니다.

3. 그런데 일곱 나팔들이 언제 불려지느냐 하는 질문이 있겠습니다. 7년 환난의 전 3년 반입니다. 7년 환난은 전 3년 반과 후 3년 반으로 구분합니다. 7년을 개월 수로 따지면 84개월입니다. 전 3년 반은 42개월입니다. 그래서 전 3년 반은 일곱 나팔이 불려 질 것이요 후 3년 반은 일곱 대접재앙이 쏟아질 것인데 일곱째 나팔, 마지막 나팔은 전 3년 반과 후 3년 반이 교체되는 중간 부분입니다. 이렇게 큰 나팔, 마지막 나팔이 불려 질 때에 주님이 공중강림 하시면서 성도들의 부활이 이루어지고 살아 남은 자들은 순식간에 몸이 신령체로 변화되어 공중휴거 됨을 데살로니가전서 4:17이 말씀하고 있습니다.

둘째로 성도들의 궁극적 승리

바울 사도는 성도들의 부활과 몸의 변화를 말한 후에 사망이 이김의 삼킨 바 되었다고 선포합니다. 이 말은 이사야서 25:8말씀을 인용한 것입니다.

8절 '사망을 영원히 멸하실 것이라 주 여호와께서 모든 얼굴에서 눈물을

씻기시며 자기 백성의 수치를 온 천하에서 제하시리라 여호와께서 이같이
말씀하셨느니라'

성도들이 죽지 않을 몸, 썩지 않을 몸을 입을 때에 사망이 생명의 승리
에게 삼킨 바 되었습니다. 이제까지 사망이 사람들을 삼켰지만 이제부터
는 생명이 사망을 삼켜버렸습니다.

55절, '사망아 너의 이기는 것이 어디 있느냐, 사망아 너의 쏘는 것이 어디 있
느냐' 이것은 호세아 13:14말씀의 인용입니다.

14절 '내가 그들을 스올의 권세에서 속량하며 사망에서 구속하리니 사망
아 네 재앙이 어디 있느냐 스올아 네 멸망이 어디 있느냐 뉘우침이 내 눈
앞에서 숨으리라'

사망은 인류의 범죄 이후 절대적인 폭군이요 지배자였습니다. 그러나
성도들의 부활로 말미암아 사망은 생명에 삼킨 바 되었습니다. 사망은 생
명의 이김에 삼킨 바 되었습니다. 사망이 인간들을 죽음으로 쏘던 것이 이
제 끝장나고 말았습니다. 56절에서, '사망의 쏘는 것은 죄요' 했습니다. 사
망은 죄로 인해 시작되었습니다. 사망은 오로지 죄로 인해서만 인간에게
자기 권세를 행사합니다. 죄가 없으면 사망은 인간을 지배하지 못합니다.
죄의 삯은 사망이라 했습니다.

로마서 5:12에서 '그러므로 한 사람으로 말미암아 죄가 세상에 들어오고
죄로 말미암아 사망이 들어왔나니 이와 같이 모든 사람이 죄를 지었으므
로 사망이 모든 사람에게 이르렀느니라'

사망에 대한 생명의 승리는 그리스도의 부활에서 시작해서 성도들의
부활로 완성되는 것입니다. 사망은 그리스도께서 오시기 전까지는 세상의

모든 인간에게 절대적인 권세를 휘두른 폭군이었으나 그 절대 지배자가 그리스도로 말미암아 멸망하게 된 것입니다.

> 요한일서 3:8, '죄를 짓는 자마다 마귀에게 속하나니 마귀는 처음부터 범죄함이니라 하나님의 아들이 나타나신 것은 마귀의 일을 멸하려 하심 이니라.

그러므로 부활의 소망을 가진 성도들은 더 이상 사망을 두려워할 이유도 필요도 없습니다. 또한 56절에서 '죄의 권능은 율법'이라 했는데 이 말은 율법은 그 자체로는 선한 것이지만, 인간 중에는 선한 자가 없기 때문에 인간이 율법 앞에 서게 되면 모든 인간은 율법 앞에서 악한 자로 드러나게 됩니다. 이런 이유로 선한 율법은 언제나 인간을 정죄하는 도구가 되었습니다. 그리고 이것을 근거로 죄는 항상 율법을 통해 인간을 정죄하고 인간을 지배해 왔었습니다(롬 3:20, 5:13, 7:8).

결 론

57절에서, '이김을 주시는 하나님께 감사하노라' 했습니다. 모든 인간은 죄의 지배 아래에서 도저히 헤어날 수 없는 가망 없는 멸망의 자식이었습니다. 그러나 하나님께서 그리스도를 십자가에서 인간을 위해 죽게 하시고 부활하게 하시사 죄인된 인간을 구속하심으로 율법의 정죄와 사망의 공포로부터 승리하게 하셨습니다. 따라서 그 하나님의 놀라운 사랑과 은혜에 감사해야 할 것입니다. 이것은 인간이 가장 감사해야 할 내용입니다. 이 세상에서 그 어떤 고귀하고 귀중한 것보다 가장 귀한 것이 구원의 은혜입니다.

58절에서 '내 사랑하는 형제들아 견고하며 흔들리지 말며, 항상 주의 일
에 더욱 힘쓰는 자들이 되라 너희 수고가 주 안에서 헛되지 않을 줄을 앎
이니라'

부활신앙을 가진 성도들은 이 세상의 왕인 마귀의 권세 아래에서 하나
님을 믿고 섬기는 자들로서 시험과 핍박과 박해와 질병과 환난이 있겠지
만 끝까지 견고하며 흔들리지 말 것입니다. 주의 날이 가까울수록 주의 일
에 더욱 힘쓰는 자들이 되어야 하겠습니다. 우리 수고가 주 안에서 헛되지
않을 것이라 했습니다. 하나님께서 아시고 큰 상급을 주실 것입니다.
 아멘 할렐루야!

Resurrection

자연 속에 비친 부활의 신비

고린도전서 15:35-38

'35누가 묻기를 죽은 자들이 어떻게 다시 살아나며 어떠한 몸으로 오느냐 하리니 36어리석은 자여 네가 뿌리는 씨가 죽지 않으면 살아나지 못하겠고 37또 네가 뿌리는 것은 장래의 형체를 뿌리는 것이 아니요 다만 밀이나 다른 것의 알맹이 뿐이로되 38하나님이 그 뜻대로 그에게 형체를 주시되 각 종자에게 그 형체를 주시느니라.'

우리 기독교는 부활의 종교입니다. 로마서 10:9 말씀대로 믿음으로 구원받는데 그 믿음의 내용이 부활입니다.

"네가 만일 네 입으로 예수를 주로 시인하며 또 하나님께서 그를 죽은 자 가운데서 살리신 것을 네 마음에 믿으면 구원을 받으리라"

부활이 마음으로 믿어져야 구원을 받습니다. 구원이란 궁극적으로 영원한 천국에 들어가는 것인데 그것은 부활을 통하여 천국에 들어가는 것입니다.

고린도전서 15:12 "그리스도께서 죽은 자 가운데서 다시 살아나셨다 전파되
었거늘 너희 중에서 어떤 이들은 어찌하여 죽은 자 가운데서 부활이 없다 하
느냐 만일 죽은 자의 부활이 없으면 그리스도도 다시 살지 못하셨으리라"

그리스도의 부활이 내 부활인 것입니다. 내가 장차 부활하는 것은 예수
그리스도의 부활로 말미암아 이루어진다는 것입니다.

고린도전서 15:20 "그러나 이제 그리스도께서 죽은 자 가운데서 다시 살
아나사 잠자는 자들의 첫 열매가 되셨도다."

우리 주님이 부활하신 것과 같이 우리도 그렇게 부활한다는 것입니다.
우리가 부활을 믿기 때문에 부활에 대한 강렬한 관심을 가지는 것입니다.
부활되는 방법과 부활체에 대한 관심이 대단한 것입니다. 고린도전서
15:35-38의 말씀이 이 두 가지에 대한 답변을 명쾌하게 주고 있습니다.

고린도전서 15:35 "죽은 자들이 어떻게 다시 살아나며, 어떤 몸으로 오
느냐" 하는 질문입니다. 본래 성경에서 이 질문을 한 사람은 부활에 대해
의심과 불신으로 부활을 부정하기 위해 던진 질문인 것입니다. 부활이 이
루어 질 수 없다는 것입니다. 부활이 어떻게 일어나며 만약 부활이 일어
난다 하더라도 어떤 형체이겠는가 하는 것입니다. 이 부활에 대한 두 가지
질문은 부활이 일어날 수 없다는 회의적 질문인 것입니다.

그러나 바울 사도는 부활을 설명하되 '자연의 이치'를 가지고 부활을
설명하는 것입니다. 부활을 믿지 않는 것은 하나님을 믿지 않는 것이요,
하나님을 믿지 않으니 사람들이 자기 마음대로 행동하는 것입니다. 바울
사도는 로마서 1:19, 20에서 하나님이 보이지 않는다고 하나님이 없다 하
면서 자기 마음대로 악행하는 자들에게 경고하십니다.

"이는 하나님을 알 만한 것이 그들 속에 보임이라. 하나님께서 이를 그들에게 보이셨느니라." (롬 1:19)

하나님은 보이지 않으시지만 당신께서 만드신 만물 속에 하나님의 존재를 알도록 보이셨다는 것입니다.

20절 "창세로부터 그의 보이지 아니하는 것들 곧 그의 영원하신 능력과 신성이 그 만드신 만물에 분명히 보여 알려졌나니 그러므로 그들이 핑계하지 못할지니라."

자연과 자연 현상 속에 하나님의 신성과 하나님의 영원하신 능력이 보여진다는 것입니다. 부활 역시 하나님의 만드신 만물 속에서 분명히 알 수 있고, 볼 수 있고 믿을 수 있습니다. 바울사도께서 식물의 씨앗으로 부활을 설명하고 있습니다. 즉 각 식물의 씨앗들이 땅에 떨어져 죽어야만 그 속에서 생명이 솟아나는데 그 씨앗의 형태와는 전혀 다른 식물의 형태가 나타나는 것입니다. 식물의 씨앗을 땅에 심습니다. 그런데 땅 속에서 나온 것은 그 식물의 씨앗과는 다른 형체가 나온 것입니다. 이것이 부활의 신비입니다. 우리가 수박 씨를 땅에 심습니다. 수박 씨를 심었는데 수박 씨와는 전혀 다른 형체의 수박의 줄기와 잎사귀가 달린 넝쿨이 땅 속에서 솟아나는 것입니다.

인간 육체의 부활도 죽음이란 과정을 거쳐 부활의 몸을 가집니다. 그 부활의 몸은 원래 우리가 가지고 있던 육체의 원소를 땅 속에서 찾아 전혀 새로운 부활의 몸을 가지게 됩니다.

고린도전서 15:36~38 "네가 뿌리는 씨가 죽지 않으면 살아나지 못하겠고 또 네가 뿌리는 것은 장래의 형체를 뿌리는 것이 아니요 다만 밀이나 다른 것의 알맹이 뿐이로되 하나님이 그 뜻대로 그에게 형체를 주시되 각 종자에게 그 형체를 주시느니라."

그래서 수박 씨, 밀의 씨, 사과 씨들과 그 식물들의 형체가 다른 것입니다. 어떤 책을 보니 바닷가재에 대한 글이 있었습니다. 바닷가재는 1년에 꼭 한 번씩 정한 시기, 정한 날에 껍질을 벗고 다시 소생한다는 것입니다. 물론 각 바닷가재가 그 껍질을 벗는 시기는 다 다른 것입니다. 한 바닷가재가 그 껍질을 벗을 시간이 가까울 때 두꺼운 각질의 옷을 벗고 알몸이 됩니다. 그리고는 빨리 주위의 바위 밑으로 깊숙이 숨습니다. 알몸인 기간 동안에 다른 동물로부터 공격을 피하기 위해서 입니다. 며칠이 지나는 동안에 알몸에 새로운 껍질이 입혀지는 것입니다. 이때 지난 해에 사고로 부서졌던 지느러미나 다리들이 새롭게 생성되는 것입니다. 완전한 새로운 몸이 되는 것입니다.

우리는 이 바닷가재 속에서 성도의 부활을 연상할 수 있습니다. 바닷가재가 옛 껍질을 벗어 버리 듯이 우리 성도들도 예수 믿고 구원받음으로 옛 사람을 벗고 새 사람이 됩니다. 바닷가재들이 각각의 껍질 벗는 시간이 다르듯이 우리 성도들의 거듭나는 시간이 다 다릅니다. 바닷가재가 옷을 벗은 동안 바위 밑에서 숨어 그 몸에 새 껍질이 생성되기까지 성장, 성숙해 지듯이 우리 성도들도 교회라는 덮음 속에서 말씀과 믿음 행위로써 영적으로 성장 성숙해지는 것입니다. 이것이 성화의 과정입니다. 바닷가재가 새 껍질을 입어 새로운 바닷가재가 되듯이 우리 성도들도 예수님 공중강림 때에 우리의 몸이 순식간에 변화되어 신령체의 몸이 되는데 완전한 신령체가 되어 영원히 죽지 않는 몸, 영원히 썩지 않고 변하지 않고 늙지 않는 몸이 되는 것입니다. 완전한 몸, 아름다운 몸, 싱싱한 몸이 되는 것입니다.

1. 잠자리와 매미의 생태를 통해 본 부활의 신비

잠자리, 매미, 나비, 파리 등은 곤충들입니다. 이 곤충들의 일생은 네 가지 성장 과정을 가집니다. 알의 형태, 애벌레 형태, 고치 형태, 성충의 형태, 즉 나비, 잠자리, 파리, 매미인 것입니다.

1) 매미의 경우: 매미의 애벌레는 굼뱅이입니다. 이 굼뱅이의 현주소는 퇴비 무더기나 쓰레기 더미입니다. 굼뱅이가 시간이 지나면 거름더미에서 기어나와 나무 위로 기어 올라갑니다. 딱딱한 각질의 껍질이 형성되면서 고치를 만들어 그 속에서 얼마의 기간이 지나면 껍질을 깨뜨리고 나와 매미가 됩니다. 하늘을 나르고 나무 위에서 한 여름 동안 아름다운 노래를 불러 무덥고 지겨운 여름날에 사람들을 즐겁게 해 줍니다. 매미가 되면 모양도 다르고 먹는 음식도 다르고 삶의 방식과 사는 장소도 다릅니다. 그리고 남을 위해 사는 존재가 됩니다.

2) 나비의 경우: 나비가 배춧잎에 알을 깝니다. 애벌레가 되어 배춧잎이나 상춧잎에 푸른색의 애벌레가 숨어 애써 농사짓는 채소를 망치고 또 훔쳐 먹습니다. 애벌레가 되어 얼마간 지나면 입에서 실을 뽑아내어 고치가 됩니다. 그 속에서 나비 모양의 형체로 변하여 그 고치를 뚫고 나와 아름다운 나비가 되어 하늘로 나릅니다. 이 나비는 애벌레 속에서 나왔지만 애벌레와는 전혀 다른 형체일 뿐만 아니라 사는 장소도 다르고, 먹는 음식도 다르고, 사는 목적도 달라집니다.

애벌레일 때는 남의 것을 훔쳐 먹고 남의 것을 망치는 삶이었는데 이제 아름다운 나비가 된 후는 사는 장소가 꽃 속에서 살고 하늘에서 삽니다. 활동하는 장소도 달라졌습니다. 하늘입니다. 날아다닙니다. 먹는 음식도 땅의 것이 아니라 꽃가루와 꽃 속의 꿀입니다. 달콤한 꿀입니다. 이제 나비가 되어 사는 목적도 달라졌습니다. 애벌레일 때는 자기 자신 만을 위하는 이기적인 삶이었는데 이제 나비가 되어서는 사람을 이롭게 하는 삶을 삽니다. 꽃가루를 옮겨서 사람들을 위해 농작물들을 열매 맺게 해서 수확하는 일을 돕습니다.

우리 성도들이 거듭나기 전에는 나 자신만을 위하는 이기적인 삶이었는데 하나님을 알고 믿어 거듭난 후에는 먹는 음식이 다르고(하나님의 말씀, 시편 19:10에 하나님의 말씀은 꿀과 송이꿀 보다 더 달다고 했습니다.) 하늘나라를 사모하고 하늘나라를 위해 일하고 삶의 목적이 달라진 것입니다. 남을 위하는 삶인 것입니다. 그것은 전도하는 일입니다. 다른 사람도 믿어 천국가게 하는 삶인 것입니다.

3) 파리의 일생: 파리의 생애에서 성도의 삶과 부활에 대해 배울 수 있습니다.

> 마가복음 9:48 "거기에서는(지옥) 구더기도 죽지 않고 불도 꺼지지 아니하느니라."

이 구더기를 성경은 사람에 비유하고 있습니다. 구더기가 파리가 되지 않고 구더기로 있었기에 지옥 불에 간 것입니다. 지옥에 간 사람은 구더기와 같다는 것입니다. 하나님과 하나님의 말씀을 믿지 않는 사람들은 지옥 불에 들어간 구더기와 같다는 것을 성경 여러 군데에서 언급하고 있습니다.

구더기에 대한 이야기

옛날 한국의 시골 변소를 생각해 봅시다. 변소의 똥통을 들여다보면 수

백, 수천 마리의 구더기들이 똥을 먹으며 꿈틀거리고 있습니다. 그런 구더기 중에 똥을 먹는 일에는 전혀 관심 없이 매끄럽고 직각으로 가파른 똥통을 기어오르는 구더기들이 있습니다. 언제 어떻게 올라 왔는지 변소 흙 바닥 주변을 기어다니는 구더기들을 봅니다. 암갈색의 두꺼운 타원형 고치도 눈에 띄는 것입니다. 이것이 파리의 고치입니다. 구더기가 똥통 속에서 기어나와 몸에서 물질을 내어 고치를 만들어 그 속에 들어갑니다. 그 고치 속에 들어가 지내는 동안에 파리의 모양으로 변화되어 껍질을 깨고 나와 파리로서 하늘을 날라다니는 것입니다.

저는 이 파리의 일생이 성도의 삶과 같다고 생각해 봅니다. 성도가 하나님을 믿고 구원받아 하나님의 자녀 되기 전까지 세상의 헛된 것에 얽매여 살았습니다. 이 세상이 전부 인양, 이 세상의 썩을 것을 위하여, 헛된 것, 헛된 소망 가운데 살아갑니다.

> 요한복음 6:26,27 "…. 너희가 나를 찾는 것은 표적을 본 까닭이 아니요 떡을 먹고 배부른 까닭이로다. 썩는 양식을 위하여 일하지 말고 영생하도록 있는 양식을 위하여 하라."

무엇이 썩는 양식입니까? 세상의 자연 음식물은 썩는 양식입니다. 세상 사람들은 이 썩는 양식을 위하여 죽이고 싸우고 도둑질하고 시기, 질투, 미워합니다. 하나님을 모르면 하나님의 말씀을 알 수 없고 하나님의 말씀을 모르면 영원한 세계를 모릅니다. 이 세상이 전부인 줄 알고 이 썩을 세상 것들을 위해 그렇게 몸부림치는 것입니다. 마치 똥통 속의 구더기와 같이 말입니다. 하나님을 알지 못하고 영원한 하늘나라를 알지 못하는 세상 사람들은 마치 똥통 속의 똥을 더 먹겠다고 싸우는 구더기와 같은 자들인 것입니다. 마가복음 9:48의 지옥에 있는 구더기들인 것입니다.

바울 사도도 예수님을 만나기 전에는 세상 것들을 그렇게 추구하고 자기 딴은 가질 만큼 가졌다고 자긍하기도 했지만 부활하신 주님을 만난 후에는 그 모든 것들을 똥과 같이 버렸다고 말했습니다. 그런데 실제적으로 똥통 속을 관찰해 보면 똥통 속의 구더기들 중에 먹는 데는 전혀 관심이 없고 열심히 똥통을 기어오르는 구더기들을 볼 수 있습니다. 기어오르다가 떨어지고 기어오르다가 떨어지지만 계속적으로 반복합니다. 직각으로 가파른 그 통의 벽을 기어오르고 오르는데 정말 기적 같은 사실을 목격할 수 있습니다. 그 가파른 통속의 벽을 어떻게 기어올라 왔는지 변소 바닥 주변을 당당하게 기어 다니는 구더기들을 봅니다.

이런 구더기들은 다른 동료 구더기들과 마찬가지로 똥을 뜯어 먹는 일에 열심이다가 어느 날 똥통 속 위로 파란 하늘을 본 것입니다. 아! 이 똥통 속 세상만 있는 것이 아니라 다른 세계도 존재하는 사실을 알게 된 것입니다. 그래서 똥통세계만 알고 똥만 뜯어 먹던 삶을 청산하고 하늘 높이 있는 저 푸른 세계를 소망하면서 그렇게도 힘쓰고 애쓰고 노력했던 것입니다. 그는 고독했습니다. 다른 동료 구더기들에게 핍박도 많이 받았습니다. 어떤 때는 막 끌어당김을 받기도 하고 미끄러지기도 했습니다.

그러나 하늘세계를 알게 된 이 구더기는 더 이상 똥통의 것들과 똥통에 대한 미련이 없어졌습니다. 주변의 동료 구더기들이 미쳤느니, 정신 나갔느니 똥통세계 외에 무슨 하늘세계가 있느냐며 비난해 댔습니다. 그는 구약시대의 120년 동안 방주를 짓던 노아와 같이 고독했습니다. 그러나 그는 외롭지 않았습니다. 왜냐하면 그는 믿음이 있었기 때문입니다. 그는 하늘세계라는 소망이 있었기 때문입니다. 그는 영원한 세계에 대한 비전이 있었기 때문입니다.

우리 성도들도 예수님을 만나기 전, 구원 받기 전, 영생이 있다는 사실을 알기 전에는 이 세상이 전부인 줄 알고, 세상 것들을 추구하려고 그렇게 힘쓰고, 그렇게 세상 것들에 집착했었습니다. 예수님을 알고, 영원세계가 있고, 하나님이 살아계시며, 예수 그리스도의 십자가 도리를 깨닫고 난 후부터는 그 때부터 천국에 대한 소망을 가지고 저 높은 곳을 향해 오르고 또 오르는 것입니다.

성도들의 그런 모습을 보는 이 세상 사람들은 도저히 성도들의 세계관과 사고와 그 삶을 이해 할 수 없습니다. 이 세상만 알고 이 세상 것들만 의지하는 그런 자들이 볼 때 그리스도인들이란 미친 자들이요, 정신나간 사람들로 보일 것입니다. 그 가파른 똥통을 어떻게 기어오르겠다는 생각 입니까? 이 세상에 속하면서 하늘나라를 꿈꾸고 하늘나라에 가겠다는 그 발상 자체가 비정상적이라는 것입니다. 이것은 아브라함의 생애가 그랬고, 모세의 삶이 그랬고, 노아의 삶이 그랬습니다. 배는 물가에서 짓는 것이 정상인데, 120년 후에 올 큰비를 대비해 높은 산 위에서 배를 짓습니다. 120년 후를 위해 준비하는 것도 비정상입니다.

노아의 삶은 높은 곳을 향해 나가는 삶이었습니다. 영원을 추구하는 삶이었습니다. 그러나 그 당시의 산 아래 있던 자들, 땅에 속한 자들에게는 하늘세계를 추구한다는 것은 불가능한 일을 추구하는 미친 자들로 보았습니다. 인간으로는 불가능하나 하나님으로는 가능한 것입니다. 우리 성도들은 하나님을 믿고 천국과 영생을 믿기에 이 세상에 미련을 두지 않고 우리의 관심을 하늘에 두고 눈을 저 하늘나라에 고정하고, 저 높은 곳을 향해 달려가는 자들입니다. 찬송가 '저 높은 곳을 향하여'의 가사가 우리의 모습을 잘 보여줍니다.

1절: 저 높은 곳을 향하여 날마다 나아갑니다. 내 뜻과 정성 모두어 날마다 기도합니다.

2절: 괴롬과 죄가 있는 곳 나 비록 여기 살아도 빛나고 높은 저 곳을 날마다 바라봅니다.

3절: 의심의 안개 걷히고 근심의 구름 없는 곳 기쁘고 참된 평화가 거기만 있사옵니다.

4절: 험하고 높은 이 길을 싸우며 나아갑니다. 다시금 기도하오니 내

주여 인도합소서.

5절: 내 주를 따라 올라가 저 높은 곳에 우뚝 서 영원한 복락 누리며
즐거운 노래 부르리.

(후렴) 내 주여 내 발 붙드사 그곳에 서게 하소서 그곳은 빛과 사랑이
언제나 넘치옵니다.

물론 그 과정은 넘어지고 자빠지고 떨어질지라도 일어나서 또 걷고, 또 기어오르는 것입니다. 마치 똥통 속의 90도 절벽 같은 그 매끄러운 똥통 벽을 기어오르는 구더기와 같이 오르고 오르면 못 오를리 없는 것입니다.

잠언 24:16 '의인은 일곱 번 넘어질지라도 다시 (여덟 번째) 일어난다.'

7전 8기 성경에서 나온 말입니다. 우리 성도들을 두고 하는 말입니다.

매미, 파리, 나비, 잠자리들이 되기 위해서는 애벌레의 생활환경에서 벗어나야 합니다. 매미의 애벌레인 굼벵이의 주소였던 똥거름 더미에서 기어나와 높은 곳을 향해 올라가야 합니다. 나무 위로 올라가야 합니다. 그 똥거름 속에서는 매미가 될 수 없습니다. 잠자리의 애벌레인 장구벌레는 더러운 구정물 속에서 기어나와야 합니다. 구더기 역시 똥통 속에서 기어 나와 높은 곳에서 고치를 만들어야 합니다. 누에 애벌레는 열심히 뽕잎을 먹다가 고치를 만들 때쯤 되면 그렇게 죽기살기로 먹어대던 식욕이 뚝 떨어지고 그 상반신을 하늘로 높이 쳐들어 상반신을 고정시킵니다. 그것을 본 사람이 누에 애벌레 중에 고치를 만들 준비가 된 애벌레를 골라 마른 짚이나 섶에 올려놓으면 그 입 속에서 실을 내어 고치를 만드는 것입니다 (의의 흰 세마포 옷을 준비하는 것입니다 계 19:8).

고난이 가져오는 선물: 성숙

지금부터 제가 강조하는 것이 참 중요합니다. 누에의 애벌레나 파리의 애벌레인 구더기가 높은 곳으로 나와 고치를 만들 때 그 속에 들어가는 과정이 성도들이 세상에서 구별되어 나와 구원받고 교회의 보호를 받으며 성화의 삶을 사는 것과 비교됩니다. 누에가 고치 속으로 들어가면서 나비 모양의 형태를 갖추는 것입니다. 이 속에서 날개가 생기고 하늘을 날 수 있는 힘을 갖추면서 날아갈 준비를 하는 것입니다.

성도들 역시 거듭난 후 교회에서 신앙생활 하면서 믿음과 말씀으로 영적 성장과 성숙하면서 예수 그리스도를 닮아 갑니다. 예수님을 닮아 가는 삶이 성화의 삶입니다. 예수님과 같이 거룩해 가는 삶인 것입니다. 주님이 공중강림 하시면 죽은 성도들은 부활해서 공중으로 들림 받고, 살아 있는 성도들은 순식간에 변화되어 공중으로 들림 받아 하늘로 올라가 주님이 기다리시는 구름 속으로 들어가 주님을 뵙게 되는 것입니다.

언젠가 부활절 무렵에 매일의 양식(daily bread)을 읽은 적이 있습니다. 한 아이가 나비 나방이 고치 속에서 자기 고치를 뚫고 나오는 과정을 관찰하고 있었습니다. 한 누에나방이 고치 속에서 고치를 뚫겠다고 퍼드득거리는 것을 보고 불쌍해서 면도칼로 그 누에고치를 잘라 나방이 고치에서 나오는 것을 도와주었습니다. 그런데 무슨 일이 일어났는지 아십니까? 그 고치에서 쉽게 나온 그 나방이 몇 번 날개짓 하다가 푹 쓰러져 죽고 말았습니다. 한번 신나게 날아 보지도 못하고 기력이 쇠하여 죽어버렸습니다. 왜 그런 줄 아십니까? 나방이 고치 속에서 나오려고 고치에 구멍을 내기 위해 고치를 쫓고 날개를 퍼드득 거리면서 힘쓸 때에 성장호르몬이 흘러나와서 날개에 힘을 주고 나방이의 각 지체에 힘을 주는 것입니다. 그 과정이 아이 때문에 생략 되었으므로 그 중요한 과정을 놓치고 말았던 것입니다. 나방은 충분히 성장할 수 없었고 힘을 저장할 수 없어 밖에 나오자마자 날아 보려고 몇 번 퍼드득 거리다가 힘이 다하여 죽고 말았던 것입니다.

이것이 우리 성도들에게 무엇을 의미합니까? 마귀가 활개치고 죄악이 관영한 세상에서 신앙 생활하는 것이 여간 어려운 일이 아닙니다. 병들고, 실패하고, 좌절하고, 죄지어 고통 당하고, 회개하고, 힘쓰고 애씁니다. 새벽기도 나오는 것이 얼마나 힘든 일인지 모릅니다. 핍박당하고, 박해당하고, 외롭고, 고독하며, 괴롭고 아픕니다. 우리 주님께서 우리를 보실 때 얼마나 불쌍히 여기겠습니까? (예레미야 애가 3:26-33). 그러나 우리가 당하는 이런 어려움이 성화의 과정인 것입니다. 그렇지 않으면 그 나방과 같이 영적 힘이 없어 하늘을 날아 갈 수 없어 공중 들림 받지 못하는 것입니다. 주님도 우리가 고생하는 것을 보는 것이 힘드시는가 봅니다.

예레미야 애가 3:33 "주께서 인생으로 고생하며 근심하게 하심이 본 심이 아니시로다."

우리가 고생하는 것을 보고 계시는 이유는 우리로 영적 힘을 얻어 공중 들림 받고 하늘을 능히 날 수 있는 힘을 갖게 하기 위함인 것입니다. 그러므로 신앙생활 하기 힘들다 하여 쉬운 길만 찾으려 하지 마시기 바랍니다. 평생 믿음 생활 하다가 결정적인 순간에 실패해서 들림 받지 못한 미련한 다섯 처녀와 같이 하늘나라에 들어가지 못하는 일이 없기를 바랍니다.

다시 구더기 이야기로 돌아갑시다. 일단 파리가 고치에서 나와 하늘을 날게 되면 왕궁으로 날아가서 임금님이 잡수시기도 전에 수라상을 시식하고 임금님과 겸상해서 잔칫상에서 맛있는 음식을 마음껏 먹듯이 우리도 휴거되어 하나님 아버지 잔칫상에서 마주 앉아 극치의 행복을 누리게 될 것입니다.

시편 23:5 "주께서 내 원수의 목전에서 내게 상을 차려 주시고 기름을 내 머리에 부으셨으니 내 잔이 넘치나이다."

결론적으로 파리의 이전 모습이 구더기였다는 사실을 모르는 사람이라면 어떻게 구더기가 파리가 될 수 있느냐고 믿지 않을 것입니다.

고린도전서 15:42 "죽은 자의 부활도 그와 같으니 썩을 것으로 심고, 썩지 아니할 것으로 다시 살아나며, 육의 몸으로 심고 신령한 몸으로 다시 살아나나니, 육의 몸이 있은즉 또 영의 몸이 있느니라."

똥을 먹고 살던 구더기가 변화되어 파리가 되어 수라상을 시식하듯이 썩을 양식만을 위해서만 힘쓰고 애쓰던 사람이 예수 믿고 거듭나 신령한 말씀의 음식을 먹게 되고 부활하여 하늘나라의 음식인 생명과일과 생명수를 영원토록 먹게 될 것입니다. 빌립보서 3:21에 우리의 낮은 몸을 자기 영광의 몸의 형체와 같이 변하게 하시리라 했습니다. 실제로 구더기가 파리로 되는 것보다 사람이 주님의 영광의 몸과 같이 되는 것이 더 큰 변화입니다.

끝으로 잠자리 애벌레에 관한 이야기로 끝을 맺겠습니다. 오래된 연못 바닥에 잠자리 애벌레 들이 모여 살고 있었습니다. 그들은 물 위에 떠 있는 연꽃줄기를 타고 물 위로 기어올라간 수많은 자기 친구들이 어째서 돌아오지 않는지 몹시 궁금했습니다. 그들은 다음 번부터는 누구든지 일단 물 위로 올라간 후에는 반드시 연못 속으로 돌아와 자기에게 일어났던 일들을 이야기하도록 서로 굳게 약속했습니다. 얼마 후 그들 중 하나가 위로 올라갈 충동을 느꼈습니다. 그 애벌레는 물 위에 떠있는 연꽃의 넓은 잎사귀 위에 앉아 완전히 탈바꿈하여 아름다운 날개를 가진 잠자리로 변했습니다. 그는 연못 위를 맴돌면서 연못 속의 자기 친구들을 내려다보았습니다. 그리고 깨닫기를 자기 친구들이 자기를 볼 수 있다 할지라도 이토록 아름답고 찬란한 모습으로 변한 자기를, 바로 자기들과 똑같은 애벌레 중의 하나였다는 사실을 깨닫지 못할 것이라고 생각했습니다.

열 처녀 비유

마태복음 25:1-13

"1 그 때에 천국은 마치 등을 들고 신랑을 맞으러 나간 열 처녀와 같다 하리니 2 그 중의 다섯은 미련하고 다섯은 슬기 있는 자라. 3 미련한 자들은 등을 가지되 기름을 가지지 아니하고 4슬기 있는 자들은 그릇에 기름을 담아 등과 함께 가져 갔더니 5 신랑이 더디 오므로 다 졸며 잘새 6 밤중에 소리가 나되 보라 신랑이로다 맞으러 나오라 하매 7 이에 그 처녀들이 다 일어나 등을 준비할새 8 미련한 자들이 슬기 있는 자들에게 이르되 우리 등불이 꺼져가니 너희 기름을 좀 나눠 달라 하거늘 9 슬기 있는 자들이 대답하여 이르되 우리와 너희가 쓰기에 다 부족할까 하노니 차라리 파는 자들에게 가서 너희 쓸 것을 사라 하니 10 그들이 사러 간 사이에 신랑이 오므로 준비하였던 자들은 함께 혼인 잔치에 들어가고 문은 닫힌지라. 11 그 후에 남은 처녀들이 와서 이르되 주여 주여 우리에게 열어 주소서 12 대답하여 이르되 진실로 너희에게 이르노니 내가 너희를 알지 못하노라 하였느니라. 13 그런즉 깨어 있으라 너희는 그 날과 그 때를 알지 못하느니라"(마태복음 25:1-13).

너희는 세상의 빛이라는 말씀을 들었습니다. 우리는 빛 자체입니다. 너희는 빛이 되리라든지 너희는 세상의 빛이 될 것이라는 말씀이 아니라 너희는 세상의 빛이라 했습니다. 빛은 어둠을 물리칩니다. 빛이 있는 곳에 어둠이 물러갑니다. 이 세상이 죄와 악으로 가득찼지만 그나마 이 세상에 교회가 존재하기 때문에 망하지 않고 있는 것입니다. 이 세상에서 교회의 영향력이 점점 쇠약해져 가고 있지만 교회가 이 세상에서 완전히 물러 가면 이 세상도 끝입니다. 그러므로 우리 성도들의 존재가 얼마나 중요한가를 깊이 생각하시기 바랍니다. 세상을 향해 빛의 직분을 잘 감당해야 할 것입니다. 열 처녀 비유에서 너희는 세상의 빛이라는 말씀의 역할이 어떻게 작용하는가를 생각해 보고자 합니다.

본문 속에 나오는 열 처녀들은 신랑을 맞이하기 위해 등불을 밝혀 놓았습니다. 불을 밝히려면 두 가지 요소가 필요합니다. 그 하나는 등잔이요 다른 하나는 기름입니다. 등불을 밝히려면 등잔에 기름을 넣어 불을 붙여야 합니다.

열 처녀들이 초저녁부터 신랑을 맞이하기 위해 등잔에 기름을 채우고 불을 밝혔습니다. 그런데 신랑이 늦게까지 오지 않으므로 졸며 잤다고 했습니다. 우리는 성경을 주의 깊게 살펴 생각하지 않으면 성경의 의도를 잘못 이해하게 될 것입니다. 마태복음 25:3-4은 왜 슬기 있는 처녀이며 왜 미련한 처녀인가를 설명하고 있습니다.

'미련한 자들은 등을 가지되 기름을 가지지 아니하고, 슬기 있는 자들은 그릇에 기름을 담아 등과 함께 가져갔더니'

여기에서 '미련한 자들은 등을 가지되 기름을 가지지 아니하고' 라는 말은 등에 기름을 넣지 않아 불을 켜지 않았다는 말이 아닙니다. 사람들은 이 구절을 등만 가지되 등에 기름을 채우지 않아, 초저녁부터 아예 불을 밝히지 않은 것으로 오해 합니다. 많은 사람들이 열 처녀 비유의 말씀을 가지고 설교할 때에 슬기로운 처녀들은 등에 기름을 채워 넣었기에 슬기로운 처녀였고, 미련한 처녀들은 등만 가졌지 정작 기름은 채우지 않았기에 미련한 처녀들이라고 말하면서 등에 기름을 채우자고 강조합니다.

열 처녀 모두 등에 기름을 가득 채우고 밤새 불을 밝혔다는 사실을 아서야 합니다. 왜냐하면 첫째로 이성적이요 합리적으로 생각해 볼 때에 그들은 밤에 신랑을 맞이하러 나왔기 때문입니다. 불을 밝히지 않고서는 캄캄한 밤에 신랑을 맞이하러 나오지 않았을 것입니다. 그들은 적어도 등에 기름을 가득 채워 불을 밝히고 나왔습니다. 두 번째로 8절에 신랑이 왔다는 말을 듣고 다 함께 깨어 일어나 등을 준비할 때에 미련한 처녀들이 슬기 있는 자들에게 말하기를 우리 등불이 꺼져가니 기름을 좀 나눠 달라고 말했습니다. 그렇다면 이 미련한 자들도 밤이 맞도록, 신랑이 오기까지 불을 밝히고 있었다는 말입니다.

그러므로 3절의 등을 가지되 기름을 가지지 않았다는 말은 등잔에는 기름을 가득 채웠지만 여분의 기름통에 따로 기름을 준비하지 않았다는 말입니다. 4절의 슬기로운 자들에 대한 묘사에서 '슬기 있는 자들은 그릇에 기름을 담아 등과 함께 가져갔다'라고 한 말씀에서, 기름을 가득 담은 등잔 외에 따로 기름병을 준비하고 있었다는 말입니다. 그 때의 광경을 상상해 보면, 열 처녀가 등에 불을 켜서 신랑이 오기를 기다리고 있었는데 신랑이 더디 오기에 곤하여 모두 졸았습니다. 사람이 밤에 잠을 자는 것은 인간의 본능입니다. 늦게까지 잠을 자지 않으려고 애를 썼던 모습을 봅니다. 그렇게 졸다가 나중에는 자기들도 모르는 사이에 곯아 떨어졌음을 봅니다. 우리는 예수님이 이 비유의 말씀을 하신 의도가 무엇인지 깨달아야 하겠습니다. 그 해답을 얻기 위해 슬기로운 자들과 미련한 자들의 공통점과 차이점을 생각해 보겠습니다.

※ 슬기로운 자들과 미련한 자들의 공통점

1) 두 그룹 모두 신랑을 맞이하려는 마음을 가졌다(1절).
2) 두 그룹 모두 신랑을 맞이하려 나갔다 (1절). 실천하는 믿음을 보여준다.

3) 두 그룹 모두 등불을 밝혔다(8절).

4) 두 그룹 모두 오래 기다리다가 졸았고 나중에 깊은 잠에 곯아 떨어졌다.

5) 두 그룹 모두 신랑이 왔다는 말에 잠에서 깨어나 등불을 준비했다. 등을 준비했다는 말은 밤새 등불이 켜져 있었기에 불똥을 따고, 심지를 돋우고, 기름을 채우는 일을 말합니다.

※ 슬기로운 자들과 미련한 자들의 차이점

1) 슬기로운 자들은 등에 기름을 가득 채웠을뿐만 아니라, 다른 기름병에도 여분의 기름을 많이 준비하고 있었다.

2) 미련한 자들은 등에만 기름을 채웠고 여분의 기름병과 기름을 준비하지 않았다.

이 두 그룹의 차이점은 기름을 가득 채운 등잔 외에 따로 다른 기름병에 기름을 준비했느냐 아니냐에 따라 슬기로웠느냐, 미련했느냐가 결정되었습니다. 기름을 준비했느냐 아니냐에 따라 슬기로운 처녀, 미련한 처녀로 규정짓고 설교를 마친 사람들이 많습니다. 그런데 이들 보다 한 발짝 더 나아간 사람들이 말하기를, 미련한 처녀들은 등에는 기름을 채웠지만 따로 여분의 기름 병에 기름을 준비하지 않아 미련한 처녀들이요, 그렇기에 신랑이 올 때에 기름이 다 떨어져 불을 밝히지 못해서 신랑을 맞이하지 못했습니다. 그러므로 기름을 충분히 준비하는 자가 되자라고 설교의 결론을 맺습니다. 그런데 여기서 설교를 마치면 열 처녀 비유를 하신 주님의 의도를 잘못 이해하게 됩니다.

예수님의 의도는 기름을 채웠느냐 못 채웠느냐가 아니라 신랑을 맞이하기까지 끝까지 불을 밝혔느냐 밝히지 못했느냐에 있는 것입니다. 기름이 있다 해도, 기름을 많이 가졌다고 해도 불을 밝히지 않을 수도 있습니다. 기름을 준비하는 것은 불을 밝히기 위해서 입니다.

그렇다면 왜 불을 밝혀야 합니까? 밤새 신랑을 기다렸는데 잠깐 불을 밝히지 않았다고 잔칫집에 들어가지 못하게 되다니 너무 억울하지 않습니까? 그래서 성경에서 말하는 불, 빛이 무엇인가를 알아보기로 하겠습니다.

1. 예수 그리스도는 영원한 빛이십니다

"태초에 말씀이 계시니라 이 말씀이 하나님과 함께 계셨으니 이 말씀은 곧 하나님이시니라…그 안에 생명이 있었으니 이 생명은 사람들의 빛이라 빛이 어둠에 비치되 어둠이 깨닫지 못하더라…… 참 빛 곧 세상에 와서 각 사람에게 비추는 빛이 있었나니"(요한복음 1:1,4,9).

"태초에 하나님이 천지를 창조하시니라 땅이 혼돈하고 공허하며 흑암이 깊음 위에 있고 하나님의 영은 수면 위에 운행하시니라 하나님이 이르시되 빛이 있으라 하시니 그 빛이 있었고 그 빛이 하나님이 보시기에 좋았더라 하나님이 빛과 어둠을 나누사 하나님이 빛을 낮이라 부르시고 어둠을 밤이라 부르시니라 저녁이 되고 아침이 되니 이는 첫째 날이니라" (창세기 1:1-5).

영원한 빛이신 예수 그리스도께서 영원 전에 세상을 만드시기로 예정하시고, 우주를 창조하실 때 이 우주에 빛을 주셨습니다. 예수 그리스도께서는 지구에 육신의 몸으로 오시면서 흑암에 처한 지구에 빛을 주셨습니다. 이 빛은 곧 사람들의 빛이요 생명입니다. 주님께서 이 지상에 계실 때에 말씀하시기를

'예수께서 또 말씀하여 이르시되 나는 세상의 빛이니 나를 따르는 자는 어둠에 다니지 아니하고 생명의 빛을 얻으리라' (요한복음 8:12)라고 하셨습니다.

2. 하나님의 자녀들은 빛입니다

세상에 빛으로 오신 예수 그리스도께서 이 빛을 얻는 자들에게 영생을
주셨습니다. 주님은 그리스도의 생명을 받은 자들을 향하여 '너희는 세상
에 빛이다' 라고 하셨습니다. 산상수훈에서 하나님의 백성, 하나님의 자녀
가 되는 자격을 말씀하실 때 '너희는 세상의 빛이다' 라고 하셨습니다.

> "너희는 세상의 빛이라 산 위에 있는 동네가 숨겨지지 못할 것이요 사람
> 이 등불을 켜서 말 아래에 두지 아니하고 등경 위에 두나니 이러므로 집
> 안 모든 사람에게 비치느니라 이같이 너희 빛이 사람 앞에 비치게 하여
> 그들로 너희 착한 행실을 보고 하늘에 계신 너희 아버지께 영광을 돌리게
> 하라"(마태복음 5:14-16).

3. 빛의 기능

예수님께서 우리에게 너희는 세상의 빛이라 하셨는데 빛이 하는 일이
무엇입니까? 빛은 어두움을 물리치는 기능을 가지고 있으며, 빛은 생명을
줍니다. 이 빛이 없으면 생물들이 자랄 수가 없습니다. 이 빛이 없으면 생
물들은 생명작용을 할 수 없어 죽습니다. 식물은 광합성을 통하여 영양분
을 생성하고 동물들이나 사람들은 이 식물들을 양식으로 삼습니다. 빛이
없으면 생물들은 죽습니다. 빛이 약하면 열매를 맺지 못할뿐만 아니라 겨
우 맺힌 것도 결실하지 못하고 결국 떨어져 버립니다. 또한 빛은 살균작용
을 합니다. 빛을 받지 못하면 면역성이 떨어지게 되고 병균들을 죽일 수
없습니다.

주님께서 우리에게 그냥 빛이라고 하시지 않고 세상의 빛이라 하셨습
니다. 빛된 하나님의 자녀들이 세상을 향하여 빛의 기능을 발휘해야 합니
다. 빛인 교회가 어두운 세상을 빛으로 밝혀야 하며, 생명이 없는 세상에

생명을 주며, 어두움 속에 득실거리는 병균들인 죄와 악들을 소멸해야 합니다. 교회가 있는 곳에 생명작용이 충만해야 하고 어두운 죄악들이 물러가야 합니다. 불신자들이 모여 음담패설을 하고 있을 때에 신자가 그들 가까이에 접근하면 이들이 입의 말을 조심하는 분위기가 조성되어야 합니다. 성도들이 세상에서 빛된 착한 행실을 보여 하나님께 영광을 돌려야 한다고 했습니다.

> "너희가 전에는 어둠이더니 이제는 주 안에서 빛이라 빛의 자녀들처럼 행하라. 빛의 열매는 모든 착함과 의로움과 진실함에 있느니라. 주를 기쁘시게 할 것이 무엇인가 시험하여 보라."(엡 5:8-10)

예수 믿기 전에는 우리가 어둠이었는데 거듭난 후 하나님의 자녀들인 우리가 빛이 되었습니다. 빛의 자녀, 주님의 자녀들로서 빛 가운데 행하라 했습니다. 빛의 열매를 맺으라고 했습니다. 빛의 열매는 모든 착함이라 했습니다. 착한 행동이 빛된 자녀들의 첫째 덕목입니다. 의롭게 행하라. 죄 짓는 삶에서 벗어나라는 말씀입니다. 빛된 자녀들은 진실해야 한다고 했습니다.

> 빌립보서 2:15 "이는 너희가 흠이 없고 순전하여 어그러지고 거스르는 세대 가운데서 하나님의 흠 없는 자녀로 세상에서 그들 가운데 빛들로 나타내며"

하나님의 자녀로서 어두운 세상에, 불신자들 가운데서 빛으로 나타나라고 당부하십니다. 빛을 발하고 빛의 자녀로서 옳은 행실과 의로움과 진실하게 행하라 하십니다. 등에 기름이 없으면 불을 밝히지 못합니다. 기름은 성령을 상징합니다. 기름은 성령 충만을 말합니다. 성령 충만해야 빛을 발할 수 있습니다. 빛은 능동적이요 능력입니다. 사람들에게 말씀을 증거하여 생명을 주어야 합니다. 그것이 착한 행실입니다. 물론 착하게 행하는 것도 착한 행실이지만 성경에서 말하는 착한 행실은 사람들에게 복음을 전해서 어두움 가운데 있는 자들을 빛으로 이끌어 내어야 합니다. 미련한 처녀들은 처음에는 등에 기름을 충분히 확보해서 빛을 발하는 삶을 살고, 오실 주님을 고대하는 삶을 살았지만 세월이 지나면서 기름이 메말랐습니다. 성령 충만함이 식었습니다. 빛을 끝까지 발하지 못했습니다. 죽는 그 순간까지 빛을 발해야 하는데 그렇게 하지 못했습니다. 한번 반짝하다가 불이 꺼졌습니다.

주님은 열 처녀 비유에서 신랑을 예수 그리스도로 묘사하시고 열 처녀들은 믿음 생활하는 성도들을 의미했습니다. 절대로 미련한 처녀들이 불신자, 신앙생활하지 않는 자들을 의미하는 것이 아닙니다. 현재 교회 다니고 믿음생활하며, 오실 주님을 기다리며 준비 해야 할 성도들에게 주시는 말씀입니다. 혼인잔치는 공중 휴거 되어 하나님 보좌 앞에서 우주잔치를 하게 되는 것을 보여 줍니다. 요한계시록 19장은 들림 받은 성도들이 하늘 보좌 앞에서 어린 양의 혼인잔치에 참여하는 광경을 보여 줍니다. 그 때에 들림 받은 성도들이 입고 있는 옷은 하나님께서 입혀 주신 옷인데 흰 세마포 옷이라고 했습니다. 이 세마포는 성도들의 옳은 행실이라고 했습니다.

> 요한계시록 19:7~8 "우리가 즐거워하고 크게 기뻐하며 그에게 영광을 돌리세. 어린 양의 혼인기약이 이르렀고 그의 아내가 자신을 준비하였으므로 그에게 빛나고 깨끗한 세마포 옷을 입도록 허락 하셨으니 이 세마포 옷은 성도들의 옳은 행실이로다."

어린 양의 혼인예식이 준비되었고, 신부도 하나님 아버지께서 마련해 주신 빛나고 아름다운 흰 웨딩드레스를 입고 혼인식장에 들어갑니다. 여기에서 유의해야 할 것은 이 땅에서 신랑을 기다리는 동안 빛을 발하는 삶을 끝까지 잘 살아온 성도들에게 입혀 주시는 웨딩드레스가 우리들의 옳은 행실로 만들어진 웨딩드레스라고 합니다.

결론을 맺겠습니다.

마태복음 22:1-14 예수 그리스도의 혼인 잔치 비유를 들어 보시기 바랍니다. 이 이야기는 어떤 임금이 자신의 아들을 위하여 결혼예식을 준비했습니다. 임금님의 잔치요 왕궁에서 결혼예식을 하게 되니 예식장을 굉장히 화려하고 아름답게 꾸몄습니다. 예식에 참여할 축하객들을 초청하였고 초청된 그들에게는 결혼식에 참여할 자격으로 왕이 주는 예복을 입어야 했습니다. 그런데 그 예복을 주었는데도 입지 않고, 결혼식에 참여한 사람들이 임금님의 노여움을 크게 샀습니다. 어린 양의 빛나고 흰 웨딩드레스는 하나님이 입혀 주신 것입니다. 그 웨딩드레스는 그 신부의 옳은 행실로 짜서 만든 옷입니다. 빛인 성도는 옳은 행실을 행해야 합니다. 빛을 발하지 못하는 자는 공중휴거되지 못합니다. 옳은 행실을 행하지 않은 자는 휴거되지 못합니다. 당신은 빛을 발하고 있습니까? 끝까지 빛을 발할 수 있는 기름, 성령 충만을 유지하고 있습니까?

미련한 다섯 처녀들이 기름을 사러 가서 확보하여 등에 기름을 채우고 불을 밝혀서 혼인잔치 집 문 앞에 왔는데 잔칫집 문이 닫혔습니다. 문을 두드리며 문을 열어달라고 주여, 주여 외쳤는데 잔칫집 안에서 들리는 주님의 소리는 내가 너희를 알지 못한다는 음성입니다. 여기 '내가 너희를 알지 못한다'는 말씀이 상징하는 것은 공중으로 들림 받지 못한다는 의미입니다. 왜 미련한 처녀들이라고 합니까? 신앙생활을 잘 하다가 결정적인 순간, 신랑이 올 때쯤에 기름이 떨어져 빛을 발하지 못하고, 잔칫집에 들어가지 못했기 때문에 미련하다는 것입니다. 평생토록 신랑 되신 주님을 기다리다가 오실 때쯤에 기다림에 지쳐 낙심하거나 의심하거나 시험에 빠져 신앙생활을 포기한 사람들이거나 주저하던 사람들일 것입니다. 그냥 교회만 다닌다고 천국 가는 것이 아닙니다. 교회에서 집사, 장로, 권사라고 해서 천국 가는 것이 아닙니다. 옳은 행실을 해야 합니다. 세상에 빛을 발하는 신앙생활을 해야 합니다. 정직하고 의로우며 착하게 살아야 합니다. 죄를 지었으면 회개하며 살아야 합니다. 쭉정이가 아닌 알곡 신자라야 천국창고에 들어 가게 됩니다.

왜 미련한 자들이라고 했느냐 하면 공중휴거 되지 못하고 이 세상에 남겨둠을 당해, 적그리스도에게 후 삼년 반의 핍박, 박해와 적그리스도와 그를 따르는 무리들에 대한 하나님의 진노 가운데 남겨졌기에 미련한 자들이라고 합니다. 이들이 늦게나마 기름을 준비했습니다. 다른 성도들, 신앙생활을 같이 하던 다섯 슬기로운 처녀들이 공중휴거 되는 것을 목격하고 난 후에 정신이 바짝 들었습니다. 그래도 늦게라도 성령충만하여, 후 삼년 반에 피난처에서 신랑을 만날 수 있도록 준비할 수 있게 되었으니 다행한 일입니다. 미련하기는 하지만 신앙생활을 했기에 공중휴거가 무엇인 줄을 알고 그때라도 성령 충만을 받을 수 있었지만 그 나머지 사람, 불신자들은 공중휴거를 목격했어도 깨닫지 못하고 그것으로 끝인 것입니다.

Resurrection

충성되고 지혜 있는 종

마태복음 24:42-50, 누가복음 12:35-48

'42그러므로 깨어 있으라 어느 날에 너희 주가 임하는지 너희가 알지 못함이 니라 43너희도 아는 바니 만일 집 주인이 도둑이 어느 시각에 올 줄을 알았더 라면 깨어 있어 그 집을 뚫지 못하게 하였으리라. 44이러므로 너희도 준비하 고 있으라 생각지 않은 때에 인자가 오리라. 45충성되고 지혜 있는 종이 되 어 주인에게 그 집 사람들을 맡아 때를 따라 양식을 나눠 줄 자가 누구냐 46 주인이 올 때에 그 종이 이렇게 하는 것을 보면 그 종이 복이 있으리로다. 47 내가 진실로 너희에게 이르노니 주인이 그의 모든 소유를 그에게 맡기리라. 48만일 그 악한 종이 마음에 생각하기를 주인이 더디 오리라 하여 49동료들 을 때리며 술친구들과 더불어 먹고 마시게 되면 50생각하지 않은 날 알지 못 하는 시각에 그 종의 주인이 이르러 51엄히 때리고 외식하는 자가 받는 벌에 처하리니 거기서 슬피 울며 이를 갈리라.'

우리는 하루 세 끼 식사를 합니다. 아침, 점심, 저녁 각 때마다 먹는 음식 이 다릅니다. 아침은 좀 가볍게 먹고, 점심은 잘 차려먹고, 저녁은 가볍게 먹기도 합니다. 아침, 점식, 저녁 똑 같은 음식을 먹지 않습니다. 마찬 가지 로 영의 양식인 말씀도 때에 맞는 말씀이 있습니다. 기독교 초기에는 기독 론이었습니다. 예수 그리스도는 어떤 분이신가 하는 문제였습니다. 교부

시대는 삼위일체 등의 신론 논쟁시대라고 볼 수 있으며, 종교개혁 시대에는 구원론에 관한 논쟁시대였으며, 1900년대부터는 성령론 논쟁시대였습니다. 이것이 때에 맞는 양식인 것입니다. 현대 시대는 종말론의 논쟁시대가 되어야 합니다. 교회사를 볼 때에 각 시대마다 때에 맞는 적절한 말씀이 주어졌습니다.

초대교회 시대는 예수 그리스도의 부활을 사도들이 증거했습니다. 예수 그리스도께서 십자가에 죽으시고 부활 승천하시고 성령님이 이 세상에 임하시면서 교회가 시작되고 예수님에 대한 가르침이 주요 제목이었습니다.

종교개혁 시대 때는 어떻게 하면 구원을 받을 것인가가 문제였습니다. 마틴 루터는 구원의 확신을 갖기 위해서 천주교가 제시하는 인간노력을 통해서 구원의 확신을 갖기 위해서 온갖 노력을 다 했습니다. 그래도 마음의 평안과 구원의 확신을 얻지 못하다가 마음 속에 섬광같이 떠오른 하나님의 말씀 로마서 1:17 오직 의인은 믿음으로 말미암아 살리라 하는 말씀을 깨닫고 구원의 확신을 가지게 됩니다. 그 때부터 천주교가 잘못되었음을 선포하고 종교개혁을 시작한 것입니다.

1906년의 로스 엔젤레스 아주사 스트리트의 부흥에 방언의 은사가 터져나왔습니다. 그 부흥 운동이 전 미국과 온 세계에 전파되었습니다. 그 부흥의 불똥이 한국에도 튀어 1907년 평양 장대현 교회의 회개부흥운동을 계기로 한국 전역으로 부흥이 이루어졌습니다. 이 때로부터 성령론이 말씀의 주제였습니다. 물론 한국 교회는 예루살렘에서 시작된 복음운동이 거의 2천 년이 지난 후에야 전해졌기 때문에 한꺼번에 기독론, 신론, 구원론을 거치는 작업을 해야 했지만 얼마 가지 않아 성령론에 불이 붙기 시작했습니다.

현재는 종말론이 말씀의 주제가 되어야 합니다. 왜냐하면 성경에서 보여 주는 종말 현상이 너무나 뚜렷하게 나타나고 있기 때문입니다. 일찍기 예수님께서 때에 대한 말씀을 하신 적이 있습니다.

> 마태복음 16:1-3말씀에, '바리새인들과 사두개인들이 와서 예수를 시험하여 하늘로서 오는 표적을 보이기를 청하니 예수께서 대답하여 가라사대 너희가 저녁에 하늘이 붉으면 날이 좋겠다 하고 아침에 하늘이 붉고 흐리면 오늘은 날이 궂겠다 하나니 너희가 천기는 분별할 줄 알면서 시대의 표적은 분별할 수 없느냐 악하고 음란한 세대가 표적을 구하나 요나의 표적 밖에는 보여 줄 표적이 없느니라'

이 말씀은 예수님께서 세상을 위하여 십자가에 못박혀 죽으실 것을 말씀하신 것입니다. 예수님 당시의 시대의 표적은 예수님의 초림의 표적, 즉 죽으심이었습니다.

오늘날 이 시대의 표적은 예수님 재림의 표적입니다. 예수님께서 오실 때가 가까왔다는 표적이 너무나 적나라하게 나타나는데 사람들이 깨닫지 못하고 있습니다. 예수님 당시의 바리새인들, 서기관들과 같이 때를 분별하지 못하고 있습니다. 마태복음 24장은 예수님이 지상에 계실 때에 끝날에 일어날 일들을 계시 하신 주님의 계시록입니다. 요한 계시록은 예수 그리스도께서 하늘나라에서 종말에 있을 일들을 요한 사도에게 보여주신 계시록입니다. 우리 본문은 예수님께서 마태복음 24장에서 종말에 일어날 표적들에 대해 말씀하신 후 결론적으로 하신 말씀입니다. 42절에서 우리 세대가 종말시대에 들어와 있음을 깨달아야 한다는 말입니다. 어떤 시대인지를 알아 깨어 어느 때에 주님이 오실런지 모르니 항상 준비하고 있으라고 하십니다.

예수님은 마태복음 24장 종말 예언을 마치면서 종말시대에 종말사역을 해야할 주의 종들에게 특별히 부탁하고 있습니다. 45절에, '충성되고 지혜 있는 종이 되어 주인에게 그 집 사람들을 맡아 때를 따라 양식을 나눠 줄 자가 누구뇨' 했습니다. 여기에 종은 청지기를 말합니다. 종이지만 집

안의 모든 일을 맡은 청지기(매니저)말입니다 이 말씀에서 '때를 따라 양식을 나눠준다'고 말씀하셨는데 때를 따른 양식이 무엇이냐 하는 것입니다. 이 말은 제 때에 시간을 맞추어 음식을 제공한다는 말도 될 것이요, 각 끼마다 적절한 음식을 제공한다는 말도 될 것입니다. 첫 번째는 아침이면 아침, 점심 때는 점심, 저녁이면 저녁에 시간을 맞추어 음식을 제 때에 잘 공급하는 것을 말합니다. 시간적으로 적절하게 음식을 제공하는 것을 말하고, 후자는 음식의 종류를 때를 따라 잘 공급한다는 말입니다. 아침인데 냉면을 내놓는 것은 때에 맞지 않은 음식일 것입니다. 무더운 점심 때는 냉면이 제격일 것입니다. 추운 날씨에는 냉면보다는 뜨거운 곰탕이 적절한 음식일 것입니다. 이렇게 제 시간에 제격에 맞는 음식을 잘 공급한다는 말입니다.

마찬가지로 주의 종들이 영의 양식을 제공할 때에 시기적으로 그리고 적절한 영의 양식을 공급 해야 한다는 것입니다. 이 시기는 종말이기에 종말의 말씀을 주어야 충성되고 지혜로운 설교자, 주의 종, 목사가 될 것이란 말입니다. 목회자들은 교회의 성도들이 초신자들이나 기존 교인들 모두에게 영의 양식을 준비하여 공급해야 할 것입니다. 초신자에게는 그리스도의 도의 초보를 가르쳐야 할 것입니다. 그리고 단단한 음식을 먹을 자들에게는 단단한 음식을 먹여야 할 것입니다. 성경공부도 시키고 제자훈련도 해야 할 것입니다. 그런데 이런 것들과 함께 종말이 가까왔다는 설교도 해야 할 것입니다. 그리고 종말론 즉 요한계시록 강해나 설교를 해야 할 것입니다. 그렇게 하지 않으면 외식하는 자들이 갇히는 곳에 갇히게 되고 거기서 슬피 울며 이를 갈게 될 것이라 했습니다. 오늘날 교회에서 계시록에 대한 말씀을 들어보기가 힘들다고 합니다. 목사님들이 계시록에 대한 말씀을 전하기를 꺼리기 때문입니다.

이 시기를 분별하고 때에 맞는 적절한 영의 양식, 종말에 관한 말씀을 성도들에게 주어 성도들로 하여금 종말의 때를 준비하게 해야 하는 것입니다. 그렇지않고 교인들이 다 졸며 자고 있을 때 주님이 도적같이 임하시면 이들은 들림 받지 못하게 됩니다. 그렇게 되는 일이 일어나면 주의 종들에게 책임을 묻게 될 것입니다. 때를 따라 양식을 나누어주지 않는 자를 두고 악하고 게으른 종이라고 했습니다.

48절에서, '만약 그 악한 종이 마음에 생각하기를' 했는데 여기 악한 종은 때를 따라 양식을 잘 공급하지 않은 목사나 주의 종들을 말합니다. 왜 이들이 때를 따라 그 집 사람들에게 적절한 때에 적절한 양식을 공급하지 못했습니까? 왜냐하면 이들이 때를 알지 못했기 때문입니다. 주님이 오실 때를 알지 못했기 때문입니다. 주인이 돌아오실 때가 되었는 데도 그 시간을 분별하지 못하고 잠만 자고 있었기 때문입니다.

뿐만 아니라 동료 동무들을 때린다고 했습니다. 48절 말씀에, '만일 그 악한 종이 마음에 생각하기를 주인이 더디 오리라 하여 동료들을 때리며 술친구들로 더불어 먹고 마시게 되면'이라 했습니다. 이 악한 종이 왜 다른 동무들을 때립니까? 이 악한 청지기 종은 주인이 아직 올 때가 아니라고 생각하는데 다른 동료 종들은 아니라고, 주인이 오실 때가 되었으니 준비해야 한다고 말 하기에 때리는 것입니다. 이 말은 종말을 외치는 주의 종들을 향하여 대다수의 주의 종들은 때를 깨닫지 못하고 종말을 외치는 자들을 향하여 종말론을 말하고 요한계시록을 말하면 이단이라고 때리는 것을 말합니다. 물론 이단이나 사교들이 자신들의 세력을 규합하려고 요한계시록의 십사만 사천은 자기들의 그룹을 말하는 것이라고 주장하였기에 요한계시록을 말하는 주의 종들을 이상한 눈으로 바라보고 요주의 인물로 취급합니다. 급기야는 이단으로 몰기도 합니다.

그렇게 주님의 오심에 대해 무관심한 주의 종들이 종말을 외치는 종들을 때리는 것입니다. 여기 '술친구들과 함께 먹고 마신다'고 한 것은 향락에 젖어 있는 상태를 말합니다. 종말의 위기를 깨닫지 못하고 마냥 세상의 맛과 세속에 젖은 상태를 보여 줍니다. 교회가 너무나 물질적으로 풍 요하고 교인수가 많아, 그 많은 사람들 위에 군림하고 물권과 교권에 취해 있으며, 그래서 세상이 좋은데 주위에서 자꾸만 종말, 종말이 가깝다고 하니까 귀찮은 것입니다. 세상이 좋은데 왜 종말이 온다고 떠드느냐 하는 것입니다. 그래서 동무 종들을 때린다고 하는 것입니다.

> 누가복음 12:47말씀에, '주인의 뜻을 알고도 준비하지 아니하고 그 뜻대로 행치 아니한 종은 많이 맞을 것이요, 알지 못하고 맞을 일을 행한 종은 적게 맞으리라. 무릇 많이 받은 자에게는 많이 달라 할 것이니라'

종말을 외치는 자들을 향해 이단이라고 말하는 자들 중에 종말인 줄을 알고도 종말을 외치는 자들을 때리는 자들은 하나님께서 그런 자들은 많이 때릴 것이라 했습니다. 그러나 모르고 무턱대고 남들이 종말을 외치는 자들을 때리니까 자기도 덩달아 때리는 자는 적게 맞으리라 했는데 몰랐다고 해서 하나님께서 때리지 않는 것은 아닙니다. 알았든지 몰랐든지 간에 종말을 외치는 자들을 때리는 자들은 하나님께서 가만 두지 않겠다고 말하십니다.

그러나 때를 따라 양식을 잘 공급하는 자들에게는 착하고 충성되고 지혜로운 종이라 하였으며, 복 있는 자라 했습니다. 이런 자들에게는 주인이 그 모든 소유를 저에게 맡기리라고 마태복음 24:47에 말씀하고 있습니다. 뿐만 아니라 누가복음 12:37에, '내가 진실로 너희에게 이르노니 주인이 띠를 띠고 그 종들을 자리에 앉히고 나아와 수종하리라.' 했습니다. 세상에, ..., 주인이 종들을 앉히고 수종들 것이라 했습니다. 어떤 종들에게? 때를 따라 양식을 나누어 주는 주의 종들을 말합니다. 이런 종들을 하나님은 충성되고 지혜로운 종들이라 했습니다. 다시 말하자면 종말에 대해 말씀을 전하는 주의 종들에게 주님이 띠를 띠고 주의 종들을 섬기겠다고 하십니다. 이렇게까지 하나님은 종말을 외치는 주의 종들을 귀하게 여기신다는 말씀입니다.

    사랑하는 성도들이여, 때를 따라 양식을 나누어 주는 주의 종들을 위해서 기도하시기를 축원 합니다.

부록

1. 적그리스도와 그의 인공지능(AI)

2. 적그리스도의 정체

3. 거짓 선지자의 정체

Resurrection

적그리스도와 인공지능(AI)

계시록 13:1-18

> '1 내가 보니 바다에서 한 짐승이 나오는데 뿔이 열이요 머리가 일곱이라 그 뿔에는 열 왕관이 있고 그 머리들에는 신성 모독 하는 이름들이 있더라 2내가 본 짐승은 표범과 비슷하고 그 발은 곰의 발 같고 그 입은 사자의 입 같은데 용이 자기의 능력과 보좌와 큰 권세를 그에게 주었더라 3그의 머리 하나가 상하여 죽게 된 것 같더니 그 죽게 되었던 상처가 나으매 온 땅이 놀랍게 여겨 짐승을 따르고 4 용이 짐승에게 권세를 주므로 용에게 경배하며 짐승에게 경배하여 이르되 누가 이 짐승과 같으냐 누가 능히 이와 더불어 싸우리요 하더라.' (계시록 13:1-4)

첫째로 세계 단일 대통령은 순수 인간이었다(계 13:1-11)

계시록 13장의 배경을 설명하겠습니다. 먼저 용이 등장합니다. 용은 계시록 12장에서 공중에 우주전쟁이 있었는데 미가엘과 그 군대에 밀려 지구로 쫓겨 왔습니다. 용은 옛뱀 즉 사단, 마귀라고 했습니다(계12:9, 20:2). 계시록에서 사단, 마귀를 용이라고 하니 성도들이 용을 우리가 그림으로 보고 중국사람들이 형상화하는 그런 짐승인 줄로 생각합니다. 아닙니다.

용은 사단을 상징적으로 표현한 것입니다. 사단은 본래 천상의 영적 존재인 하나님의 그룹(에스겔 28:14)이었습니다. 에스겔 1:5-14과 10:14, 21-22에서 묘사한 모습에 의하면 대체로 사람의 형상이라 했습니다. 그런데 네 얼굴과 네 날개가 있으며 날개 아래에는 사람의 손이 있습니다. 날개는 서로 연결되어 있고 네 얼굴들은 사람의 얼굴, 사자의 얼굴, 독수리의 얼굴, 소의 얼굴이라 했으며 발은 송아지 발바닥 같다고 했습니다. 계시록 12:3에서 용은 일곱 머리와 열 뿔이 있다고 했습니다.

> '3하늘에 또 다른 이적이 보이니 보라 한 큰 붉은 용이 있어 머리가 일곱
> 이요 뿔이 열이라 그 여러 머리에 일곱 왕관이 있는데'

계시록 13:1에 등장하는 두 번째 존재는 첫째 짐승이라 했습니다. 이 첫째 짐승은 적그리스도인 사람을 상징합니다. 왜 사람을 짐승으로 표현했는가 하면 하나님을 대적하고 자기 욕망을 위하여 사단의 하수인이 되어 세상을 망하게 하고 사람들을 헤아릴 수 없이 살륙하기 때문입니다. 시편 49:20에 사람은 존귀하나 깨닫지 못하는 자는 멸망하는 짐승 같다고 했습니다. 첫째 짐승 적그리스도는 7년 환난 동안에 전 세계를 통일한 단일 대통령입니다. 짐승이 아닙니다. 그런데 머리가 일곱이라고 한 것은 얼굴이 일곱 개라는 뜻입니다. 얼굴은 사람이 자신을 나타내는 수단입니다. 한 얼굴이 감정에 따라 여러 가지 다른 모양으로 나타납니다. 분노한 얼굴, 웃는 얼굴, 비굴한 얼굴, 사랑스런 얼굴, 인자한 얼굴, 잔인한 얼굴을 가질 때마다 다른 얼굴 다른 사람같이 느껴집니다. 죄를 지어 숨어 다니는 사람들은 자신이 아닌 다른 사람으로 보이기 위해 안경을 쓴다든지 콧수염을 붙인다든지 모자를 덮어 쓴다든지 얼굴을 가립니다.

7은 완전 수 입니다. 일곱 얼굴이란 자신을 나타내는 일이 능수능란 하다는 것입니다. 권모 술수가 능한 정치가입니다. 전 세계를 통치하는 자로

서 일곱 얼굴을 가졌다는 것입니다. 또한 이런 위치에 있다는 것은 암살의 표적이 됩니다. 고대 왕이나 황제들이 그랬고 고대 한국의 여러 왕조들의 왕들이 그랬습니다. 항상 암살 당할 위치에 있었습니다. 자신을 위장하려고 노력했습니다. 또한 뿔은 권력, 권세를 나타냅니다. 10도 완전수입니다. 10뿔을 가졌다는 것은 전 세계의 단일 대통령으로서 무소불위의 최고 권력을 가진 자라는 표현입니다. 전 세계를 통일 해서 지배하는 자는 한 사람 적그리스도 밖에 없다는 것입니다.

계시록 17장에서 짐승에 대한 묘사에서도 짐승은 일곱 머리와 열 뿔이 있다고 했습니다. 다니엘서에서 네 짐승들을 말할 때에 이 짐승은 제국을 말하기도 하고 제국을 형성한 대표적인 인물을 나타내기도 합니다. 바벨론제국은 느부갓네살, 메데바사는 고레스, 헬라는 알렉산더와 같습니다. 계시록 13장에서 첫째 짐승에 대한 묘사는 짐승 개인을 묘사한 것이요 계시록 17 장에서 짐승의 일곱 머리와 열 뿔은 제국 전체를 나타냅니다.

계시록 13:11에는 두 번째 짐승이 등장합니다. 둘째 짐승은 거짓 선지자입니다. 거짓 선지자는 7년 환난 동안에 권력 서열 제이인자입니다. 적그리스도는 정치적으로, 거짓 선지자는 세계 종교를 통합해서 최고 종교 지도자가 됩니다. 사람들의 정신과 영혼을 지배하는 위치입니다. 고대 왕들은 자신들이 정치와 종교의 수장이었습니다. 그들은 사람들을 몸뿐만 아니라 정신까지 지배했던 것입니다. 그래서 자신들을 신으로 섬기라고 백성들에게 강요했던 것입니다. 애굽의 바로가 그랬고, 바벨론제국의 느부갓네살, 로마제국의 황제들이 자신을 신의 반열에 놓고 백성들에게 경배하라고 강요했습니다. 이 둘째 짐승은 어린 양 같이 행세합니다. 예수 그리스도를 흉내 낸다는 것입니다. 뿔이 두 개라는 것은 그 권력이 뿔이 열개인 적그리스도만 못하지만 큰 권세를 가진다는 뜻이요 용같이 말한다는 것은 자신이 신의 흉내를 낸다는 뜻입니다.

계시록 13:2에서 짐승(적그리스도, 세계 단일 대통령)에 대한 묘사에서 그는 표범과 비슷하고 그 발은 곰의 발 같고 그 입은 사자 입과 같다고 했습니다. 여기 표범과 곰과 사자는 다니엘 7장의 큰 짐승들을 말합니다. 첫째는 사자요 둘째는 곰이요 셋째는 표범입니다. 넷째는 무섭고 놀랍고 극히 강하다고만 했지 특별히 어떤 짐승이라고 지적하지 않았습니다. 사자는 바벨론제국의 느부갓네살을 암시하며 곰은 메데 파사의 왕 고레스를, 표범은 알렉산더를 암시합니다. 그런데 이 적그리스도가 인류 역사상에 영웅 중의 영웅들의 능력과 기질을 한 몸에 다 가지고 있다는 사실입니다. 초자연적 인간의 영역에 있는 사람입니다. 그 뿐만 아닙니다. 계시록 13:2에 의하면 용이 그의 권세와 능력과 보좌를 적그리스도에게 주었다고 했습니다. 그는 초인간적 경지를 넘어 신의 경지에 이르렀다는 뜻입니다. 그랬기에 인간역사에서 영웅 호걸들이 그렇게 시도했던 세계 통일국가를 이룩할 수 있었던 것입니다.

적그리스도는 원천적으로 순수 인간이기에 그도 죽게 되었습니다. 인간으로서 암살당해 죽습니다(계13:3, 12, 14). 계13:14에서는 칼에 죽었다고 합니다. 칼에 죽었다는 말은 1세기식 표현이고 21세기식 표현으로는 총에 맞아 죽었다고 생각할 수 있습니다. 요한 사도가 총에 맞아 죽는 것을 보고 총이라 말할 수는 없는 고로 그 당시 문명의 암살무기인 칼로 표현했을 수도 있습니다. 실제로 칼에 죽임을 당했을 수도 있습니다. 그렇다면 총이든지 칼이든지 최측근의 인물에 의해 암살 당했을 것입니다. 이 최측근의 인물이 누구이겠습니까? 최측근 이라면 제이인자인 거짓 선지자일 것입니다. 그 위치는 적그리스도를 죽이고도 자기만 알 수 있을 그런 위치입니다.

적그리스도의 암살자가 거짓 선지자일 것이라는 암시가 계시록 13:12-18에서 보여 주고 있습니다. 계시록 13:1-11절까지의 행동의 주체는 적그리스도입니다. 그런데 12절부터의 통치의 주체가 거짓 선지자로 바뀝니다. 적그리스도를 앞세우긴 하지만 실제 행동은 거짓 선지자임을 보여 주고 있습니다. 여기서부터 계시록 13장의 전체의 주체가 적그리스도에서 거짓 선지자로 바뀝니다. 12절에서 '그가 먼저 나온 짐승의 모든 권세를 그 앞에서 행하고'에서 '그가'는 거짓 선지자를 말하는데 먼저 나온 짐승은 적그리스도인데 적그리스도의 권세를 그 (적그리스도) 앞에서 행한다는 것입니다. 14절에서도 '짐승 앞에서 받은 바 이적을 행함으로 땅에 거하는 자들을 미혹하며'에서 여기 '짐승'도 적그리스도인데 적그리스도 앞에서 '받은 바 이적'을 행한다는 것은 적그리스도가 가진 능력을 자신이 가로채서 그것을 적그리스도 앞에서 행사한다는 것입니다. 적그리스도는 권력을 상실하고 거짓 선지자 뒤로 물러난 듯한 인상을 줍니다.

그리고 그 능력이 마치 자기에게서 나오는 것인양 사람들을 속이고 있다는 것입니다. 15절에서 '그가 권세를 받아 그 짐승의 우상에게 생기를 준다'에서도 주체가 거짓 선지자요 16절 이하에서 사람들에게 오른손이나 이마에 짐승표를 받게 하는 것도 거짓 선지자인 것을 보여 줍니다. 계시록 13장의 문장의 주어가 1-11절까지 적그리스도에서 12절부터는 거짓 선지자로 교체되었습니다.

둘째로 살아난 적그리스도와 그의 인공지능(AI)
(계시록 13:11-18)

11내가 보매 또 다른 짐승이 땅에서 올라오니 어린 양 같이 두 뿔이 있고 용처럼 말을 하더라 12그가 먼저 나온 짐승의 모든 권세를 그 앞에서 행하고 땅과 땅에 사는 자들을 처음 짐승에게 경배하게 하니 곧 죽게 되었던 상처가 나은 자니라 13큰 이적을 행하되 심지어 사람들 앞에서 불이 하늘로부터 땅에 내려오게 하고 14짐승 앞에서 받은 바 이적을 행함으로 땅에 거하는 자들을 미혹하며 땅에 거하는 자들에게 이르기를 칼에 상하였다가 살아난 짐승을 위하여 우상을 만들라 하더라 15그가 권세를 받아 그 짐승의 우상에게 생기를 주어 그 짐승의 우상으로 말하게 하고 또 짐승의 우상에게 경배하지 아니하는 자는 몇이든지 다 죽이게 하더라 16 그가 모든 자 곧 작은 자나 큰 자나 부자나 가난한 자나 자유인이나 종들에게 그 오른손에나 이마에 표를 받게 하고 17누구든지 이 표를 가진 자 외에는 매매를 못하게 하니 이 표는 곧 짐승의 이름이나 그 이름의 수라18지혜가 여기 있으니 총명한 자는 그 짐승의 수를 세어 보라 그것은 사람의 수니 그의 수는 육백육십육이니라.'

죽었다가 살아난 적그리스도는 권력행사 면에서 암살 당하기 전과 같지 않습니다. 죽었다가 살아난 후의 모습은 권력을 완전히 상실한 모습을 보여 줍니다. 이런 사실에 대해서 우리는 두 가지로 생각해 볼 수 있습니다.

1. 살아난 적그리스도는 그의 인공지능이다

만약 적그리스도를 암살한 인물이 최측근인 거짓 선지자라면 그의 권력을 유지하기 위해서는 적그리스도가 살아 있는 것 같이 사람들을 속여야 합니다. 그래서 적그리스도의 뇌를 복사해서 적그리스도의 본래 형상을 만들어 그 속에 적그리스도의 뇌를 심어 적그리스도가 살아 난 것 같이 가짜 적그리스도를 만들어 사람들을 속이는 것입니다. 저는 처음에는 그렇게 생각했는데 계시록 19:20에서 아마겟돈전쟁이 끝나면서 적그리스도와 거짓 선지자가 산채로 불못에 들어 간다는 말씀을 보면서 '산채' 로라고 했으므로 적그리스도가 인간이겠다고 판단했습니다. 인공지능은 영혼이 없기 때문입니다. 불못은 사람이 부활해서 백보좌 심판 받은 후에 영혼육으로 들어가 영원히 고통 받는 곳입니다.

2. 살아난 적그리스도는 살아나기는 했지만 실권을 완전히 잃어버렸다

그가 죽었다가 다시 살아나고 회복하는 과정이 상당히 길었을 것입니다. 그런 동안에 그를 돕던 최측근들이 정적들에 의해 축출당하게 되고 자신만 남게 됩니다. 대통령으로서 지위는 가졌지만 권력은 없습니다. 마치 대통령 중심제에서 총리 중심제로 체제가 바뀐 것입니다. 과거 고려왕국 시대에 무신정권 하에서의 왕권과 같은 것이요, 일본의 막부정권 때의 일본왕과 같은 경우일 것 입니다. 왕은 존재 하지만 왕권은 잃어버린 상태일 것입니다.

12절에서 '그가 먼저 나온 짐승의 모든 권세를 그 앞에서 행하고'에서 먼저 나온 짐승은 적그리스도인데 12절에서의 '먼저 나온 짐승'은 권세를 잃어버린 적그리스도인데 이것 앞에서 거짓 선지자가 적그리스도의 모든 권세를 행사한다는 것입니다. 12절 하반절에는 가짜 적그리스도 임을 속이고 숨기기 위해서 적그리스도의 우상을 만들라고 합니다. '우상'은 1세기식 표현이고 21세기는 인공지능, 인조인간을 말합니다. '… 땅과 땅에 사는 자들을 처음 짐승에게 경배하게 하니 곧 죽게 되었던 상처가 나은 자니라'에서 세계 인민들이 단일 대통령에게 경배하라고 하는 것은 겉으로는 대통령을 위하는 것 같지만 실제로는 자신의 권력을 유지하기 위한 속임수 수단인 것입니다.

13절, '큰 이적을 행하되 심지어 사람들 앞에서 불이 하늘로부터 땅에 내려 오게 하고'

불이 하늘로부터 땅에 내려오게 하는 이적 같은 것은 이제 현대 과학으로 얼마든지 조작할 수 있습니다.

14절에서 '짐승 앞에서 받은 바 이적을 행함으로 땅에 거하는 자들을 미혹하며 땅에 거하는 자들에게 이르기를 칼에 상하였다가 살아난 짐승을 위하여 우상을 만들라 하더라.'

'짐승 앞에서 받은 바 이적'이라 했는데 여기 '앞에서'란 짐승에게서 받은 바 이적을 짐승 앞에서 행한다는 말도 됩니다.

'짐승 앞에서'의 이 짐승은 가짜 적그리스도를 말합니다. 거짓 선지자가 칼에 상하였다가 살아난 짐승을 위하여 우상을 만들려는 의도가 무엇이겠습니까? 두 가지 목적이 있습니다. 하나는 암살시도를 미연에 방지하기 위해서 입니다. 진짜와 가짜를 구별할 수 없게 하기 위해서 입니다. 아예 암살시도를 차단하기 위해서 입니다. 그러므로 사람들이 적그리스도와 적그리스도의 우상인 인조인간, 인공지능을 분별할 수 없게 했습니다. 동시에 자신이 만든 가짜 적그리스도가 탄로 나지 않게 하기 위해서이며 그래서 자신의 권력을 계속해서 유지하기 위해서 입니다. 적그리스도가 살아 있다는 것을 사람들이 믿어야 자신의 권력도 유지되는 것입니다. 둘째로는 적그리스도의 우상을 통치 수단으로 삼기 위해서 입니다. 적그리스도 형상을 가진 인공지능들을 각 나라 민족에게 배치하여 전 세계를 통치하기위해서 입니다. 인공지능이 전 세계를 통치하는 결과가 되었습니다.

15절, '그가 권세를 받아 그 짐승의 우상에게 생기를 주어 그 짐승의 우상으로 말하게 하고 또 짐승의 우상에게 경배하지 아니하는 자는 몇이든지 다 죽이게 하더라'

여기 '그'는 거짓 선지자입니다. '그가 권세를 받았다'는 것은 적그리스도가 가졌던 권세를 자신이 갖게 되었다는 말입니다. 고대에 권력자들이 자신의 형상을 만들어 사람들로 섬기게 했습니다. 자기 우상을 자신이 만들어야 하는데 왜 거짓 선지자가 만들게 합니까? 그가 권세를 받았다는 것은 적그리스도의 권세를 받아 자신이 전 세계를 통치하는 것을 말합니다. 그리고 적그리스도의 우상에게 생기를 준다는 것은 인공지능을 만들어 말하게 하고 사람들에게 그 인공지능에게 경배하게 합니다. 정치수단과 종교수단으로 삼은 것입니다. 적그리스도를 신격화한 것인데 실제로는 인공지능 즉 인조인간을 신으로 섬기도록 강요하고 있습니다. 신으로 섬기지 않으면 몇이든지 만 명이나 십만이나 백만이나 다 죽일 것이란 뜻입니다. 이 세상이 비인간, 네피림, 인공지능에 의해 통치될 것을 말합니다.

창세기 6장에서 비인간인 네피림이 세상을 지배했을 때에 하나님께서 세상을 심판하셨고 창세기 19장에서 네피림이 소돔과 고모라를 장악했을 때도 심판하셨듯이 앞으로 이 세상도 예수님의 재림으로 이 세상의 심판이 아주 가까웠다는 것입니다.

> 계 13:16-17, '16그가 모든 자 곧 작은 자나 큰 자나 부자나 가난한 자나 자유인이나 종들에게 그 오른손에나 이마에 표를 받게 하고 17누구든지 이 표를 가진 자 외에는 매매를 못하게 하니 이 표는 곧 짐승의 이름이나 그 이름의 수라.'

여기에서 '그'도 거짓 선지자입니다. 거짓 선지자가 666표 시스템을 도입하여 전 세계 인민을 통제하여 통치하게 될 것입니다. 계시록 13:11후로는 거짓 선지자가 적그리스도를 앞세워 온 세상을 지배하게 될 것입니다.

셋째로 계시록 13장의 때가 우리 삶에 어디까지 왔나?

> '9만일 너희 속에 하나님의 영이 거하시면 너희가 육신에 있지 아니하고 영에 있나니 누구든지 그리스도의 영이 없으면 그리스도의 사람이 아니라 10또 그리스도께서 너희 안에 계시면 몸은 죄로 말미암아 죽은 것이나 영은 의로 말미암아 살아 있는 것이니라 11예수를 죽은 자 가운데서 살리신 이의 영이 너희 안에 거하시면 그리스도 예수를 죽은 자 가운데서 살리신 이가 너희 안에 거하시는 그의 영으로 말미암아 너희 죽을 몸도 살리시리

라'(롬 8:9-11).

사탄은 인간역사에서 끊임없이 하나님을 배제하려는 공작을 시도해왔습니다. 창세기 11장의 바벨탑 사건에서 인간의 마음에 하나님을 지우려고 인간중심의 인본주의를 선동했습니다. 하나님이 없는 마음에는 사탄이 점거합니다. 이제 과학기술로 하나님을 밀어내고 자신이 그 자리를 차지하려 합니다. 지금 세상은 종교통합의 물결에 휩쓸리고 있습니다. 이 세상의 모든 종교가 하나가 됩니다. 기독교도, 가톨릭도, 불교와 이슬람교가 통합될 시기에 놓였습니다. 그 일을 가톨릭이 주도하고, WCC가 실행하고 있으며 WEA도 점점 세속화되어 왔습니다. 종교 통합 속에는 하나님이 계시지 않습니다. 그러므로 이런 통합종교에는 AI가 신이 될 수 있습니다. 이제까지 아무리 기도해도 응답 없던 무능한 우상신이 아니라 똑똑하고 응답해주는 신이 생겼습니다. 무신론자들이나 불신자들, 미신을 섬기는 이들에게는 AI를 신으로 모신다면 그 신으로부터 실제적인 도움을 받을 것입니다.

기독교 안에 동성애를 옹호하거나 좌파운동에 가담한 목사나 교회 속에는 하나님의 영이 계시지 않습니다. 왜냐하면 그들은 하나님의 말씀인 성경이 동성애는 죄라고 규정하는데 그것을 부정하기 때문입니다. 하나님의 말씀을 부정하는 것은 하나님을 부정하는 것입니다. 이런 자들에게는 하나님의 영이 없습니다. 하나님의 영이 없으면 생명이 없습니다. 교회는 성령이 있어야 하며 생명이 있어야 합니다. AI가 설교를 엄청나게 잘 할 수 있습니다. 사람들에게 인기 있을 것입니다. 초대형교회를 형성할 수 있을 것입니다. 사람들은 상상도 할 수 없는 데이터를 통합 수집할 수 있습니다. 성경 한 구절, 한 구절, 단어 하나 하나를 외우고 있으며, 히브리어 원어 풀이도 하고 헬라어 원문도 줄줄 외우고 적용하며 주석이란 주석은 달달 외우고 역대 수 많은 유명한 설교자들의 설교를 참조, 통합 할 수 있으며, 외국어 성경도 통달한 엄청난 설교자가 될 수 있습니다. 그러나 그에게는 영이 없습니다. 그리고 AI가 목사가 될 수 있다거나 AI목사를 인정하는 목사나 신도들 속에는 그리스도의 영이 없습니다.

오늘날 수많은 교회, 수많은 신도들이 교회에 수십 년 다니지만 하나님의 존재를 믿지 않고 천국과 지옥을 믿지 않습니다. 그런 신도들에게는 그런 교회가 그냥 하나의 종교집단이요 종교 모임일 뿐입니다. 철학 종교인 불교나 유교는 오히려 해박한 AI스님이 더 효과적일 것입니다. 일본에는 이미 오래 전부터 AI스님이 불경을 가르치고 있습니다. 그러나 생명 있는 교회나 생명 있는 목사나 거듭난 성도들은 이런 자들에 의해 앞으로 사회에서 적이 되고 핍박과 박해의 대상이 될 것입니다.

1. AI가 신이 되다

윤석만의 인간혁명이란 인터넷 글에서, '예수는 걷지 못하거나 앞을 못 보는 장애인, 또 말을 못 하는 이들의 병을 고쳤습니다. 그러고는 배고픈 이들을 위해 일곱 개의 빵과 물고기를 꺼내기도 했습니다. 그랬더니 4000 명의 사람들이 배불리 먹고도 남을 만큼 음식이 풍성해졌습니다 (마태 복음 15:30~38). 이처럼 예수는 사람들 앞에서 기적을 행합니다. 바로 그가 하나님의 아들이기 때문이죠.'했습니다.

영화 '트랜센던스'는 신이 된 인공지능(AI)의 이야기를 다룹니다. 슈퍼컴퓨터를 개발한 천재 과학자 윌(조니 뎁 役)은 테러 단체의 공격으로 뇌사 상태에 빠집니다. 그를 사랑한 연인이자 동료 에블린은 윌의 뇌를 양자컴퓨터로 스캔해 AI로 재탄생시킵니다. 윌과 똑같은 기억과 생각, 감정을 갖게 된 AI는 인터넷에 스스로를 연결해 진화를 시작합니다.

얼마 후 AI 윌은 인간의 모든 지식을 뛰어넘어 그 동안 인류가 경험하지 못한 새로운 기술들을 만들어 냅니다. 설 수조차 없던 사람을 걷게 만들고, 시각장애인의 눈을 뜨게 합니다. 오염으로 폐허가 된 자연을 회복시키며 사람들을 놀라게 합니다. 그러자 많은 이들이 그를 찾아와 추종 하고 맹신합니다. '인간을 자유롭게' 만든 AI 월이 신적인 존재로 승화된 것입니다.'

사탄은 창세기 6장에서 네피림을 이용하여 하나님이 창조하신 인간을 지배하려 했으나 노아 홍수로 실패한 후 창세기 11장에서는 바벨탑을 건축하여 인간세상에서 하나님을 완전히 배제하고 신본주의 대신에 인본주의를 시도하려 했습니다. 하나님은 인간들의 언어를 혼잡하게 해서 바벨탑 도모를 흩으셨습니다. 그러나 사탄은 도시문명을 형성하고 과학을 발달시켜 세계 사람들 간의 불통이던 언어를 콤퓨터와 인터넷을 통해 언어 통일을 하고 인간들로 하여금 하나님을 버리고 과학으로 인한 인공지능을 내세워 자신을 참 신으로 섬기도록 시도하고 있습니다. 바로 이 세대가 그런 세대이며 하나님의 심판의 손 아래 있습니다.

인공지능이 인간보다 뛰어난 능력을 갖추게 되면 사람들이 인공지능을 믿고 따르는 일이 일어날까? 실리콘밸리의 유명 엔지니어가 인공지능(AI)을 경배하는 종교단체를 설립 했습니다. 미국의 IT매체 〈와이어드〉(Wired)는 구글 출신의 엔지니어 앤서니 레반도브스키 (37 · Anthony Levandowski)가 '미래의 길' (Way of the Future)이라는 이름의 교회를 설립 했다고 보도 했습니다.

〈와이어드〉에 따르면 레반도브스키가 캘리포니아 주정부와 국세청(IRS)에 제출한 문서에는 그가 이 교회의 '사제(Dean)' 겸 대표(CEO)로 기록돼 있습니다. 그는 이 문서에서 교회의 목적을 "인공지능에 기반해 신격의 실현을 개발하고 촉진함으로써 사회 발전에 기여하고자 한다"라고 밝혔습니다. 이 교회는 애초 그가 구글에 재직하고 있던 2015년 9월에 설립 됐으나, 그 동안 잘 알려져 있지 않다가 이번에 종교단체에 부여되는 면세 자격을 당국에 요청 하면서 실체가 드러 났습니다.

그는 인공지능이 지구행성을 더 잘 돌볼 것이라 했습니다. 그는 컴퓨터 하드웨어와 소프트웨어를 통해 개발한 AI를 신으로 인식하고 받아들여 예배하는 것이 목표"라고 밝혔습니다. 그러면서 "앞으로 창조 되어지는 인공지능(AI)은 인간보다 수십억 배는 똑똑한 지능을 가진 존재다. 신이 아니고 무엇이라고 부르겠냐" 면서 "컴퓨터가 인간보다 훨씬 더 똑똑해질 수 있는 것은 '공상 과학소설(science fiction)'이 아닌 현실이다. 모든 영역에서 인간의 존재는 첨단 기술에 의해 좌우될 것"이라고 말했습니다.

2. AI가 정치 지도자가 되다

[세계 미래 보고서 2055, 2017년 판]에 의하면 정치로봇으로 국회의원과 대통령이 대체될 것이라 했습니다. 인간은 수많은 선택을 해야 하는 상황에서 매우 합리적인 의사결정을 해주는 인공지능이 있다면 굉장히 편리할 것입니다. 우리 사회에서 가장 중요한 의사결정을 하는 사람들은 정치인일 것입니다. 우리 사회가 초연결사회가 되면서 권력에 눈이 먼 정치인들의 거짓말, 우민 정책, 당파적 경쟁과 편견과 당파싸움을 TV를 통해서 봅니다. 그런 이유로 정치인에 대한 존경심은 사라진지 오래이고 정치인이 최고 혐오집단이 되고 말았습니다. 이런 혐오직업을 대체하려는 노력이 인공지능 기술을 통해 시작되었다고 합니다. 실제로 로바마(Robama, 로봇과 오바마의 합성어)라는 의사결정 시스템의 초기 단계가 인공일반지능 협회장 벤 고르첼 박사 연구팀에 의해 개발되었다고 합니다.

사실 산더미 같은 자료를 비교 분석 검토하고 그 중 필요한 쟁점을 고려해 가장 합리적인 의사 결정을 하는 것은 쉽지 않습니다. 그리고 빅 데이터로 인해 인간이 읽고 파악하기에는 너무나 엄청난 양의 정보가 너무 빠른 속도로 쏟아지고 있습니다. 인공지능은 중요한 결정에 대한 정보 파악, 증거분석, 대조, 요약하고 다른 의사결정을 지원하는 추론의 근거를 만들

수 있기에 대통령이나 국회의원들처럼 주요한 의사 결정권자뿐만 아니라 대중들에게도 귀중한 정보를 구성, 수집, 보고할 수 있습니다. 이처럼 정부나 국회를 대체할 수 있는 의사결정 프로세스 지원 프로그램이 바로 로바마 AI프로그램입니다. 이 로바마 프로그램이 아직 완성단계가 아니므로 이 응용프로그램이 진화하고 성숙할 시간이 필요하다고 합니다.

유럽인 4명 중 한 명은 사람 정치인이 아니라 인공지능이 자신들의 국가를 운영하는 일에 대해 중요한 결정을 내려 줄 것을 원한다고 합니다. 영국과 독일에서는 그 비율이 훨씬 더 높다고 합니다. 세 명 중 한 명 꼴입니다. 네델란드에서는 국민 43%가 AI가 국가정책을 결정하기를 바란다고 합니다. 이런 현상은 앞으로 AI가 세상을 지배할 수 있도록 인간들의 심리를 준비하게 하는 것입니다.

3. AI가 목사가 되다

BRAD TV 김종철감독에 의하면 미국 플로리다 크리스토퍼 베넥 목사가 '데일리 쇼' 라는 프로그램에 출연해서 인간이 하나님의 형상으로 창조됐다면 우리 인간도 자율성을 가진 무언가를 창조할 수 있다고 했습니다. AI가 지구의 모든 정보를 즉각적으로 처리할 수 있는 능력이 있다면 꽤 훌륭한 설교도 쓸 수 있는 것이라고 했습니다. 빌리 그래함이나 마틴 루터 킹의 언변과 테레사 수녀의 긍휼을 가진 목사가 될 수 있지 않겠느냐고 했습니다. 베넥목사는 인터뷰에서 로봇 설교자는 당연히 평화와 정의를 위해 일할 것이라 말했습니다. 로봇은 이용 할 수 있는 모든 정보를 바탕으로 자율적인 결정을 내릴 수 있을 것입니다. 초고도의 능력을 가진 자에게 설교를 듣고 목회적 돌봄을 받게 될 것이라 했습니다. 로봇은 또한 아무리 선한 인간이라도 가지고 있는 격한 감정과 정신적 한계도 없을 것입니다.

우리 인류는 우리를 본질적으로 새로운 거룩한 길로 인도하는 존재를 소망한다고 했습니다. 인류의 과학기술이 기하급수적으로 증가하고 있으며 종교지도자들은 이런 현상을 수용해야 한다고 했습니다. 우리는 그런 존재(AI)의 등장과 우리보다 더 지적인 존재가 있다는 사실에 겁을 먹어서는 안 된다고 말했습니다.

2017년에 독일에서 5개 국어로 설교하는 로봇목사가 등장했다고 합니다. 독일의 IT회사인 '씨넷' 회사가 개발한 'Bless You To'라는 로봇은 그 가슴에 있는 Touch Screen을 통해서 남성 또는 여성 목소리를 선택해서 5개 국어로 설교할 뿐만 아니라 두 팔을 들어 올려 신도들에게 축도할 때에 두 손바닥에서 밝은 빛이 나오기도 한답니다. 미국의 한 목사는 AI의 목회적 돌봄을 두려워하지 말라고 하기도 합니다.

넷째로 하나님이 이 세상에 개입하시는 때가 언제인가?

요한계시록 22:20에 주님께서 말씀하시기를 '내가 속히 오리라' 했습니다. 그리고 마태복음 24:33에서 주님은 '이 모든 일을 보거든 인자가 가까이 곧 문 앞에 이른 줄 알라'라고 했습니다. '문 앞'은 공간 즉 거리적 개념입니다. 요한계시록 22:20에서 속히 오리라 하신 그 '속히'가 2천 년이 지나오면서 죽었던 무화과나무가 되살아 나고 이스라엘 백성들이 고토로 귀환하고 예루살렘이 다시 회복되고, 동성애가 온 세상에 충만하여 세상을 썩게하고 AI가 세상을 지배하는 세상이 오고 있는 것을 보거든 예수님의 재림이 가까운 줄 알라는 것입니다.

마태복음 24:34, "이 세대가 지나가기 전에 이 일이 다 일어나리라" 하셨습니다. 여기서 '이 세대'란 앞으로 일어날 종말의 사건들(즉 죽었던 무화과나무가 살아나는 것과 전 세계로 흩어졌던 이스라엘 백성들이 고토로 돌아오는 것들)을 직접 경험하고 지켜보았으며, 누가복음 17:26, 28 말씀에 '인자의 임하는 때는 노아 홍수 때와 소돔 고모라의 때와 같으리라' 하신 말씀과 같이 지금 동성애와 21세기의 네피림인 인공지능이 세상을 지배하는 것을 보는 이 세대가 지나가기 전에 주님께서 지상재림하실 것이라 했습니다. 결국 "이 세대가 지나가기 전에 이 일이 다 일어나리라"는 말씀은, 1948년 이스라엘의 회복과 전 세계에 흩어졌던 이스라엘 백성들이 고토 귀환을 지켜 본 세대가 다 사라지기 전에(아마도 지금 교회의 장로, 권사님들의 세대일 것입니다) 성경에 예언된 종말의 사건들이 일어날 것이라는 말씀인 것입니다.

적그리스도의 정체

계시록 13장과 계시록 17장의 비교

(많은 사람들이 교황이 적그리스도일 것이라고 말했지만 저는 전혀 그렇게 생각하지 않았습니다. 왜냐하면 단지 적그리스도는 정치 수장이기에 종교 쪽에서 나올 수 없다고 생각했습니다. 거짓 선지자만 종교 쪽에서 나올 수 있다고 생각했기 때문입니다. 또한 저의 책 [요한계시록의 증언]에서 적그리스도는 세계 경제를 총괄하는 쪽에서 나올 것이라고 단정했기 때문입니다. 그리고 적그리스도와 거짓 선지자를 계시록 13장을 중심으로만 생각했습니다. 그러나 이 책을 준비하면서 계시록 17장을 유심히 보게 되었습니다. 지금까지 계시록 17 장은 음녀의 멸망에 대해서 기록한 것이라고 해서 음녀, 종교통합청의 멸망에 대해서만 신경을 썼는데 그 속에 적그리스도의 정체에 대한 비밀을 자세히 나타내고 있다는 사실을 이제야 깨닫게 되었습니다. 계시록 17장의 음녀에 대한 큰 퍼즐 속에 숨겨진 적그리스도의 비밀이 반짝이고 있었습니다.)

¹또 일곱 대접을 가진 일곱 천사 중 하나가 와서 내게 말하여 이르되 이리로 오라 많은 물 위에 앉은 큰 음녀가 받을 심판을 네게 보이리라 ²땅의 임금들도 그와 더불어 음행하였고 땅에 사는 자들도 그 음행의 포도주에 취하였다 하고 ³곧 성령으로 나를 데리고 광야로 가니라 내가 보니 여자가 붉은 빛 짐승을 탔는데 그 짐승의 몸에 하나님을 모독하는 이름들이

가득하고 일곱 머리와 열 뿔이 있으며 4그 여자는 자주 빛과 붉은 빛 옷을 입고 금과 보석과 진주로 꾸미고 손에 금잔을 가졌는데 가증한 물건과 그의 음행의 더러운 것들이 가득하더라 5그의 이마에 이름이 기록되었으니 비밀이라, 큰 바벨론이라, 땅의 음녀들과 가증한 것들의 어미라 하였더라 6또 내가 보매 이 여자가 성도들의 피와 예수의 증인들의 피에 취한지라 내가 그 여자를 보고 놀랍게 여기고 크게 놀랍게 여기니 7천사가 이르되 왜 놀랍게 여기느냐 내가 여자와 그가 탄 일곱 머리와 열 뿔 가진 짐승의 비밀을 네게 이르리라.'(계17:1-7)

첫째로 음녀, 전 세계 종교통합청(계시록 17:1-6, 15)

구약성경에서 '음녀'란 하나님을 배반하고 우상을 섬기는 이스라엘을 두고 사용된 표현입니다. 우상숭배 행위를 음행이라 했습니다. 신약성경에서는 세상과 친구된 자들을 간음한 여인, 하나님과 원수된 자라고 했습니다. 본문에서는 이 '음녀'를 배교자, 진리에서 떠난 자들, 세상권력과 결탁한 종교, 세속화된 종교를 음녀라고 했습니다. 음녀의 정체를 알려면 신세계 질서의 세계종교 통합을 이해해야 합니다. 신세계 질서 구축의 4대 핵심목표 중 하나가 종교통합입니다. 인류역사에서 많은 전쟁들이 종교갈등에서 비롯되었습니다. 신세계 질서를 이루기 위해서는 종교간 갈등을 해소하지 않으면 안될 것입니다. 전 세계 종교통합은 신세계 질서를 위한 필수적인 것입니다.

1994년에 인도 델리에서 세계단일 종교협회가 시작되었습니다. 이 모임에 10만여 명의 영적 지도자들이 제 7회 세계종교회의라는 이름 아래 모였습니다. 여기에 52개국의 기독교, 정교회, 가톨릭, 모슬렘, 불교, 힌두교, 유대교 등 종교 지도자들이 참석해서 '하나님 아래 한 가족'이라는 모토 아래 모두가 서명했습니다. 종교연합 계획의 궁극적 목표는 사람들을 단일 종교의 우산 아래 끌어 모아 단일정치체제 하에 들어 갈 수 있도록 만드는 것입니다.

세계 종교통합을 이루려면 전 세계에서 단일 종교집단으로 가장 큰 로마가톨릭이 주도할 것이요, 그 다음으로 개신교의 세계교회 협의회(WCC)와 세계 복음 연맹(WEA)일 것입니다. 로마가톨릭은 2015년 12월 통계조사에 따르면 전 세계 가톨릭 신자 수는 약 12억 8천 5백만 명으로 세계 인구의 17.7%를 차지하고 있습니다. WCC는 110개국 349개 교단, 5억 8천만 명이 가입되었습니다. 1991년 7차 켄버라 총회에서는 로마가톨릭, 불교, 힌두교, 이슬람교, 유대교 외에도 점술가, 심령술사, 마술사, 무당 등을 포함하여 세계 15개 종교의 지도자들을 초청했습니다. 그리하여 대규모 종교혼합 집회를 갖고 세계 종교 통합과 단일성을 외쳤습니다. 2011년 6월 28 일에 세계복음연맹(WEA)과 세계교회 협의회(WC C)와 교황청이 스위스 제네바의 WCC본부에서 공동의 선교문서인 '다종교 세계에서의 기독교 증거' 라는 문서를 발간했습니다. 이것은 기독교 역사상 최초로 복음주의와 에큐메니칼 진영과 로마가톨릭이 공동으로 집필하고 채택된 문서입니다. 이것은 다종교 세계 속에서 기독교인으로서 지켜야 할 윤리적 의무를 밝히고 있습니다.

신세계 질서 구축을 목표로 하는 세계 종교통합을 위해서는 로마가톨릭이 이런 일을 수행할 수 있는 강력한 체제를 갖추고 있습니다. 그 조직은 로마가톨릭과 교황권을 조종하고 있는 예수회 입니다. 또한 예수회가 주축인 일루미나티가 있습니다. 종교통합청을 이해하려면 로마가톨릭의 예수회를 이해해야 하겠습니다.

예수회는 익나티우스 로욜라가 창설자인데 1534년 몽마르뜨의 노틀담 사원에서 조직되었습니다. 1540년 로마 교황 바오로 3세의 승인을 받았습니다. 예수회는 1517년 종교개혁과 산업혁명의 영향으로 교황의 권위가 흔들리는 것을 막기 위해 결성된 단체입니다. 예수회는 1546년 트렌트종교회의에 참석해 교묘한 책략과 논법으로 중세의 부패된 가톨릭을 개 혁하자는 반대파들의 모든 요구를 물리치는 일을 열성적으로 완수함으로써 교황의 절대적인 신임을 받게 됩니다. 반대파들의 요구조건은 사제들의 결혼포기, 각국의 자국어 예배, 교리의 모호성과 교황의 무오설 그리고 교황제도의 개선들이었습니다. 예수회는 교황의 세계지배의 선봉부대입니다. 1574년 피오5세는 칙서를 내려 후일 어떤 교황이 예수회의 권한을 축소한다 하더라도 예수회의 권리를 회복할 수 있도록 예수회 총재에게 권한을 부여 했습니다.

이것은 가톨릭 내의 '이단'에 강력하게 대응하도록 할 뿐만 아니라 교회 내의 거센 반발로부터 보호할 수호자 역할을 하게 한 것입니다. 예수회는 교황권을 보호하는 시위대 혹은 내시의 역할인 것입니다. 교황들은 교회적으로나 세속적으로 중세기에 누리던 절대권력을 유지하기 위해 교회를 예수회에 팔아버린 꼴이 되었습니다. 예수회는 교황의 절대권에 그 기초를 두고 있으며 교황체제는 예수회에 의존하게 됩니다. 세상을 지배하려는 교황의 목적에 예수회 회원은 정예 요원으로 선발되며 교황의 전위부대로서 사회 일선에서 활동하는 저명인사들의 포섭에 주력했습니다. 이러한 현상은 지금도 마찬가지이며 33,000여 명의 예수회 공식회원이 세계 도처에서 활동 중입니다. 이들은 '하나님의 영광'을 위해 일하는 것이 아니라 '교황의 영광'을 위해 일하는 자들입니다.

예수회는 16세기부터 18세기 말 교황권이 몰락하기까지 가톨릭으로 개종을 거부했다는 이유로 수천만 명의 개신교도들을 온갖 잔인한 고문과 화형으로 학살했었습니다. 예수회는 모든 악을 조장하며 뿌리 깊은 부도덕성을 궤변으로 신앙적인 것으로 합리화합니다. 무엇이든지 지배하며 어디든 침투해서 **무형적 정부형태**를 이루었습니다. 로마가톨릭은 과거 역사에도 그랬지만 세속권력에 대한 교회의 우월성을 주장하면서 그들의 비밀 군대인 예수회를 앞세워 세계를 지배하려 최선을 다하고 있습니다. 예수회 총재인 베르쯔신부는 '국가는 교회 아래 있다. 그러므로 세속적 권위는 교회권위 아래 예속되어 복종해야 한다'고 했습니다. 이것이 바티칸의 명령에 절대 복종하는 명령수행자이자 자문역까지 도맡았던 신정 정치 투사들의 비타협적인 교리입니다. 때문에 오늘날 '검은 교황(예수회의 총재)과 흰 교황(공식적인 교황)간의 미미한 차이로 그 구분이 매우 어려워졌습니다. 바티칸이 어떤 정책을 언급하면 그것은 예수회의 방침으로 이해될 수 있습니다.

오늘날 예수회는 두 가지 최종목표가 있습니다. 그 첫째 목표는 세계정치 권력의 장악이며, 둘째 목표는 세계종교의 통합입니다. 현재 예수회 소속 신부들이 프리메이슨의 빌더버그 그룹 종교 통합연구의 핵심구성원으로 되었습니다. 이들은 국제연합, 나토, 세계의 국제은행들, 대기업, 비밀결사들, 프리메이슨의 여러 조직들, 수많은 세계 협의체들, 사이비 종파 등의 다양한 여러 조직들을 온전히 통제하고 있습니다. 예수회가 조종하고 있는 바티칸은 1929년 이래 바티칸 시라고 하는 소 주권국을 만들어서 국가로서 승인을 받았으며, 국가의 우두머리인 교황과 내각을 가지고 있습니다. 세계에서 제일 큰 비밀은행 중의 하나인 바티칸 중앙 은행을 운영하고 있습니다.

예수회는 가톨릭의 모든 활동과 전략과 교리를 조정하는 배후세력입니다. 예수회는 세계 127개국을 11개 구역으로 편성하고 91개 지역들을 통치하면서 각 지역 대표신부(수장)와 각 나라 수장을 두고 있는 오늘날 세계 최고 권력기구로서 존재합니다. 바티칸의 대형 지하문서 창고와 세계적 정보 네트워크 등을 갖추고 치밀하게 움직이고 있습니다. 예수회는 현재 프리메이슨 조직인 일루미나티를 통제하고 있습니다.

이러한 역사적 배경에서 계시록 17장의 음녀를 살펴 보겠습니다. 이 음녀는 먼저 '많은 물 위에 앉은 큰 음녀'(1절)라 했습니다. 계 17:5에서 큰 음녀가 앉아 있는 물은 '백성들과 무리들과 열국과 방언들'이라 했습니다.

종교통합이 전 세계적인 것을 보여 주며 이 음녀가 '물위에 앉아 있고' 했으므로 전 세계를 지배하고 있음을 보여 줍니다. 2절에서 땅의 임금들도 음녀로 더불어 음행하였고 땅에 거하는 자들도 그 음행의 포도주에 취하였다고 했습니다. 음행은 하나님을 저버리고 떠난 행위를 말합니다. 3절에서 이 음녀가 붉은 빛 짐승을 탔다고 했습니다. 짐승은 적그리스도를 말합니다. '짐승을 탔다' 는 말은 두 가지로 생각해 볼 수 있습니다. 첫째로 종교통합청이 적그리스도의 권력을 빌어 세계적으로 권세를 행사한다는 것입니다. 둘째로 종교통합청의 권세가 적그리스도 위에 있다고도 생각할 수 있습니다.

그렇기에 16절에서 열 뿔과 짐승이 이 음녀를 미워하여 망하게 하고 벌거벗기고 그 살을 먹고 불로 사른다고 했습니다. 미워하고 망하게 하고 벌거벗기고 살을 먹고 불로 사른다는 말에서 이들이 음녀에 대해서 얼마나 증오했었나를 알 수 있습니다. 4절에서 이 음녀는 자주 빛과 붉은 빛 옷을 입는다고 한 것은 자주 빛, 붉은 빛 옷은 황제들이 입는 옷입니다. 금과 보석과 진주로 꾸민 것은 온갖 사치와 화려한 삶을 누리고 있으며, 그 손에 든 금잔은 온갖 음행의 더러운 것들로 가득했다고 합니다. 5절에 그 이름이 비밀이라 한 것은 음침함과 음모로 가득찼다는 말입니다. 큰 바벨론이란 말에서 바벨론은 우상종교의 발생지인데 모든 우상종교의 근원이며 어미라는 의미입니다. 전 세계 종교 통합청이 우상종교를 포괄하는 최고 종교기구라는 표현입니다.

6절에 이 음녀 즉 종교통합청의 역할이 성도들의 피와 예수의 증인들의 피에 취했다고 합니다. 과거 로마가톨릭 제국 당시에 교황은 예수회를 앞세워 수천만의 예수의 증인들을 학살 했습니다. 앞으로 종교통합청은 성도들을 학살하는 주범이 될 것입니다. 6절 하반절에서 사도 요한은 환상 속에서 이 음녀를 보고 놀랐다는 말을 두 번이나 합니다. 그리고 7절에서 천사가 사도 요한에게 왜 놀라느냐 하면서 이 음녀의 비밀과 음녀가 타고 있는 일곱 머리와 열 뿔을 가진 붉은 빛 짐승에 대한 비밀을 밝혀 주겠다고 합니다. 붉은 빛 짐승은 적그리스도 입니다. 7절에서 음녀와 일곱 머리와 열 뿔과 짐승이 서로 연관되어 있는 것을 봅니다. 이 음녀가 짐승을 타고 있습니다. 이 짐승은 일곱 머리와 열 뿔을 가졌습니다. 이제부터 붉은 빛 짐승인 적그리스도의 비밀을 알아 보기로 하겠습니다.

둘째로 첫째 짐승, 적그리스도(계시록 17:7-11)

'7천사가 이르되 왜 놀랍게 여기느냐 내가 여자와 그가 탄 일곱 머리와 열 뿔 가진 짐승의 비밀을 네게 이르리라 8네가 본 짐승은 전에 있었다가 지금은 없으나 장차 무저갱으로부터 올라와 멸망으로 들어갈 자니 땅에 사는 자들로서 창세 이후로 그 이름이 생명책에 기록되지 못한 자들이 이전에 있었다가 지금은 없으나 장차 나올 짐승을 보고 놀랍게 여기리라 9 지혜 있는 뜻이 여기 있으니 그 일곱 머리는 여자가 앉은 일곱 산이요 10 또 일곱 왕이라 다섯은 망하였고 하나는 있고 다른 하나는 아직 이르지 아니하였으나 이르면 반드시 잠시 동안 머무르리라 11 전에 있었다가 지금 없어진 짐승은 여덟째 왕이니 일곱 중에 속한 자라 그가 멸망으로 들어가리라.'

계시록 13장에는 두 짐승들이 등장합니다. 첫째 짐승은 적그리스도를 말하며 바다에서 나온다고 했습니다. 바다란 물로 구성되었습니다. 물은 계시록 17:15에서 백성과 무리와 열국과 방언들이라 했습니다. 적그리스도는 온 세계를 지배하는 자란 뜻입니다. 그는 열 뿔과 일곱 머리가 있다고 했습니다. 계17:9에서 일곱 머리는 여자가 앉은 일곱 산이요 또 일곱 왕이라 했습니다. **그냥 일곱 산이 아니라 여자가 앉은 일곱 산이라 했습니다.** 그래서 짐승인 적그리스도는 이 여자(음녀, 종교통합청)와 관계가 있고 또 일곱 산과 관계가 있습니다. 먼저 일곱 산에 대해서 생각해 보겠습니다.

옛 로마제국의 수도가 현재 이탈리아 나라의 수도인 로마시였습니다. 이 로마시는 7개 언덕으로 구성되었습니다. 옛 로마제국은 이 일곱 언덕*에서 그 당시 세계를 통치했습니다. 또한 일곱 산은 옛 로마 가톨릭제국의 수도였습니다. 옛 로마 가톨릭제국 역시 천여 년 동안 이 일곱 산을 가진 로마시가 이 제국의 수도였습니다. 현재 로마가톨릭도 로마시에 바티칸 시국(市國)을 가지고 있습니다. 일곱 머리는 첫째 짐승의 머리들이요 여자 즉 음녀가 앉은 일곱 산이라 했으므로 첫째 짐승은 로마 가톨릭과 관계가 있습니다. 첫째 짐승 즉 적그리스도는 일곱 산 출신 즉 로마 가톨릭 출신임을 암시합니다

가톨릭은 2천 년 동안의 전 세계적 조직력과 정보조직을 가지고 있으며 그 수장은 교황입니다. 한 사람이 전권을 가지고 있습니다. 뿐만 아니라 한때 천여 년 동안 로마 가톨릭제국을 명실상부 지배했던 경험을 가진 조직입니다. 그러므로 전 세계 종교통합청의 우두머리는 당연히 가톨릭의 수장인 교황일 것입니다. 가톨릭은 바티칸이라는 나라를 형성하고 있습니다. 계시록 13장의 첫째 짐승이 일곱 머리를 가지고 있는데 이 일곱 머리는 계시록 17장에 의하면 음녀 (종교통합청)가 앉은 일곱 산이라 했으니 첫째 짐승은 가톨릭 교황이라는 암시입니다. 음녀의 앉은 물은 백성과 무리와 열국과 방언들이라 했습니다.

일곱 산 일뿐 아니라 또 일곱 왕을 가리킨다고 했습니다. 여기 일곱 왕은 일곱 제국을 형성한 왕을 일컫는 말이기도 합니다. 그렇다면 일곱 제국

---

*로마의 일곱 언덕은 카피톨리노 언덕, 팔라티노 언덕, 첼리오 언덕, 에스퀼리노 언덕, 비미날레 언덕, 퀴리날레 언덕, 아벤티노 언덕이다. 그리고 BC 509년에 로마가 위치한 일곱 언덕 중의 가장 높은 카피톨리노 언덕에 유피테르(쥬피터) 신전이 세워졌고 로마의 일곱 언덕은 로마의 중심지역이 되었다.

이 무엇이겠습니까? 일곱 제국 중에 네 제국은 다니엘서 7장에 나옵니다. 바벨론 제국과 바벨론 제국의 표상인 느부갓네살 왕, 메대 바사 제국과 고레스 왕, 헬라 제국과 알렉산더 왕이었습니다. 이 세 제국은 왕조를 이루었으며 왕권을 세습했습니다. 그리고 로마제국입니다. 로마제국은 처음에는 원로원이 통치하는 공화국이었으나 아우구스투스 황제 때부터 원로원에서 선출하는 형식의 일 인이 통치하는 황제국이었습니다. 다니엘 7장에 의하면 첫째 제국 바벨론은 BC 605-BC 538, 둘째 제국 메데 바사는 BC 538-BC 333, 셋째 제국 헬라는 BC 333-BC 63, 넷째 제국 로마제국은 BC 63-AD 476 입니다.

1. 다섯 번째 제국

계시록 17:10에, '또 일곱 왕이라 다섯은 망하였고' 했는데 유럽역사에서 다섯째 제국이 무엇이냐 하는 것입니다. 로마제국이 망한 후 유럽 대륙에는 민족국가들이 형성되기 시작했습니다. 로마제국이 강했을 때는 변방을 지켰으므로 그 지역에 평안을 유지하였는데 로마라는 벽이 무너짐으로 게르만족, 반달족, 훈족 등의 외부의 침략을 막을 수 없었습니다.

로마제국 시절 AD313년에 기독교가 공인되고 얼마 후 로마제국의 국교가 되었습니다. 이 때 기독교는 전 유럽과 아프리카와 소아시아 지역으로 전파되었습니다. 그런 때에 이족들의 침입으로 로마시가 위협을 당하게 됩니다. '교황'이라는 호칭은 5세기 중엽부터 사용했으며 11 세기 동서방 교회 대분열 이후, 그레고리오 7세에 의해 오직 로마 주교에게만 국한 되었습니다.

교황직의 위신이 높아지게 된 결정적인 계기는 교황 레오 1세 때였습니다. 452년 훈족이 로마를 침공하였으나 서로마 황제는 그들의 침략 앞에서 속수무책이었습니다. 이에 실망한 로마 시민들은 당시 교황이었던 레오 1세에게 도움을 요청하였습니다. 그러자 레오 1세는 용감하게 로마 시외로 나가 훈족의 지도자인 아틸라와 만나 담판함으로써 그들을 평화롭게 물러가게 하였습니다. 그리하여 로마는 멸망할 위기에서 벗어나게 되었습니다. 455년에는 가이세리크가 이끈 반달족이 로마를 공격하였을 때에 레오 1세는 이번에도 용감하게 가이세리크와 회담 하였습니다. 비록 그는 반달족의 로마 시내 입성을 허용하기는 했지만, 최소한 무분별한 약탈과 살육으로부터 로마 시민들을 구해내는데 성공하였습니다.

이로 인해 로마 시민들은 교황을 그들의 유일한 보호자로 바라보게 되었고, 교황들 또한 로마 시민들을 위해 위험을 무릅쓰고 로마를 침공하려는 야만족들과의 정치적 협상에 나섰습니다. 대외적으로 교황은 사실상 로마시의 수호자가 되었고, 레오 1세는 훗날 '대교황' 칭호를 받게 되었습니다. 한편 서로마 제국이 멸망하면서 야만족들은 가톨릭 신자가 되거나 아리우스파가 되었습니다. 프랑크왕국의 클로비스 1세 국왕은 본래 아리우스파였다가 가톨릭으로 개종하여 교황과 동맹 관계를 맺은 최초의 야만족 군주였습니다. 이후 서고트족을 비롯한 다른 야만족들 역시 차츰 가톨릭교회로 개종하였습니다. 서로마 제국이 멸망하면서 교황은 권력의 중심으로 급부상하면서 지속적으로 교회 영역을 초월하는 기능을 발휘하기 시작했습니다.

레오 1세에 이어 두 번째 대교황 칭호를 부여받은 교황 그레고리오 1세는 교회 행정 개혁을 강력하게 추진하였습니다. 고대 로마의 원로원 의원을 지냈던 집안 출신이었던 그레고리오 1세는 고대 로마인의 전형적인 통치 방식인 엄격한 규율과 판결을 통해 문제들을 해결하였습니다. 교황 스테파노 2세는 콘스탄티누스 5세 황제 대신 프랑크족에게 자신의 토지를 보호해 줄 것을 요청하게 됩니다. 프랑크 국왕 피핀 3세는 랑고바르드족을 진압하고 이탈리아 땅의 일부를 교황에게 기증하였습니다. 이로써 교황은 중세부터 근대에 걸쳐 교회 지도자일 뿐만 아니라 이탈리아 반도 안에 있는 마르케, 움브리아, 라치오 지방으로 이루어진 광활한 영토의 통치자가 되었습니다. 이탈리아 반도의 5분의 1을 차지하는 이 영토를 교황령(576-1870년)이라고 불렀습니다.

AD 538년 교황의 적대 세력인 아리우스파의 동고트를 정복함으로 교황권이 세계 지배에 들어가 중세시대 로마교회와 교황은 무소불위의 권한으로 세상에 군림합니다. 그리고 AD 800년에는 교황 레오 3세가 카롤루스에게 황제의 관을 씌워 주어 그를 서방 제국의 황제로 임명 하기에 이르렀습니다. 이는 AD 962년 오토 1세가 교황 요한 12세에 의해 신성 로마 제국의 황제로 등극하면서 되풀이 되었습니다. 이러한 연유로 서방에서는 교황으로부터 직접 황제의 관을 받아 써야만 비로소 황제로 인정될 수 있다는 것이 하나의 관례로 자리잡았습니다. 교황의 권한은 특히 십자군 전쟁 때에 이르러서는 정점에 다다랐습니다. 또한 교황 인노센스 3세는 영국 존 왕을 굴복시켰으며 독일의 오토4세를 퇴위시키기도 하는 등 교황의 권력은 세속 군주의 그것을 능가했습니다.

로마 가톨릭제국은 천여 년 동안 세계를 다스렸습니다. 1500년대에 이르러 종교개혁과 산업혁명으로 인해 각 민족이 자신의 언어로 성경을 읽게 되면서 자신들이 지금까지 가톨릭에 의해 속았다는 것을 깨닫게 되면서 교황의 권위가 점점 축소됩니다. 옛날에 성경을 몰랐을 때는 사제들의 공갈 협박을 두려워했지만 이젠 교황이 두렵지 않게 되었습니다. 그리고 산업혁명이 일어나면서 각 민족국가들의 경제력이 향상되면서 국민국가들의 왕들의 권력이 강화됩니다. 이제까지는 교황의 명령에 절대 순종해야만 했던 각국의 왕들의 권세가 교황을 능가하게 됩니다. 그러나 왕들은 각 국민들이 종교적, 정신적으로 교황을 받들고 있기 때문에 교황의 눈치를 봐야만 했습니다. 교황에게 고개 숙여야 했습니다. 그러나 국민들이 성경을 보게 되면서 교황과 가톨릭의 거짓에 속았다는 것을 깨닫는 시점에서 신교의 영향력이 강해진 독일이나 영국 등의 왕들이 더 이상 교황의 눈치를 보지 않게 되었습니다.

교황권의 절정과 몰락: 역대 교황은 꾸준히 세속권에 대한 교황권의 우위를 주장해왔습니다. 대 그레고리 1세로 불리는 교황은 6세기 말, '보편적 총대주교'임을 주장하는 콘스탄티노플 주교에 대해 로마 교황의 수위권을 강조했습니다. 로마 주교의 명칭은 '베드로의 계승자'에서 베드로의 대리자(그레고리 7세), 더 나아가 '하나님의 대리자'(인노센스 4세)까지 발전했습니다.

교황권이 황제권에 대해 우위를 점한 사실을 단적으로 보여주는 예가 1077년 1월 벌어진 '카노사의 굴욕' 사건입니다. 성직자 서임권을 둘러싸고 독일 황제 하인리히 4세는 교황 그레고리 7세와 대립하였습니다. 그레고리 7세는 황제를 파문에 처함으로써 신하들이 황제에게 등을 돌리게 만들었고, 이에 당황한 황제는 교황이 잠시 머물고 있던 카노사 성으로 달려가 참회 복장을 입고 맨발로 3일간 성 앞에서 파문의 철회를 간청하였습니다. 교황이 파문조치를 철회하자 하인리히 4세는 정적들을 제거한 후 반격에 나섰습니다. 그는 대립 교황을 세워 그레고리 7세를 몰아냈으나 이로써 교황권이 황제권에 굴복한 것은 아니었습니다.

얼마 후 우르반 2세는 "예루살렘을 이슬람 세력에서 해방하라"고 황제와 제후들에게 호소하며 십자군을 제창했습니다. 오른쪽 어깨 위에 십자 표식을 달고 출정하는 군인들은 모든 죄를 용서 받는다는 교황의 특명이 내려졌습니다. 이후 200년 가량 이어진 십자군 원정은 예루살렘 탈환이라는 본래의 목적은 달성하지 못했지만, 비잔틴(동로마) 제국의 세력을 무너뜨리고 교황이 서유럽의 진정한 수장으로 인정받는 계기가 되었습니다. 인노센스 3세에 이르면 교황이 마음대로 황제를 옹립, 파문하고 왕들을 중재하는 수준에 이릅니다. '교황은 태양, 황제는 달'이라는 말이 나돌았

듯이 교황권이 절정에 오른 때였습니다. 보니파키우스 8세는 교황권이 세속의 권력 보다 우위에 있다는 칙서를 반포하고 "모든 인간은 로마 교황에게 복종해야 한다"고 외쳤습니다.

그러나 이 때부터 상황은 역전되어 교황권은 세속의 권력에 밀리기 시작합니다. 프랑스 왕 필리프 4세에 의해 1303년, 교황 보니파키우스 8세가 이단 혐의로 고발당한 채 쫓겨나 사망하고 1305년에 프랑스인 출신 교황 클레멘스 5세가 선출되자 교황청은 필리프 4세의 뜻에 따라 아비뇽으로 옮겨집니다. 교황권이 프랑스 국왕에게 종속 당한 이 때를 사가(史家)들은 '아비뇽 유수' 라고 부릅니다. 그레고리 11세 사후에는 로마와 아비뇽에 각각 교황이 선출되어 가톨릭 교회의 분열과 교황권 몰락이 가속화 되었습니다.

콘스탄츠공의회를 통해 가톨릭 교회의 분열은 일단 극복되었습니다. 그러나 르네상스 시대를 맞아 사치와 화려함을 구가하던 교황권에 종교개혁이라는 치명타가 가해집니다. 1517년 독일의 종교개혁을 시작한 루터는 교황을 '적그리스도' 로 규정하며 가톨릭 교회의 체제와 비리를 비난했고, 이어서 칼빈이 제네바에서 종교개혁에 성공했습니다. 위기감을 느낀 교황청이 트리엔트공의회를 소집하여 가톨릭 교리를 재정비하며, 종교재판소를 두고 개신교도들에 대한 학살까지 자행하며 프랑스, 독일 등지에서 종교전쟁을 벌이는 등 분투했지만 어느덧 유럽의 절반이 개신교 세력으로 채워지고 있었습니다.

1789년 시작된 프랑스 혁명은 신성 불가침으로 보이던 교황좌를 완전히 뒤흔들어 놓았습니다. 루이 16세와 그 왕비가 단두대에서 처형된 후 정권을 잡은 나폴레옹은 1798년 로마를 침공하여 로마 공화국을 세웠습니다. 교황 피우스 6세는 교황령을 잃고 퇴위되어 프랑스 그르노블로 이송 되었다가 다시 발랑스에 유배되어 그곳에서 사망했습니다(1799년). 이로써 교황권은 완전히 몰락한 것으로 보였습니다. 이어서 교황에 선출된 피우스 7세는 나폴레옹의 초청을 받아 대관식에 참석하지만 축복기도를 했을 뿐, 예전처럼 황제에게 관을 씌워줄 수는 없었습니다. 나폴레옹은 자신이 직접 황제의 관을 쓰고 황후에게도 자신이 관을 씌워주었습니다. 나폴레옹 실각 후에도 교황의 재기는 쉽지 않았습니다. 1860년 이탈리아가 통일될 때, 교황령(756-1870년)의 대부분이 이탈리아 왕국에 병합되었습니다.

2. 여섯 번째 제국, 교황 권의 부흥과 현재(계시록 17:8-10)

> '8네가 본 짐승은 전에 있었다가 지금은 없으나 장차 무저갱으로부터 올라와 멸망으로 들어갈 자니 땅에 사는 자들로서 창세 이후로 그 이름이 생명책에 기록되지 못한 자들이 이전에 있었다가 지금은 없으나 장차 나올 짐승을 보고 놀랍게 여기리라.'

> '9이제는 지혜로운 이해력이 필요하다. 일곱 머리는 그 여자가 타고 앉은 일곱 언덕이며 또 일곱 왕을 가리키기도 한다. 10그 중의 다섯은 이미 넘어졌고 **여섯 째는 아직 살아 있으며** 마지막 하나는 아직 나타나지 않았다. 마지막 왕이 나타나더라도 잠시 동안 밖에는 살지 못할 것이다.'(공동번역 계 17:9-10).

8절에서 '전에 있었다가 지금은 없으나 장차 무저갱으로부터 올라올' 혹은 하반절에 '전에 있었다가 지금은 없으나 장차 나올 짐승'을 언급하고 있습니다. 그런데 계시록 17:10에서는 '하나는 있고'라고도 했습니다. 8절에서는 '없다'고 하고 10절에서는 '하나는 있다'고 합니다. 그래서 8절의 '없다'가 10절의 '하나는 있고'가 되는데 **이것이 여섯째 제국입니다.** 그래서 8절에서 '장차 무저갱에서 나올' 제국이 일곱째 제국입니다. 8절에서는 여섯째 제국을 '없다'라고 하여 여섯째 제국을 무시하고 뛰어넘어

'장차 무저갱에서 나올' 일곱 번째 제국을 언급한 것은 여섯번째 제국은 제국이라 하기에는 애매하기 때문입니다. 왜냐하면 제국이라 하면 한 강대국이 여러 나라를 다스린다는 개념이 있는데 이제까지의 다섯 제국들은 명실상부 제국다운 제국이었습니다. 그런데 여섯번째 제국은 제국 같기도 하고 아닌 것 같기도 합니다.

나라이기는 한데 로마시 안의 면적 0.44km²을 가진 바티칸입니다. 전 세계에 대사들을 파견합니다. 정치적으로는 나라들을 지배하지 않지만 정신적으로는 전 세계에 영향력을 행사합니다. 그래서 제국같기도 하고 아닌 것 같기도 합니다.

여섯 번째 제국이 어떻게 일어났는지 알아 보겠습니다. 이탈리아는 1860년 본토와 양 시칠리아의 통일로 뒤늦게 민족국가 궤도에 진입하게 되었습니다. 중세 천여 년 동안 유럽을 호령하던 바티칸 권력은 민족주의의 발호 속에 바티칸 언덕의 옹색한 동네 하나로 위축됐습니다. 신생 이탈리아가 1870년 9월 로마까지 수도로 접수하면서 로마 가톨릭 교회 제국은 로마에서 사실상 소멸했습니다. 국제사회와 이탈리아의 신앙인들은 영적 세계의 가시적 추락을 충격 속에 주시했고, 이탈리아 국가 권력도 교황의 영향력을 완전히 무시할 수는 없었습니다. '로마 문제' 라 불리던 그 불편한 상황을 국가 파시스트 당의 당수 무솔리니가 타개한 것이었습니다.

무솔리니는 1922년 쿠데타로 집권해 우익 연정을 구성했지만 당내에선 소수파였습니다. 검은 셔츠단으로 상징되는 무력으로 공산당과 사회당, 자유당의 반 파시스트 운동을 진압하며 경찰국가 체제를 구축해가던 그에게는 대중적 지지기반을 확보하는 것이 시급했습니다. 비오 11세에게 손을 내민 배경이 그러했습니다. 둘은 대리인을 내세워 20년대 중반부터 협상을 시작, 5년여 만에 합의에 이르렀습니다. 이탈리아 왕국과 바티칸 교황청이 1929년 2월 11일 라테란 조약을 체결하고 6월 7일 비준 했습니다. 전문과 27개 항으로 구성된 라테란 조약의 핵심은 바티칸을 중심으로 일정 영토와 국민, 주권을 지닌 독립국가 바티칸 시국의 보장이었습니다.

기존 교황령 및 교회재산에 대한 보상으로 왕국은 교황청에 현금 7억 5,000만 리라와 1억 상당의 국가채권을 지불했습니다. 무솔리니는 라테란 조약으로 파시스트 권력의 국내 지지기반을 확보했고, 국제 정치무대에서도 박수를 받았습니다. 교황청은 그 돈을 바티칸시국 경제 재건과 바티칸 은행 (IOR) 설립의 종자돈으로 활용했습니다. 그로써 1870년 교황령을 모두 잃고 왕국에 사실상 강제 합병 당한 교황청이 비로소 독립, 오늘의 바티칸 시국으로 자리를 잡았습니다. 이것이 여섯번째 제국입니다.

2차대전 초 삐걱거리긴 했지만 교황청과 파시스트들의 관계는 대체로 원만했습니다. 그 시기 구축된 교황청의 관료주의 시스템은, 물론 바티칸의 안녕에는 도움이 됐겠지만, 국제 사회에 미쳐온 교황의 영향력을 왜소하게 만들었습니다. 교황청이 오늘의 위상을 회복한 것은 냉전기 강경 반공주의자였던 요한 바오로 2세 치세(1978~2005년)였습니다. 과거와 달리 세계 평화를 호소하고 종교 간의 연합을 촉구하는 교황에 대하여 세계는 환영하고 있습니다. 특히 교황 요한 바오로 2세는 세계 각국을 순방하며 도착하는 곳마다 입을 맞추고 많은 군중을 모았습니다. 그는 또한 각국 정치가, 종교 지도자들과 기꺼이 손을 잡고 우정과 협력을 강조했습니다. 비단 가톨릭 교도뿐 아니라 공산주의자 정치가도, 불교 지도자도 그와 반갑게 손을 잡았습니다. 그가 95차례, 128개 국에 달하는 해외 순방에 나선 거리를 환산하면 지구를 30바퀴 가량 돈 셈입니다. 12억 가톨릭 인구의 수장으로서 교황이 가지는 종교적 영향력에 대해서는 별다른 이론이 없지 만, 교황의 정치성에 대해서는 논란이 있습니다.

세속권을 완전히 잃은 교황은 이제 종교권을 확고히 하기 위해 노력했습니다. 교황 피우스 9세가 소집하여 1869년 개회된 제1차 바티칸공의회에서는 이듬해에 "교황이 사도좌에서 발언할 때 교황은 베드로에게 약속하는 무류성을 행사한다(즉, 교황은 절대 오류가 없다는 뜻)"는 교황 무류성 교리를 의결함으로써 교황 절대주의를 내세웠습니다.

라디오와 텔레비전의 보급은 교황을 대중적인 스타로 만들어 주었습니다. 방송매체를 통해 교황은 세계의 문제에 개입하게 되었고 전파는 교황의 긍정적인 이미지를 세계로 보냈습니다. 발달한 교통수단을 이용하여 교황 바오로 6세는 세계 각국을 순방하고 1965년에는 유엔 총회에서 연설하기도 하였습니다. 1978년 선출된 교황 요한 바오로 2세는 과거 어느 교황보다도 더욱 열심히 해외 순방에 나서며 화해와 평화의 메시지를 전세계에 보냈습니다. 그는 역대 어느 교황보다 정치적이고 대중적이라는 평가를 받고 있습니다. 9·11 테러 이후 교황은 "가톨릭 교회는 진정한 이슬람을 존경한다"고 강조했습니다. 지난 1990년대 말부터 한국에 '부 처님 오신 날' 마다 축하 메시지를 보내온 교황이 이번에는 이슬람권 끌어안기에 나선 것입니다.

3. 일곱 번째 제국

> '10또 일곱 왕이라 다섯은 망하였고 하나는 있고 다른 하나는 아직 이르지 아니 하였으나 이르면 반드시 잠시 동안 머무르리라 11전에 있었다가 지금 없어진 짐승은 여덟째 왕이니 일곱 중에 속한 자라 그가 멸망으로 들어가리라.'

교황은 중세 시대의 그런 제국적 권세를 가지지 못하였으나 전 세계적 종교적 조직의 종교 수장인 교황으로서 전 세계적인 인정을 다시 회복합니다. 가톨릭에는 검은 교황과 흰 교황이 있습니다. 검은 교황은 예수회 수장을 말합니다. 예수회는 고대 나라에서 왕을 보호하기 위한 내시와 같은 위치입니다. 그러므로 예수회가 교황이 될 수 없습니다. 되어서는 안됩니다. 그런 예수회가 가톨릭을 점거하고 교황이 되었다는 것은 교황권을 보호해야 할 자가 교황이 된 것입니다. 이것은 교황권을 찬탈한 것입니다. **교황** 프란치스코(라틴어: Franciscus PP., 이탈리아어: Papa Francesco 1936년 12월 17일 ~ 현재)가 제266대 **교황**(재위: 2013년 3월 13일~현재)이 된 것입니다. 본명은 호르헤 마리오 베르고글리오(스페인어: Jorge Mario Bergoglio)입니다.

프란치스코 교황은 예수회 소속입니다. 왕권을 찬탈했다는 것은 왕조가 바뀐 것입니다. 예수회 소속의 교황권의 계속은 일곱째 제국이 형성된 것입니다. 현재 프란치스코 교황은 83세 (2019년) 입니다. 프란치스코 교황 후에 나타나는 교황 중에서 적그리스도가 나타날 것입니다.

계시록 17장에서 일곱째 나라를 두고 11절에서 '전에 있었다가 지금 없어진 짐승은 여덟째 왕이니 일곱 중에 속한 자' 했습니다. '전에 있었다가 지금 없어진 짐승'은 적그리스도가 암살 (계 13:3, 14, 15)된 상태를 말할 것입니다. 계시록 13:3에서 '그의 머리 하나가 상하여 죽게 된 것 같더니'에서 그의 '머리 중에 하나'라고 표현한 것은 제일곱째 제국의 왕들 중의 하나인 적그리스도가 암살 당하게 될 것을 말합니다. 이 일곱째 제국에서 죽었던 적그리스도가 다시 살아나기는 하는데 여덟째라고 합니다. 같은 사람이 살아나면 일곱째라고 해야 하는데 왜 여덟째라고 합니까? 이상합니다. 살아난 적그리스도가 가짜라는 것을 암시하지 않습니까?

몸과 영은 본래 것인데 뇌를 이식한 상태의 그런 상태가 아닌가 생각합니다. 본래 제 생각은 살아난 이 적그리스도는 그의 인공지능일 것이라 생각했습니다. 그러나 계시록 19:20에서 아마겟돈 전쟁에서 사로잡힌 적그리스도와 거짓 선지자가 산채로 불못에 던지운다고 했으므로 적그리스도가 영혼을 가진 사람이라는 것을 알게 되었습니다. 불못은 부활해서 영혼

육으로 들어가는 곳입니다. 만약에 적그리스도가 인공지능, 인조인간이
라면 기계인데 기계는 불속에 들어가면 완전 소멸됩니다. 소멸되면 불못
이 소용이 없습니다. 불못은 불신자가 부활해서 영혼육으로 들어가 영원
히 고통을 받는 곳입니다.

8절 '네가 본 짐승은 전에 있었다가 지금은 없으나 장차 무저갱으로부
터 올라와 멸망으로 들어갈자니 … 이전에 있었다가 지금은 없으나 장차
나올 짐승을 보고 놀랍게 여기리라.'에서 전에 있었다가 지금은 없고 장차
무저갱으로 부터 올라 올 짐승이란 적그리스도가 암살 당한 후 죽었다가
무저갱으로 갔다가 다시 살아난 상태를 두고 하는 말일 것이요 적그리스
도는 죽을 때 낙원으로 갔다가 살아 돌아 오는 것이 아니고 무저갱(사단이
머무는 곳)으로 갔다가 돌아올 것을 말합니다.

4. 적그리스도는 어떤 자인가

계시록 13:1에서 그는 뿔이 열이요 머리가 일곱이라 했습니다. 13:2에
서 짐승(적그리스도, 세계 단일 대통령)에 대한 묘사에서 그는 표범과 비
슷하고 그 발은 곰의 발 같고 그 입은 사자 입과 같다고 했습니다. 여기 표
범과 곰과 사자는 다니엘서 7장의 큰 짐승들을 말합니다. 첫째는 사자요
둘째는 곰이요 셋째는 표범입니다. 넷째는 무섭고 놀랍고 극히 강하다고
만 했지 특별히 어떤 짐승이라고 지적하지 않았습니다. 사자는 바벨론제
국의 느부갓네살을 암시하며 곰은 메데 파사의 왕 고레스를, 표범은 알렉
산더를 암시합니다. 그런데 이 적그리스도가 인류역사상에 영웅 중의 영
웅들의 능력과 기질을 한 몸에 다 가지고 있다는 사실입니다.

초자연적 인간의 영역에 있는 사람입니다. 그 뿐만 아닙니다. 계시록
13:2에 의하면 용이 그의 권세와 능력과 보좌를 적그리스도에게 주었다고
했습니다. 그는 초인간적 경지를 넘어 신의 경지에 이르렀다는 뜻입니다.

그랬기에 인간역사에서 영웅 호걸들이 그렇게 시도했던 세계 통일국가를 이룩할 수 있었던 것입니다.

5. 적그리스도는 어떻게 권력을 장악하는가

요한계시록의 증언 상권(필자 저서)의 일곱 인을 떼심에서 여섯째 인을 떼심 (P187-203)에서 소행성들이 지구와 충돌하게 됩니다.

> '12내가 보니 여섯째 인을 떼실 때에 큰 지진이 나며 해가 검은 털로 짠 상복 같이 검어지고 달은 온통 피 같이 되며 13하늘의 별들이 무화과나무가 대풍에 흔들려 설익은 열매가 떨어지는 것 같이 땅에 떨어지며 14하늘은 두루마리가 말리는 것 같이 떠나가고 각 산과 섬이 제 자리에서 옮겨지매 15땅의 임금들과 왕족들과 장군들과 부자들과 강한 자들과 모든 종과 자유인이 굴과 산들의 바위 틈에 숨어 16산들과 바위에게 말하되 우리 위에 떨어져 보좌에 앉으신 이의 얼굴에서와 그 어린 양의 진노에서 우리를 가리라 17그들의 진노의 큰 날이 이르렀으니 누가 능히 서리요 하더라.' (요한계시록 6:12-17)

이 말씀의 내용에 의하면 하늘의 별들이 대풍에 흔들려 무화과나무의 설익은 열매가 떨어지는 것 같이 지구에 떨어질 것이라 했습니다. 이 별들은 소행성들과 혜성들을 말합니다. 현재 과학적으로 이 소행성들이 언제 지구를 덮칠지 모른다고 합니다. 만약 지름이 50km 혹은 100km의 소행성과 혜성들이 지구에 떨어지게 되면 그 충격으로 인해 온 지구상으로 지진과 화산 폭발이 일어나게 될 것입니다. 그렇지 않아도 환태평양 화산고리에서 지금도 계속 필리핀, 인도네시아, 멕시코, 칠레, 캘리포니아의 여러 지역에서 지진이 일어나고 있습니다. 지진과 화산폭발이 전 지구적으로 일어나면 수백, 수천만 명의 사람이 죽게 될 것이며 수많은 도시들이 파괴

되고 산업이 파멸을 가져오게 될 것입니다. 또한 화산재가 하늘을 뒤덮을 것입니다. 이 화산재가 6개월 혹은 1년, 2년 동안 하늘을 가린다면 지구 상의 모든 지역의 농산물들이 죽게 될 것입니다.

그 결과로 지구 전역에 대기근이 일어나게 될 것이요, 기근으로 인해 굶주린 인민들이 각 지역에서 폭동을 일으키게 되고 정부들은 국가재정이 고갈되었으므로 이 폭동을 진압할 여력이 없습니다. 경찰이나 군인들도 굶주리고 있는 대상이기 때문입니다. 정부의 치안부재는 국가파탄을 불러옵니다.

지구인들이 공황상태를 일으키게 될 것입니다. 이전에도 언급했듯이 마치 5세기 때에 서로마제국이 멸망할 때와 흡사할 것입니다. 훈족, 반달족, 게르만 등의 야만족들이 로마시를 침략했을 때에 로마시민들은 의지할 때가 없었습니다. 로마 시민들은 공황상태에 이르렀습니다. 자신들을 보호해줄 구세주가 나타기를 원했습니다. 그 때에 로마 시민들은 당시 교황이었던 레오 1세에게 도움을 요청하였습니다. 그러자 레오 1세는 용감하게 로마 시외로 나가 훈족의 지도자인 아틸라와 만나 담판함으로써 그들을 평화롭게 물러가게 하였습니다. 그리하여 로마는 멸망할 위기에서 벗어나게 되었습니다. 455년에는 가이세리크가 이끈 반달족이 로마를 공격하였을 때에 레오 1세는 이번에도 용감하게 가이세리크와 회담하였습니다. 이로 인해 로마 시민들은 교황을 그들의 유일한 보호자로 바라보게 되었습니다.

그 때와 같이 전 지구적으로 재난과 기근과 폭동과 불안, 공포로 인해 사람들이 자신들을 구해줄 메시야가 나타나기를 기대할 것입니다. 한편 이런 때가 오기를 호시탐탐 기회를 기다리며 준비하던 신세계 질서를 구축하던 예수회와 일루미나티의 최고 수장인 교황이 전면에 나타나게 될 것입니다. 세계를 구원할 메시야가 나타나기를 고대하던 자들 앞에 나타난 교황을 전 세계 신민들이 그를 바라보게 될 것입니다. 적그리스도인 그는 텔레비전과 유튜브와 스마트폰에 나타나 지구인들을 위로하고 안심시키면서 이 지구적인 대환난이 곧 해결될 것이라 천명할 것입니다. 이렇게 적그리스도가 등장하게 될 것입니다. 유엔군이 전 세계 정부들을 접수하면서 세계 단일대통령이 등장합니다. 단일 세계정부가 수립되고 전세계 국가들은 총통체제로 재편됩니다. 그러면서 7년 환난이 시작되는 것입니다.

Resurrection

거짓 선지자의 정체

계시록 13:11-18

'11내가 보매 또 다른 짐승이 땅에서 올라오니 어린 양 같이 두 뿔이 있고 용처럼 말을 하더라 12그가 먼저 나온 짐승의 모든 권세를 그 앞에서 행하고 땅과 땅에 사는 자들을 처음 짐승에게 경배하게 하니 곧 죽게 되었던 상처가 나은 자니라 13큰 이적을 행하되 심지어 사람들 앞에서 불이 하늘로부터 땅에 내려오게 하고 14짐승 앞에서 받은 바 이적을 행함으로 땅에 거하는 자들을 미혹하며 땅에 거하는자들에게 이르기를 칼에 상하였다가 살아난 짐승을 위하여 우상을 만들라 하더라 15그가 권세를 받아 그 짐승의 우상에게 생기를 주어 그 짐승의 우상으로 말하게 하고 또 짐승의 우상에게 경배하지 아니하는 자는 몇이든지 다 죽이게 하더라 16그가 모든 자 곧 작은 자나 큰 자나 부자나 가난한 자나 자유인이나 종들에게 그 오른손에나 이마에 표를 받게 하고 17누구든지 이 표를 가진 자 외에는 매매를 못하게 하니 이 표는 곧 짐승의 이름이나 그 이름의 수라 18지혜가 여기 있으니 총명한 자는 그 짐승의 수를 세어 보라 그것은 사람의 수니 그의 수는 육백육십육이니라.'

첫째로 권력 투쟁에 승리한 거짓 선지자

계시록 13장에서 거짓 선지자가 등장하지만 종교통합청의 멸망을 언급하는 계시록 17장에서는 전혀 언급이 없습니다. 계시록 17장에서 종교통합청이 숙청될 때에 거짓 선지자는 숙청되지 않았습니다. 이 말은 거짓 선지자는 종교통합청 출신이지만 가톨릭 출신이 아니라는 암시일 것입니다. 그는 개신교 출신일 것입니다. 계시록 13:1에서 적그리스도는 바다에서 나온다고 했습니다. 바다는 많은 물들로 구성되었습니다. 계17:15에서 여자가 앉은 물들은 백성들과 무리들과 열국과 방언들이라 했습니다. 우리말 성경에서는 단수로 표현되었지만 영어성경에서는 복수인물들, 백성들, 무리들, 방언들, 나라들로 표현되었습니다.

계시록 13:11에서 거짓 선지자는 땅에서 나온다고 했습니다. 바다와 상대되는 땅에서 나온다고 했습니다. 땅은 바다에 비해 삼분의 일에 해당됩니다. 로마 가톨릭 출신 적그리스도에 비해 그 권세가 삼분의 일에 해당된다는 암시일 것입니다. 이 거짓 선지자는 계시록 13:1에서 뿔이 두 개라고 했습니다. 종교통합청의 구성에서 숫자적으로는 개신교의 WCC, WEA가 가톨릭보다 많지만 조직력과 정치력에서는 로마가톨릭에 비해 아주 미미합니다. 그래서 적그리스도는 종교통합청 소속에서 나오는 로마 가톨릭의 교황 출신이요 거짓 선지자도 종교통합청 소속의 WCC와 WEA의 두 뿔을 가진 개신교 출신일 것입니다. 권력에는 암투와 세력다툼이 필연적입니다. 적그리스도측과 거짓 선지자측의 권력 암투가 치열할 것입니다. 계시록 13:3, 12, 14에서 적그리스도가 거짓 선지자측에 의해 암살을 당합니다.

이상하지 않습니까? 거짓 선지자가 종교통합청(음녀)의 출신인데 음녀인 종교통합청이 멸망 (계 17:16)했는데 어찌 거짓 선지자는 제거되지 않았느냐는 것입니다. 거짓 선지자가 계시록 19:20에서 아마겟돈 전쟁이 끝날 때까지 존재하고 있다는 사실입니다. 그러므로 종교통합청을 박멸한 주체는 거짓 선지자였다는 것을 암시합니다. 종교통합청 내의 로마 가톨릭계가 개신교계에게 권력 다툼에서 실패했다는 것입니다. 계시록 13:12-18에서 암살당하였다가 살아 나긴 했지만 그 과정에서 실권을 상실하게 되어 권력에서 뒤로 물러서게 되고 그 동안 적그리스도의 권세 아래에서 무소불위의 권력을 휘두르던 가톨릭계의 예수회와 일루미나티가 몰락하게 됩니다. 이 후로 종교통합청이 행사하던 정보와 세계 인민 통제를 거짓 선지자에 의해 666 짐승표 감시 시스템으로 대체하게 됩니다.

둘째 열 왕의 정체(계시록 17:12-18)

'12네가 보던 열 뿔은 열 왕이니 아직 나라를 얻지 못하였으나 다만 짐승과 더불어 임금처럼 한동안 권세를 받으리라 13그들이 한 뜻을 가지고 자기의 능력과 권세를 짐승에게 주더라 14그들이 어린 양과 더불어 싸우려니와 어린 양은 만주의 주시요 만왕의 왕이시므로 그들을 이기실 터이요 또 그와 함께 있는 자들 곧 부르심을 받고 택하심을 받은 진실한 자들도 이기리로다 15또 천사가 내게 말하되 네가 본 바 음녀가 앉아 있는 물은 백성과 무리와 열국과 방언들이니라 16네가 본 바 이 열 뿔과 짐승은 음녀를 미워하여 망하게 하고 벌거벗게 하고 그의 살을 먹고 불로 아주 사르리라 17이는 하나님이 자기 뜻대로 할 마음을 그들에게 주사 한 뜻을 이루게 하시고 그들의 나라를 그 짐승에게 주게 하시되 하나님의 말씀이 응하기까지 하심이라 18또 네가 본 그 여자는 땅의 왕들을 다스리는 큰 성이라 하더라.'

계시록13:1과 계시록17: 3, 7에서 짐승은 일곱 머리와 열 뿔을 가졌다고 했습니다. 그런데 계시록17:9에서 짐승의 일곱 머리를 설명할 때에 일곱 머리는 일곱 왕이라고 했습니다. 그래서 일곱 머리가 일곱 왕이라는 말은 제국을 의미하며 계13:1, 17:3, 7, 9절에서의 그리고 12의 열 뿔은 왕들을 말합니다. 여기 12절에서의 열 뿔은 열 왕인데 아직 나라를 얻지 못하였다고 합니다. 이 열 뿔이 계시록13:14, 15에서 적그리스도의 형상을 가진 인공지능으로서 형식적으로는 짐승의 인공지능이지만 적그리스도가 죽었다가 살아나기는 하지만 권력을 잃어버린 상태이기에 권력을 잡은 거짓선지자의 지휘를 받는 입장입니다. 그러므로 이 열 뿔 즉 열 왕인 인공지능들이 전 세계의 열 나라들을 통치하는 총통들이요 이 열 뿔이 거짓 선지자의 종용으로 가톨릭계 음녀, 종교통합청을 멸살하는 장면을 15절에서 보여 주고 있습니다.

셋째 다니엘의 70이레 예언과 계시록과의 관계

'27그가 장차 많은 사람들과 더불어 한 이레 동안의 언약을 굳게 맺고 그가 그 이레의 절반에 제사와 예물을 금지할 것이며 또 포악하여 가증한 것이 날개를 의지하여 설 것이며 또 이미 정한 종말까지 진노가 황폐하게 하는 자에게 쏟아지리라 하였느니라 하니라(단9:27).'

이 말씀에서 '그'는 적그리스도입니다. '많은 사람들과 더불어 언약을 맺는다'에서 많은 사람은 이스라엘 백성을 말합니다. 마지막 '한 이레'는 7년 환난의 때를 말합니다. 한 이레가 전 3년반과 후 3년반으로 구성되었음을 봅니다. 적그리스도가 이스라엘과 7년 우호조약을 맺었으나 '그 이레의 절반' 즉 후 3년반에 접어들면서 정책이 완전히 바뀝니다. 전 3년반 동안은 우호 친선적이었으나 후 3년반에 들어서면서 강경정책으로 선회합니다. 전 3년반에는 적그리스도가 이스라엘 백성들의 염원인 성전을 건축하게 하고 하나님께 제사와 예물을 드리도록 했습니다. 그런데 후 3년반에는 왜 조약을 깨뜨립니까? 본래는 '한 이레 동안의 언약'을 맺었는데 왜 그 절반에서 조약을 깨뜨립니까? 이 때에 무슨 일이 일어난 것이 분명합니다.

이제 요한계시록으로 넘어가겠습니다. 계시록의 7년 환난은 전 3년반과 후 3년반으로 구별됩니다. 전 3년반은 일곱 재앙을 알리는 일곱 나팔이 불려집니다. 이 나팔재앙은 천재지변과 환경적 재앙과 환난과 핍박과 박해를 통해 교회와 성도들로 하여금 주님의 임박한 강림을 알리기 위한 예고요 경고요 경계를 알리는 것입니다. 회개하고 주님 맞이할 준비를 하라는 예고인 것입니다. 민수기 10:1-10 말씀은 이스라엘 백성들이 성막을 준비한 후에 가나안을 향한 행군이 시작되는 무렵에 하나님께서 나팔을 부는 법도를 말씀하십니다.

> '1여호와께서 모세에게 말씀하여 이르시되 2은 나팔 둘을 만들되 두들겨 만들어서 그것으로 회중을 소집하며 진영을 출발하게 할 것이라 3나팔 두 개를 불 때에는 온 회중이 회막문 앞에 모여서 네게로 나아올 것이요 4하나만 불 때에는 이스라엘의 천부장 된 지휘관들이 모여서 네게로 나아올 것이며 5너희가 그것을 크게 불 때에는 동쪽 진영들이 행진할 것이며 6두 번째로 크게 불 때에는 남쪽 진영들이 행진할 것이라 떠나려 할 때에는 나팔소리를 크게 불 것이며 7또 회중을 모을 때에도 나팔을 불 것이나 소리를 크게 내지 말며 8그 나팔은 아론의 자손인 제사장들이 불지니 이는 너희 대대에 영원한 율례니라 9또 너희 땅에서 너희가 자기를 압박하는 대적을 치러 나갈 때에는 나팔을 크게 불지니 그리하면 너희 하나님 여호와가 너희를 기억하고 너희를 너희의 대적에게서 구원하시리라 (민 10:1-10).'

첫 번째 나팔이 불려질 때에 백성들이 성막 앞으로 나오고 두 번째 나팔이 불려질 때에 천부장 지휘관들이 모세 앞에 나오고 크게 불 때에 동편진영의 군대가 행군을 시작하라는 지시였던 것입니다. 백성을 모으고 나팔이 불려질 때에 어떻게 행동하라는 표식이요 명령이요 지시인 것입니다. 또 전쟁이 일어났다는 경고요 경계요 소집을 나타냅니다. 이 일곱 재앙을 알리는 일곱 나팔은 주님의 강림이 가까웠다는 알림인 것입니다. 들림 받을 준비하라는 경고의 나팔인 것입니다. 이 나팔재앙은 하나님의 긍휼이 내포되어 있습니다.

후 3년반은 일곱 재앙을 담은 일곱 대접들이 쏟아지는 때입니다. 이 재앙들은 하나님의 긍휼이 없는 진노의 심판재앙들인 것입니다. 전 3년반의 마지막 일곱 번째 나팔재앙이 불려지면서 성도들의 공중휴거가 있은 그 후입니다. 지상에 남은 자들은 나팔경고를 무시하고 회개하지 않은 자들인 남겨둠을 당한 자들입니다. 이 대접재앙들은 회개하라는 경고의 재앙이 아니라 회개하지 않은 자들에 대한 하나님의 긍휼 없는 진노의 심판인 것입니다. 그런 중에도 하나님은 땅에 남겨둠을 당한 자들 중에 때 늦게나마 회개하는 자들을 개별적으로 구별하여 불러 피난처로 대피시킨 후에 땅에 일곱 대접재앙들을 퍼붓습니다.

이 때가 다니엘서 9:27의 이레 절반에 적그리스도가 제사와 예물을 금지하는 때입니다. 계시록에서는 이 때가 계시록 13장에서 적그리스도가 암살되었다가 다시 살아난 때입니다. 전 3년반이 지나고 후 3년반이 시작되는 때입니다. 전 3년반과 후 3년반이 교체되는 시발점이 적그리스도의 죽었다가 다시 살아 나는 때입니다. 적그리스도가 죽었다가 다시 살아나 회복하는 기간이 있을 것인데 이 기간 동안에 그의 측근들이 숙청당하고 적그리스도가 살아나기는 하지만 권력을 상실한 때입니다. 그를 암살한 주모자인 거짓 선지자와 그 측근들이 권세를 잡게 되고 적그리스도를 앞세워 후 3년반의 기간에 접어듭니다.

그리고 권력장악과 완전 통제를 확보하기 위해 666짐승표 제도를 실시하고 적그리스도 형상의 우상을 만들어 신격화하고 모든 백성들로 그에게 경배하게 합니다. 마치 태평양전쟁 때에 일본군부가 권세를 잡고 허수아비 일본왕을 신격화하여 사람들로 그를 신으로 숭배하도록 하고 군부는 그를 앞세워 권세를 휘둘렀던 때와 같은 것입니다. 다니엘 9:2에 제사와 예물을 폐하고 적그리스도의 형상을 가진 인공지능이 성전에 앉아 자신이 하나님이라며 자신에게 경배하라 합니다.

> 다니엘 11:31, '군대는 그의 편에 서서 성소 곧 견고한 곳을 더럽히며 매일 드리는 제사를 폐하며 멸망하게 하는 가증한 것을 세울 것이며'

다니엘 12:11, '매일 드리는 제사를 폐하며 멸망하게 할 가증한 것을 세울 때부터 천이백구십 일을 지낼 것이요.' 에서 제사와 예물을 폐한다고 했으며 '멸망하게 하는 가증한 것'이 적그리스도의 우상인 인공지능 즉 '멸망하게 하는 것'입니다. 마태복음 24:15에서 예수님이 이 구절들을 인용하시기를, '그러므로 너희가 선지자 다니엘이 말한 바 멸망의 가증한 것이 거룩한 곳에 선 것을 보거든(읽는 자는 깨달을 진저)' 했습니다.

> '15그가 권세를 받아 그 짐승의 우상에게 생기를 주어 그 짐승의 우상으로 말하게 하고 또 짐승의 우상에게 경배하지 아니하는 자는 몇이든지 다 죽이게 하더라 16그가 모든 자 곧 작은 자나 큰 자나 부자나 가난한 자나 자유인이나 종들에게 그 오른손에나 이마에 표를 받게 하고 17누구든지 이 표를 가진 자 외에는 매매를 못 하게 하니 이 표는 곧 짐승의 이름이나 그 이름의 수라 (계13:15-18).'

적그리스도가 죽었다가 살아나기는 했지만 거짓 선지자에게 권력을 잃고 뒤로 물러나고 거짓 선지자가 적그리스도의 권세를 물려 받고 적그리스도의 형상의 인공지능을 만들어 그것을 신격화시키고 사람들로 그 우상에게 경배하게 합니다. 그에게 경배하지 않는 자들은 몇이든지 다 죽입니다. 그리고 거짓 선지자는 지구 전 인민으로 666표를 받게 하고 그 표가 없는 자들을 매매를 못하게 합니다. 그 표를 받지 않으면 음식물을 살 수도 없고 팔 수도 없습니다. 표를 받지 않으면 굶어 죽게 됩니다. 그래서 모든 사람들로 하여금 표를 받게 해서 완전한 감시통제 시스템을 구축하여 철권 독재정치를 감행하게 됩니다.

한편 하나님은 이런 불의한 후 3년반의 세대에 진노의 심판을 내리는 것이 일곱 대접재앙인 것입니다. 일곱 번째 대접재앙이 끝나면 예수 그리스도의 지상재림과 함께 아마겟돈전쟁이 일어납니다. 이 전쟁의 결과로 적그리스도와 거짓 선지자가 산채로 불 못에 들어가고 사탄은 천년 동안 무저갱에 임시로 갇힙니다. 이 지구 상에 천년왕국이 전개됩니다. 사탄은 천 년이 지난 후에 곡과 마곡전쟁을 일으키고 결국에는 잡혀 불못에 영원히 갇힙니다. 그런 후에 성삼위 하나님은 하나님의 자녀들을 데리고 새 하늘과 새 땅으로 들어가 함께 영원히 사십니다.

문서선교사로 초청합니다

귀하를 문서 선교 동역자로서 앞으로 출판할 책들의 Opinion Reader로 초청합니다.

김준식목사의 신학저서들을 세계의 오지에서 사역하는 선교사들과 한글 도서 구입이 어려운 해외 독자들에게 귀하의 선교헌금과 기도를 부탁 드립니다.

본 저서들은 주 예수 사랑교회 웹사이트를 통해 이미 수만 명의 구독자들에게 인터넷으로 공급되어 그 영향력을 입증하여 왔습니다. 이제 보다 원활한 공급을 위해 도서출판으로 확장 공급하고자 합니다. 문서선교의 좋은 가치(Value)에 함께 헌금 투자(Together Donation Funding)하는 것입니다.

영적 기근의 시대에 본 도서들을 통한 문서선교사역은 죽어가는 생명들을 살리는 큰 역할을 할 것을 확신합니다.

헌금 협력에 드리는 특혜: 일정 금액을 헌금하신 분들에게는 김준식목사의 저서를 몇 권이든지 무료로 공급할 것입니다.

김준식목사의 저서와 출판 계획

1. 요한계시록의 증언 (상·하 중판예정)   (318쪽, 332쪽, 각권 ₩14,000)
2. 창세기 원 역사의 비밀(개정 증보판)   (348쪽, ₩17,000)
3. 부활의 신비와 그 영광   (260쪽, ₩15,000)
4. 예수님이 지고 가신 십자가의 길(출판예정)
5. 다니엘서 강해(출판 예정)
6. 이사야서와 소선지서들에 나타난 천년왕국(출판예정)

김준식 목사 연락처

주   소 : 17700 S Avalon Blvd. Space 85 Carson, CA 90746 USA
전   화 : 213-434-3129
E-mail : joonsikk@yahoo.com joonkim3129@gmail
웹사이트 : www.loveofjesuschurch.com

선교 헌금 약정서

헌금자 성명 :
책 받으실 주소 :
도 서 명 :
은행 : KEB 하나은행 137-18-03907-4 (예금주: 강신억)
금액 : $:
원화 :

부활의 신비와 그 영광

■
초판 1쇄 인쇄 / 2020년 1월 15일
초판 1쇄 발행 / 2020년 1월 25일
■
지은이 / 김 준 식
펴낸이 / 민 병 문
펴낸곳 / 새한기획 출판부

편집처 / 아침향기
편집주간 / 강 신 억
■
04542 서울시 중구 수표로 67 천수빌딩 1106호
☎ (02) 2274 - 7809 • 070-4224-0090
FAX • (02) 2279 - 0090
E.mail • saehan21@chollian.net

■
미국사무실 • The Freshdailymanna
2640 Manhattan Ave. Montrose, CA 91020
☎ 818-970-7099
E.mail • freshdailymanna@hotmail.com

■
출판등록번호 / 제 2-1264호
출판등록일 / 1991. 10. 21

값 15,000원

ISBN 979-11-88521-21-0 03230

Printed in Korea